湘江青年法学

LAW JOURNAL OF XIANGJIANG YOUTH

第三卷·第二辑

主编◎朱正远

郭道晖 题

湘潭大学出版社

— 特别鸣谢 —

（排名不分先后）

郭道晖、李步云、江平——法治三老

（以下按首字母排名）

陈云良　广东外语外贸大学广东法治研究院教授

韩大元　中国人民大学法学院原院长

何勤华　华东政法大学原校长

何文燕　湘潭大学法学院教授

贾　宇　西北政法大学原校长

蒋大兴　北京大学法学院教授

姜明安　北京大学法学院教授

梁治平　洪范法律与经济研究所所长

单晓光　同济大学上海国际知识产权学院院长

吴汉东　中南财经政法大学原校长

徐阳光　中国人民大学法学院教授

张千帆　北京大学法学院教授

编者语 Editor's Notes

《湘江青年法学》的成长离不开师长前辈们的帮助和教诲。感谢湘潭大学副校长廖永安教授，法学院·知识产权学院党委书记黄德华老师，法学院·知识产权学院院长肖冬梅教授，副院长吴勇教授、欧爱民教授、穆远征副教授及学术委员会诸位老师一路的支持与照顾！同时还要感谢新老编辑的严格把关与无私付出，作者的不吝赐稿，读者的支持与包容，以及每一位给予我们帮助的法律同仁。

1915 年 9 月 15 日，《新青年》创刊于上海黄埔江畔，2014 年初春《湘江青年法学》创刊于伟人故里、湘江之畔。虽不敢比肩《新青年》的石破天惊，但《湘江青年法学》同样继承了先贤开拓创新、自强有为的基因。湘潭大学法学院的精神有石刻为证，“养浩然正气，铸法治精神”。《湘江青年法学》同样传承了湘大法学院的精神：正气与法治；以及“湘青人”在学术上的“爱知、求真”，在同学情谊上的“平等、互助”，在事业追求上的“自强、博爱 ”。业精于勤，《湘江青年法学》以十年磨剑的精神用一整年的时间打磨一辑好刊物，特精选文章分成“前沿关注”“思想源流”“实证研究”“法学茶座”四个栏目以飨读者。

从互联网科技到“一带一路”再到人工智能等，《湘江青年法学》时刻关注时代前沿和理论热点。新事物的发展是螺旋式上升的，时代热点的出现也必然伴随挑战，比如人工智能的出现必然伴随着法理和伦理的深度思考，其需要通过法理和伦理匡正走向。当下，人工智能是科技的前沿，粤港澳大湾区的建设是经济攻坚的焦点，民法典之编纂是法学界不断关注的大事件。“前沿关注”栏目选取了《人工智能生成物应赋著作权的证成》《论人工智能创作物著作权权利归属》《美国与欧盟金融协同法治经验对粤港澳大湾区的启示》三篇文章。《人工智能生成物应赋著作权的证成》中，作者莫凡认为，作品受版权法保护的前提是作品符合版权法所规定的作品要件，如果人工智能生成物符合版权法所规定的作品要件，其便具有可版权的正当性。赋予人工智能生成物版权，可以有效地维护市场竞争秩序。而人工智能生成物版权的归属与责任承担问题的确定，将使得赋予人工智能生成物以版权具有可行性。无独有偶，人工智能著作权问题下，在“承认人工智能创作物属于著作权法意义上的‘作品’逐渐达成共识，但对人工智能创作物权利归属问题学界尚未形成一致意见，且现有学说缺乏市场风险考量以及价值平衡，难以为人工智能创作物权利归属提供有力解释”的背景下，《论人工智能创作物著作权权利归属》的作者周大舜以经济学“前景理论”为视角进行分析，认为人工智能使用者获得人工智能创作物归属权更符合社会整体效率与法的正义诉求，有利于促进社会进步。《美国与欧盟金融协同法治经验对粤港澳大湾区的启示》中，作者许政敏认为，大湾区金融协同发展与世界上多法域国家的金融协同发展的法治经验具有共性，可辩证借鉴。将美国与欧盟的金融协同发展的法治经验，与我国当前国情与发展现状结合并提出，应首先在三地金融立法协同机制上着手突破；其次，在以上基础统合粤港澳的金融法律制度，缩小三地金融法治差距，并形成一体化的金融营商环境与一体化的金融监管制度；最后，通过构建粤港澳大湾区金融协同发展纠纷解决机制，以法治形式解决发展中的主要金融纠纷，并巩固金融协同发展的成果，进而使得大湾区各要素在金融一体化的有利环境下达到互通与自由流动，最终实现中央对大湾区的建设期愿。

“思想源流”栏目由《构成要件符合性独立论 》《新时代“枫桥经验”的法治化转型——探索建立人民法院综合法律服务中心》《论职业自由与劳动权的宪法定位及模式选择》三篇文章组成。《构成要件符合性独立论 》中，作者史文平认为，在“学界正在经历犯罪论体系由四要件到阶层论体系的转型，在转型中存在三阶层与二阶层之争，其争论核心就是构成要件符合性之独立存否问题”的背景下，应该承认构成要件符合性之独立地位从而采用三阶层的犯罪论体系。从方法论来说，构成要件符合性是古典主义技术性的选择，它与本体论和实证论无关。从认识论来说，它符合人的认识分析规律并且具有可操作性。从价值论来说，它为理论的彻底转型与刑事法治改革带来好的转变。《新时代“枫桥经验”的法治化转型——探索建立人民法院综合法律服务中心》作者胡江平提出，“枫桥经验”是基层矛盾纠纷化解的“良方”，其“依靠群众就地化解矛盾”的地方治理理念，为国家社会治理树立了标杆，但传统的治理方法也面临着“新常态”下的各种挑战，“枫桥经验”的法治化转型已成为新时代矛盾纠纷化解机制建设的新趋向。《论职业自由与劳动权的宪法定位及模式选择》的作者周密认为，职业自由一直未被我国宪法文本采纳，在新时代下有必要重新认识职业自由与劳动权在法律属性上的差异性，在保障公民基本权利上不同强度，在实现人的自我价值和保障生存权上的目标一致性以及两者与劳动义务之间存在的潜在矛盾和冲突。

我国宪法应当选择职业自由与劳动权二元模式，将职业自由同劳动权共同规定于宪法文本中。“发动和依靠群众，坚持矛盾不上交，就地解决。实现捕人少，治安好”的“枫桥经验”，在20世纪60年代初，由浙江省绍兴市诸暨县枫桥镇干部群众创造。1963年毛泽东同志就曾亲笔批示“要各地仿效，经过试点，推广去做”。

“实证研究”栏目精选四篇文章：《乡村振兴战略的法治保障——以完善乡村社会保障法治体系为视角》《论我国生前预嘱制度的构建》《刑事辩护冲突的解决模式研究》《忠诚协议裁判路径探析》。其中《乡村振兴战略的法治保障——以完善乡村社会保障法治体系为视角》作者詹鹏玮认为，目前乡村社会保障体系还存在着城乡社会保障资源二元分割严重、社保资金来源渠道单一、农村社保法律体系不健全以及农村基层廉洁机制不完善等问题。对此，一方面，国家可通过优化城乡资源配置、扩宽乡村社保资金来源途径、构建明确的乡村社保法律体系，以法治形式扫除部分障碍；另一方面，通过完善农村廉洁机制等方面出发，以增强对乡村社会保障权益的维护，为实施乡村振兴战略打下良好的社会基础。《论我国生前预嘱制度的构建》中，作者唐丹写道，生前预嘱行为人须具备完全民事行为能力，采用书面形式和口头形式均可，但须有两名以上无利害关系的完全行为能力人见证，登记不是生前预嘱的有效要件。当出现行为人指定的情形时，生前预嘱生效，对患者的近亲属、医疗机构及其医护人员均具有拘束力，即便患者为孕妇的情况下，也不应完全排除生前预嘱的效力，违背生前预嘱的行为人须承担侵权损害赔偿责任。《刑事辩护冲突的解决模式研究》的作者何保飞认为，在司法实践中，辩护律师与被追诉人的冲突经常发生，具体表现在律师独立辩护模式与被追诉人自主性辩护模式之间的矛盾，导致出现大量的无效辩护。文章从辩护律师与被追诉人的关系出发，通过对比分析独立辩护模式与自主性辩护模式的理论基础、域内外适用现状以及适用的困境，明确了被追诉人应当是自己案件的主人，律师再专业也只能扮演助手的观点，从而在这两种模式的基础上提出将协同性辩护模式作为解决刑事辩护冲突的第三种模式。《忠诚协议裁判路径探析》中，作者彭叶认为，忠诚协议在我国理论界争论较大，文章以实践中夫妻忠诚协议纠纷解决为着眼点，拟在界定忠诚协议性质的基础上分析法律效力，并引入民法公平原则来分析我国现行情况下忠诚协议纠纷解决中的法律适用以及利益平衡。最终认为忠诚协议的法律处理应当排除《合同法》适用，直接依据《民法总则》和《民法通则》的相关规定作出裁判，并在双方约定违约金过于不合理的情况下适当行使裁量权予以调整。

“法学茶座”栏目精选两篇文章：《来华英美法政人士与近代中国宪政变革——以古德诺、莫理循、庞德为考察》《寒门再难出贵子：远去的机会平等与停滞的社会流动——兼评〈我们的孩子：危机中的美国梦〉》。《来华英美法政人士与近代中国宪政变革——以古德诺、莫理循、庞德为考察》作者张小虎、赵倩写道，北洋政府时期，美国政治家古德诺、英籍澳大利亚人莫理循以及美国著名法社会学家罗斯科·庞德等人先后来到中国，担任袁世凯政府与南京国民政府的政治和法律顾问。他们来华指导宪法编纂和司法改革，对近代中国宪政探索的理论与实践作出了一定贡献。《寒门再难出贵子：远去的机会平等与停滞的社会流动——兼评〈我们的孩子：危机中的美国梦〉》中，作者陈阳从中国问题出发并提出，必须立足于中国与美国在根本国情上的本质差异，通过改革重塑国家、社会和个人三种力量的内部架构，重建三者之间的动态平衡关系。

有理想、有情怀的“湘青人”用他们的青春和才智陪伴和推进了《湘江青年法学》的一轮又一轮成长，有期的研究生学制也淬炼了一届又一届“湘青人”。依托互联网络，一届又一届的“湘青人”远在海角也彼此联结，与“湘青”血脉相连，共同贡献力量。从这里进来，《湘江青年法学》传承法治的精神火种；从这里出去，青年们走上不同的地方和岗位，与共和国法治事业同呼吸，成为可以燎原的星星之火。潜龙腾渊，鳞爪飞扬。乳虎啸谷，百兽震惶。少年智，则中国智；少年强，则中国强。

《湘江青年法学》编辑委员会

二〇二〇年年初

崇法以治世固本
尚道以济民维新

目录

前沿关注

002 人工智能生成物应赋著作权的证成 莫 凡

016 论人工智能创作物著作权权利归属 周大舜

031 美国与欧盟金融协同法治经验对粤港澳大湾区的启示 许政敏

思想源流

050 构成要件符合性独立论 史文平

069 新时代“枫桥经验”的法治化转型
——探索建立人民法院综合法律服务中心 胡江平

081 论职业自由与劳动权的宪法定位及模式选择 周 密

实证研究

102 乡村振兴战略的法治保障
——以完善乡村社会保障法治体系为视角 詹鹏玮

113 论我国生前预嘱制度的构建 唐 丹
127 刑事辩护冲突的解决模式研究 何保飞
143 忠诚协议裁判路径探析 彭 叶

法学茶座

160 来华英美法政人士与近代中国宪政变革
——以古德诺、莫理循、庞德为考察 张小虎 赵 倩
174 寒门再难出贵子:远去的机会平等与停滞的社会流动
——兼评《我们的孩子:危机中的美国梦》 陈 阳

CONTENT

Theoretical Frontier

002 The Justification of the Artificial Intelligence Creations Should be Copyrighted Mo Fan

016 On the Ownership of Copyright of Artificial Intelligence Creation Zhou Dashun

031 The Rule of Law Experience in the United States and the European Union Financial Cooperation and Its Enlightenment to Guangdong-Hong Kong-Macau Greater Bay Area Xu Zhengmin

Thinking Origination

050 Component Conformity Independence Theory Shi Wenping

069 The Transformation of "Fengqiao Experience" into Rule of Law in the New Era

——Explore the Establishment of a Comprehensive Legal Service Center for People's Courts Hu Jiangping

081 On the Constitutional Orientation and Model Selection of Occupational Freedom and Labour Rights Zhou Mi

Empirical Study

102 The Guarantee of the Rule of Law in the Strategy of Rural Revitalization
——From the Perspective of Perfecting the Rule of Law System of Rural Social Security — Zhan Pengwei

113 The Construction of Living Will in China — Tang Dan

127 Research on the Solution Model of Criminal Defense Conflict — He Baofei

143 Research on Judgment Path of Loyalty Agreement — Peng Ye

Teahouse of Law

160 Britain and America Legal Persons under Constitutional Reforms in Modern China
——Taking Goodnow, Morrison and Pound as an Investigation — Zhang Xiaohu Zhao Qian

174 It's too Difficult for Students from Poor and Humble Families to become Outstanding: Equal Opportunity far Away and Stagnant social mobility
——Reviewing Our Kids: The American Dream in Crisis — Chen Yang

前沿关注

Theoretical Frontier

人工智能生成物应赋著作权的证成

莫　凡[*]

摘　要:人工智能的进步与发展必然对法律提出新的挑战,版权法领域尤为如此,其中人工智能生成物可版权问题便是其中之一。作品受版权法保护的前提是作品符合版权法所规定的作品要件,如果人工智能生成物符合版权法所规定的作品要件,其便具有可版权的正当性。而从版权作为具有可预期市场,并能带来经济效益的权利而言,赋予人工智能生成物版权,可以有效地维护市场竞争秩序,具有赋予版权的必要性。而人工智能生成物版权的归属与责任承担问题的确定,将使得赋予人工智能生成物以版权具有可行性。

关键词:人工智能　人工智能生成物　可版权性　独创性

一、问题的提出

随着大数据、机器学习等新兴技术的飞速发展,人工智能技术取得重大突破,从传统意义上纯粹的辅助工具发展成为具有一定独立性和自主性的智能机器。比如,人工智能写手已经可以写出与人类风格相仿的新闻②,可以绘制肖像画或风景画③,甚至还可以模仿人类大师的风格进行作曲。④ 人工智能

---

* **作者简介**:莫　凡(1997—),男,湖南人,中南财经政法大学知识产权学院硕士研究生。

② 参见陈玉敬、吕学强:《WBA 赛事新闻的自动写作研究》,《北京大学学报(自然科学版)》2017 年 3 月第 2 期。

③ 参见刘霞:《艺术或不再是人类专属——下一个毕加索可能是机器人》,《科技日报》2016 年 4 月 3 日,第 2 版。

④ 参见漕河泾创营:《你还在听人类的歌? 机器人创作天团都来了》,载 http://mt.sohu.com/20161130/n474580792.shtml,2017 年 12 月 11 日访问。

的发展必然给既有法律带来新的挑战,在版权领域,人工智能便带来了众多亟待解决的问题。人工智能生成物是否应赋予版著作权就是最具典型的问题之一。

人工智能生成物是否应赋予著作权,在学术界存在较大争议,存在两种观点。一种观点认为,人工智能生成物不具有可著作权性。如王迁教授认为,目前人工智能的本质仍为“人”的“智能”,即带有人类的“思想情感”与“价值取向”。作为作品构成要件之一的“独创性”,要求创作主体在创作过程中所使用的“智能”是独立的,即人工智能必须运用“带有独立个性的思想情感”进行创作才可满足独创性这一要件,但现今的人工智能并不具备“思想情感”,因此人工智能生成物不具有可著作权性。① 熊琦教授也认为,著作权法要求作品必须是文学、艺术或科学领域内的独创性表达,但是“表达”意味着思想以某种具体的手段或方式表现出来,使他人可以了解,这要求表达者必须具备独有的智力和思想,而现有的人工智能并不具备“表达的能力”,致使人工智能的生成物并不满足著作权意义上作品所需要的“独创性表达”这一要件,因此其生成物并不具有可著作权性。② 可见,两位学者都是从人工智能不具备“人类思想感情”这一角度否认了人工智能生成物的独创性;另一种观点认为,如果人工智能创作内容具有了著作权法所认可的作品意义,那人工智能创作内容就具有了“作品”的属性。③ 人工智能本身虽然并不具备“思想情感”,但人工智能生成物却能让他人感知到“人的思想情感”,其具有于人类作品及其相似的属性。可见,部分学者对于满足作品外观要件的人工智能生成物,被赋予著作权这一看法持支持意见。

然而,人工智能生成物是否可以获得著作权保护,既不能简单地凭借对人工智能本身的定性从而否认其生成物的可著作权性,也不能单纯因为人工智能生成物符合作品的外观要件就承认其可著作权性,而应该从其本身应赋版权的正当性、必要性以及可行性予以全面的验证,并就权利归属与侵权责任分配进行分析。

---

① 参见王迁:《论人工智能生成的内容在著作权法中的定性》,《法律科学》2017 年第 5 期。

② 参见熊琦:《人工智能生成内容的著作权认定》,《知识产权》2017 年第 3 期。

③ 参见李成亮、王惠敏:《机器人创作物的可作品性》,《理论观察》2017 年第 6 期。

二、人工智能生成物应赋著作权的正当性:满足著作权法作品要件

对于人类创作物而言,若要被赋予著作权,一般需要满足以下几点要件:第一,作品应当属于文学、艺术、科学领域;第二,必须是能够被他人客观感知的外在表达,即作品需要能被有形复制及传播,单纯的思想情感不属于作品;第三,外在表达必须具有独创性。即生成物必须是独立创作并具有一定高度的创造性。① 此外,除了要满足以上要件外,还需要根据著作权法的基本原理、该生成物的社会和公益价值等进行综合考虑后才能决定其是否能成为作品,这一点本文将在第三部分进行讨论。相较而言,人工智能生成物与人类创作物虽然存在一定差异,但由于人工智能生成物常常以各种能够被他人客观感知的外在表达形式出现,所涉及的领域也往往属于文学、艺术、科学领域,比如诗歌、音乐作品、辩词等,因此对于人工智能生成物是否符合著作权法作品要件的争议点也主要集中在人工智能生成物是否具有独创性这一问题上。鉴于此,本部分将不再对第一、第二要件进行讨论,而主要围绕人工智能生成物的独创性问题进行讨论。

(一)独创性不以主体适格为前提

鉴于不同法系的国家以并不完全相同的思想理论作为本国法律制度制定、发展的基础,因此,不同法系的不同国家对于受到版权或著作权保护的作品的独创性有着不同的评判标准。以英国和美国为代表的版权体系认为,只要一件作品的创作过程是"独立的",作品的表达形式是"具有一定创造性的",能和其他的创作物相区分,就应该被认为是具有"独创性的"。在英国University of London Press 一案中,法官强调"著作权法要求思想的表达形式具有独创性而非思想,同时这种表达不要求是原创或是唯一的,只要求其不是对其他作品"非独立""无创造性"地抄袭、复制即可";②在美国著名的 Feist 案中,法官推翻了"额头出汗"标准,强调"单纯的劳动投入并不能使作品具备独创性,若要使作品获得独创性,这种投入中必须具备少量的创造性"。③ 之所以持有这种观念,跟大多数英美法系国家所坚持的"经济价值观""激励理论"有着直接关联,即"根据经济学原理,通过激励人们对作品创作的投资来促进

---

① 参见易继明:《人工智能创作物是作品吗?》,《法律科学》2017 年第 5 期。

② University of London Press Ltd v. University Tutorial Press Ltd, [1916]2 Ch 601.

③ Feist Publications v. Rural Telephone Service, 499 U.S. 340, at 341—344(1991).

新作品的产生和传播”。① 也正是因为受到这种观念的影响，目前世界上对人工智能生成物的版权性予以肯定性评价的国家大多为英美法系国家，如英国、南非、新西兰。②

而以法国和德国为代表的作者权体系国家则认为，“独创性”不仅仅要求创作物由创作者“独立创作”，还应当体现出作者的“个性”。该观念的形成，源于“人格价值观”，即“以‘天赋人权’思想以及德国哲学家康德、费希特等人的哲学思想为依据，将作品看成作者灵性感受的创作物，是作者人格的延伸”。③ 虽然鲜有作者权体系国家对人工智能生成物的可著作权性作出讨论与回应，但在学界中，观念上偏向于作者权体系的学者，如王迁教授和熊琦教授，对不具有“创作者情感个性”的人工智能生成物的可著作权性，作出了否定性的评价。

质言之，版权法系在对生成物的可著作权性的判断中，更加侧重于对“创作者及公众经济利益”的考量。生成物的独创性判断往往着重于生成物本身的经济、社会、文化价值，创作主体的不适格并不一定导致生成物必然不具有独创性，权利的归属问题也会作为独立的一环再做讨论。作者权体系则更加侧重于对“创作者人格利益”的考量，从而在对创作物的可著作权性进行评价时，会着眼于创作物的整个创作过程，考察“创作者的个性”在创作物上的反映，这使得生成物的独创性问题和权利归属问题常常会混杂在一起讨论，从而将权利归属的问题的解决作为讨论独创性问题的必要条件。这一点，在英美法系国家与大陆法系国家的用词差异上也有所体现。④

诚然，人工智能的创作，并不能与人类创作等同，但其实际上是一种“类人类”的创作，其创作的素材、框架皆来源于人类，其创作物并不具备能与人类创作物区别开的“独有特征”。因此，当我们看到人工智能生成物时会误以为其为人类的创作物。当人工智能生成物与人类创作物以同一表现形式出现时，两者唯一的不同恐怕就在于其背后的创作主体了。值得注意的是，虽然人

---

① 张喜才:《作品独创性制度适用研究》，郑州大学2016年硕士学位论文。

② 参见曹源:《人工智能生成物获得版权保护的合理性》，《科技与法律》2016年第3期。

③ 陈维:《论著作权法上的独创性》，西南政法大学2008年硕士学位论文。

④ 英国、美国使用“copyright”来指代版权，德国、法国则使用Author’s right来指代著作权，两词在涵义上并无实质差别，但所表现出来的制度选择却是不同的。但本文中所提及的“著作权”一词，字面本身并不带有制度倾向，仅用于表明字面涵义。

工智能在短时间内不可能成为适格的法律主体，但生成物的权利并不必然归属于创作主体，创作主体与权利主体也并非相同的概念，只是在一般情况下，创作主体都被认为是权利主体，而在某些特殊情况下，比如法人作品、特殊职务作品、影视作品等，创作主体与权利主体并非同一主体。因此，倘若将权利归属的问题与独创性问题混杂，可能会将一些本应受到保护的生成物拒之门外。

（二）人工智能生成物具有独创性

虽然不同的国家可能有着不同的独创性评判标准，但是绝大多数国家都对“作品受到保护应当以其具备独创性作为前提”这一观点达成了共识。诸如法国、英国、美国等具有代表性的国家①，始终将独创性具备与否，作为决定一件创作物能否被视为作品并获得版权保护的关键。如在 19 世纪 Gray v. Russell 案（1839）和 Emerson v. Davies 案（1845）的判决中，美国第一次提及了作品的独创性，审理这两个案件的斯托里大法官指出，“牺牲自己的利益，凭技巧、劳动或者耗费了金钱测绘或由收集的资料编制出州或国家地图的人对该地图享有版权”。② 另外，在 1879 年的 The Trade – Mark 案以及 1884 年的 Burrow – Giles 案中，美国联邦最高法院均指出作品应当具备一定程度的独创性（a degree of originality）。英国则在 1900 年的 Walter v. Lane 案中第一次提出了独创性问题。在此之前，英国所使用的“额头出汗”（the sweat of the brow doctrine）原则虽与独创性涵义并不完全相同，但两者所蕴含的本质却是一致的。法国虽并未在具体案例中提出独创性问题，但从法国最高法院独创性的解释——独创性即表现在作者所创作作品上的、能够反映作者个性的标记。可知，在法国，独创性依然是创作物可版权性必不可少的前提。再观我国，在司法实践中通常要求创作物必须独立完成且有最低限度的创造，实际上也是对于独创性作为创作物可著作权性前提的确认。因此，对于人工智能生成物而言，具有独创性是其被赋予著作权的必要前提。

---

① 英国 1988 年《版权、设计与专利法案》第 1(a) 规定：(1)“版权是依据本编存在于下列作品中的一种财产权——(a) 独创性文字、戏剧、音乐或者艺术作品”；法国 1992 年《知识产权法典》第 L. 112 – 4 条款规定：“智力作品的标题具有独创性的，同作品本身一样受到保护”；美国 1909 年《美国版权法》第 102 条规定：“(a) 以任何现在已知的或者以后出现的物质表达方式——通过此种方式可以直接或借助于机械或装置可感知、复制或以其他方式传播作品——固定的独创作品，依本篇受版权保护。”

② Emerson v. Davies, 8 F. Cas. 615(C. C. D. Mass. 1845).

在司法实践中，版权法中独创性的判断通常是结果性判断，其大多数情况下对作品进行自动保护，只有在其创作属性发生争议时，才会对涉案的作品是否属于“创作作品”(work ofauthorshop)进行审查，并往往仅限于对作品中表达元素的审查，通常不涉及作品创作过程的评价。只要发现作品的表达是受保护的，就可以推定是人类作者创作的版权作品，没必要证明作品与创作之间的因果关系。[①] 因此，即使人工智能在创作过程中并不具有“独立的个性与情感”，但只要其创作物在表现形式上能表现出个性，则该创作物就应当具备独创性。至于该创作物的主体是否适格以及该创作物之上的权利应当归属于谁，可进一步判断。此外，还有学者提出了以创作物的受众为标准来确立创作物版权地位的观点，即“是否属于版权作品，不以作品来源于人类还是非人类为标准，而是从人类受众的角度来看，它是否产生审美的精神效果”。[②] 这一理论的提出，实际上是对独创性“结果判断”的进一步完善和支持，这说明了人工智能生成物在进行独立的独创性判断时，只要满足独创性的构成要素，就应当被认定具有独创性，具有被赋予著作权的正当性。

独创性主要由“独”和“创”两大特征构成，“独”要求劳动者独立地创作，同时创作产生的成果应当与其他作品之间存在可以被客观识别，并非太过细微的差异。“创”则要求劳动成果必须具备一定程度的“智力创造性”，即能够体现劳动者独特的智力判断与选择，展示作者的个性并达到一定创作高度要求。[③] 当生成物满足以上两大特征，就应被认定具有独创性。因此，现试举一例，证明人工智能生成物具有独创性的可能性:2018 年 6 月，IBM 公司组织了一场“人机辩论赛”，在该场比赛中，机器人和人类各胜一次，IBM 发言人称，机器人在比赛前并不知道辩论主题，所有发言均为临场发挥，自主创作，内容则基于其能收集到的各类论文、报告、新闻报道等数据。[④] 可见，人工智能已经可以做到基于对人类创作物的学习，独立地创作出带有人类思想情感的与

---

① Shyamkrishana Balganesh," Causing Copyright", 117 Columbia Law Review 1, 4 (2017), p. 4—5.

② 梁志文:《论人工智能创造物的法律保护》,《法律科学》2017 年第 5 期。

③ 参见王迁:《知识产权法教程(第五版)》,中国人民大学出版社 2016 年版,第 26—32 页。

④ 参见《好奇心日报》:《IBM 组织了一场人机辩论,人类与人工智能各胜一场》,https://tech. sina. com. cn/roll/2018 - 06 - 20/doc - ihefphqk2542961. shtml,2018 年 7 月 20 日访问。

人类作品基本完全相同的生成物,并且能够做到与其他作品之间存在可被客观识别的差异。在这一过程中,人工智能通过模仿人类的个性情感①进行自主创作,其生成物实际上已经体现了与人类相同的思想情感与个性,同时也体现出了人工智能在经过了收集、学习、筛选、分析、逻辑搭建、形成生成物等一系列的过程下的智力判断与选择。这实际上与人类的创作方式是相似的,现今大多数的人类作品都是源于对前人创作物的学习与再创作,这种“再创作”甚至仅是对前人创作物的编排。人类通过模仿学习进行自主创作所形成的创作物尚且被认为具有独创性,与之类似的人工智能生成物为何不能认为具有独创性呢?

三、人工智能生成物应赋版权的必要性:维护市场有序竞争需要

(一)可预期市场及其竞争秩序维持的必然选择

最初的版权法,保护的是已印制作品的原样重制。随着时间的推移,自19世纪中期开始,版权的保护范围开始一步步扩张,除了禁止已印制作品的原样重制外,还对出版作品的模仿、改编行为进行禁止。再之后,随着摄影术、自动演奏钢琴、数字点播机等新技术的陆续出现,版权的保护范围也在争议中不断被调整。纵观著作权的发展历程,可见,版权的发展史,在某种程度上就是一场出版商、作者与盗版者的斗争史。虽然在这个过程中双方各有胜负,但“剥夺作者就其劳动所获得的回报,以及允许后来者不劳而获,都是非正义的”。② 这一道德主张,仍然是作者对其作品享有版权不可动摇的理论根基。因此,版权法的诞生,很大程度上是为了防止作者的作品被盗版者不费吹灰之力地肆意利用,维持版权市场的有序竞争,保护作者作品的可预期市场。

在对人工智能生成物的可版权性进行评价的过程中,许多学者都将注意力集中于人工智能生成物上的“智力劳动”,试图将该“智力劳动”与人类创作物上的“智力劳动”作出区分,而很少去考虑人工智能生成物本身的价值,探究人工智能生成物能为读者公众、经济等所作出的贡献。但实际上,随着人工智能技术的快速发展与进步,人工智能生成物与人类创作物创作物的界限也

---

① 个性情感的模仿,并不必然使得作品特定化,现场辩论赛中机器人的发言并不能事先设计,这就说明了机器人在数据学习、处理过程中,已形成了一种新的表达,这种表达包含的思想情感虽然来源于人类,但是表达本身却是具有创造性的。

② [美]保罗·戈斯汀:《著作权之道 从谷登堡到数字点播机》,金海军译,北京大学出版社2008年版,第31页。

将会愈发模糊,"智力劳动"这一概念本身的涵义也将饱含争议,受到冲击。因此,与其如同"无知的军队在黑夜里冲突"一般,"争议多多而成果寥寥"①,不如换个思路,回到版权法最初设立的宗旨,从人工智能生成物对于版权市场及其竞争秩序及其可预期市场的影响入手,对人工智能生成物的应赋版权的必要性进行探讨。

可料想的是,若人工智能生成物不被赋予版权,文化市场将会涌入一大批不具有版权,但在表现形式上与人类创作物创作物类似,难以与人类创作物创作物进行区分的人工智能"作品"。一方面,这些生成物投入市场之后,由于其具有强隐蔽性,如非专业的技术人员基本无法将其与人类作品区分开,将会导致市场中的创作物处于一个"真假不明"的不稳定的法律状态。鉴于作品本身具有一定的市场可预期性,当居心叵测者将这些创作物上的"版权"许可、转让、出质给他人时,一旦该"版权"出现问题与纠纷,作品的市场可预期性将会变得极其不稳定,文化市场的竞争秩序也势必会受到冲击和影响,况且随着人工智能技术的愈发成熟,人工智能生成物不仅会更难与人类创作物区分,而且人工智能的创作效率也会越来越高,涌入版权市场的人工智能生成物很可能会呈现"井喷"的态势。若文化市场存在大量的甚至在数量上远远超过人类作品的"真假不明"的"作品",除了会对市场竞争秩序的正常进行造成非常不利的影响之外,势必还会耗费大量的司法资源、社会资源用于作品区分。此时,若是赋予这些"真假不明"的"作品"确定的法律地位,消除了这一不稳定因素,将有利于保护作品的可预期市场,维持市场竞争秩序稳定性,节省"真假作品"的区分成本。

另一方面,找到这些与人类创作物并没有实质性区别的"作品"与人类创作物明显的"区别特征"或大费周章将人工智能生成物与人类创作物相区分,并将其置于公共领域当中后,当这些"作品"质量越来越高,数量、类型越来越多之时,对于潜在的受众,即作品使用者而言,这些免费的"公共作品"即可以基本满足其对于文化产品的需求,这些受众将没必要再去付费使用具有版权的人类作品。由此,有学者作出预测"除了一些具有高度独创性的文字作品或者依赖作者声誉的美术作品尚能附着版权价值之外,其他所有人类创作作品的版权价值都会无限趋向于零,版权许可和转让的交易也基本上不会再发生。人类作品失去市场吸引力和流动性的同时,人类作者创作作品的经济动

---

① T. Scrutton, The Laws of Copyright, 1883, p. 2—3.

因也会消失”。进一步看,倘若文化市场被大量的免费作品所占据,大部分人类创作物将可能逐渐地消失在人类的视野中,基于版权利益而形成的版权产业也会逐渐凋敝。这已不仅仅只是可能对正常的文化市场秩序造成破坏,情形严重之时,甚至会对版权制度本身造成极大的冲击。

(二)可激发市场竞争活力及促进社会经济发展

基于上述原因,倘若赋予人工智能生成物版权,不仅可以避免版权产业受到冲击、文化市场中盗版作品泛滥,甚至可以有效地促进版权产业的发展,激发文化市场的竞争活力。实际上,激发市场竞争活力,推动社会经济发展,本身就是知识产权制度的基本功能之一。有学者指出,“前现代知识产权法在处理无形财产时使用了古典法理学的语言,而现代知识产权法则趋向于更加依赖于使用政治经济学和功利主义的话语和概念。”①这一转变的产生,并非是对于知识产权形而上学讨论的否定,而是在现今的知识产权话语体系中,经济、市场、秩序占据了更为重要的位置。近代英国通过《安娜法令》和《垄断法规》,授予出版商以暂时的“垄断权”从而达到技术进步及产业发展的目的,这是出于对市场发展、商业贸易的考虑,同时也是为了工业革命的顺利深入提供制度基础。美国经济学家、诺贝尔经济学奖获得者诺思对此指出:工业革命的动向,即近代英国拥有作为产权制度的一种特殊范畴,即知识产权制度,这种制度保护了发明创造者的利益,刺激了发明创造者的热情,从而使得发明得到大量涌现并带来浪潮般的技术革新,从而启动了工业革命并创造了现代经济增长的奇迹。② 此外,作为对现今知识产权制度影响最大的国家——美国,更是始终将本国的知识产权政策与市场竞争、商业贸易紧密相连。从早期贯彻了实用主义商业激励机制的知识产权政策,再到后来为激励技术创新、激发市场竞争活力以及创新成果应用,连续颁布《发明人保护法》《技术创新法》《政府资助研发成果商品化法》等一系列法律法规,并凭借“301 条款”和“337 条款”将知识产权保护与对外贸易政策直接联系起来,最终使美国成为了世界上的“科技领先型国家”。可见,知识产权制度的经济、市场功效,并未随着时代的推进而减弱,反而更加显现和突出。

① [澳]布拉德·谢尔曼、[英]莱昂内尔·本特利:《现代知识产权法的演进 英国的历程(1760—1911)》,金海军译,北京大学出版社 2012 年版,第 45 页。

② [美]道格拉斯·诺思、罗伯斯·托马斯:《西方世界的兴起》,厉以平、蔡磊译,北京华夏出版社 1999 年版,第 23 页。

在现有的版权制度下，一旦人工智能生成物被赋予版权，人工智能的设计者或使用者便很可能被视为该版权的权利主体，这对于设计者或使用者而言，无疑是一种激励，促使他们设计出更加成熟智能的人工智能，利用其创作出质量更好的作品。而作为竞争者的人类创作者也会迫于市场竞争的压力，"绞尽脑汁"以创作出更具价值的作品来维持自己的市场地位。在这场"人工智能作品"与"人类作品"的"市场争夺战"中，版权文化市场的活力将被进一步激活，版权文化产业也将因文化产品的进一步多元化而更加繁荣，最终起到增强国家文化软实力，促进社会经济发展的作用。

当然，也有学者提出担忧，认为从市场的角度来说，人工智能生成物的产生可能会从作品的供给端冲击版权制度原有的架构，即原本向市场输入有限的作品数量将由于人工智能技术的发展而变得泛滥，《版权法》原本为繁荣文化市场而精密设计的利益分配体系将会失去平衡。笔者认为，人工智能创造物在刚涌入版权文化市场之际，有可能会对原有的文化市场造成一定的冲击，但市场最基本的特性之一便是自我调节性，人工智能生成物相对于人类创作物而言并不具有"垄断性"或"压倒性"的优势。相反，面对"会思考的人类"，现有的人工智能所创作的作品还具有较大的局限性，因此，在市场的"选择"之下，优胜劣汰这一市场法则并不会失效。最终的版权文化市场，在历经一段起伏之后，势必会重新归于一个动态平衡的状态。

四、人工智能生成物应赋版权的可行性：权利归属与责任承担

（一）权利归属

首先，倘若仅仅只是针对人工智能生成物是否符合作品的构成要件这一问题进行探讨，则无法对人工智能生成物的可版权性进行全面、充分的验证。版权制度设立的宗旨，并非凭空创造出一种权利，而是意图通过赋予权利主体对其智力成果以支配权，激励权利主体创作出有价值，对社会、经济、文化发展有益的智力成果。可见，权利制度的产生是以权利主体为基础的，权利失去了权利主体，就成了无源之水，无本之木，因此，只有明确人工智能生成物的权利归属，针对人工智能生成物所设置的权利才有运作的可行性。

在人工智能生成物的权利归属问题上，学界还存在一些分歧，反对人工智能作为权利主体的观点认为，一方面，在技术上，现代人工智能很大程度上仍属于一种"辅助人类的工具"，其智能化程度相比人类仍然具有明显的差距。另一方面，在现今的私权体系下，权利主体与权利客体不仅相对应而且彼此之

间法律地位不得转换，权利客体只可能是法定支配权的对象而不可能成为权利主体。① 因此，在现有的法律体系下将人工智能作为权利主体来看待是不适宜的。支持者则认为，“人类法律已经能够认可公司或国家这种互为主体的实体，称之为‘法人’。虽然‘丰田’或‘阿根廷’既没有身体也没有心智”，但都能被承认有法律上的人格地位，人工智能迟早“也能获得这样的地位”。②

但就国家层面而言，在版权权利归属的处理上，针对相关问题作出回应的各国意见则较为一致。如英国在1988年实施的《版权、设计和专利法》中，规定了“为计算机所生成之作品进行必要安排者，视为该计算机生成之作品的作者”；（第9条第3款）③将“必要安排者”视为人工智能生成物的作者；同样，南非在1978年《版权法》中亦规定了，人工智能生成物的权利主体应为对该作品的创作进行了“必要操作的人”。④ 另外，新西兰、澳大利亚、美国等国家的立法态度，都与英国、南非相似，虽然澳大利亚和美国并未在司法实践中采取统一的处理方式，但各国在“人工智能生成物权利主体”是否可以为人工智能的问题上达成了一点共识——即人工智能生成物的版权应当归属于人类而非机器。虽然现今的人工智能已可以在人类不干预创作过程的情形下，通过机器学习创作出与人类创作物无实质区别的作品，并且在近些年来，日本等发达国家一直试图研究出具有人类脑功能的人工智能系统，人工智能作为权利客体的本质属性，随着技术的发展也可能逐渐变得模糊，但就目前而言，此类研究并无突破性的进展，人工智能的创作始终还处于“算法运用阶段”，在本质上仍旧属于一种机器，若被赋予与人类同等的主体地位，定然是不妥当的。鉴于目前各国、学界对人工智能生成物的权利归属并无通说、定论，且权利归属问题本身较为复杂，非本文试图解决、论证的问题。因此，笔者仅对该问题提出自己观点，首先，对于人工智能生成物权利归属的确定，英国在传统版权法上的实质性贡献规则下所定义的“必要安排者”较为适合作为承受权

① 参见[德]汉斯·布洛克斯等：《德国民法总论（第33版）》，杨大可译，张艳校，中国人民大学2012年版，第456页。

② [以色列]尤瓦尔·赫拉利：《未来简史——从智人到神人》，林俊宏译，中信出版集团2017版，第293页。

③ 英国政府法制网站：《Copyright, Designs and Patents Act 1988》，载http://www.legislation.gov.uk/ukpga/1988/48，2017年12月11日访问。

④ 参见WIPO世界知识产权组织官网：《南非1978年版权法》，载http://www.wipo.int/wipolex/zh/text.jsp?file_id=130429，2017年12月11日访问。

利义务的主体。理由在于，在该种制度安排下，权利主体的确定不限定于设计者或使用者，而是从具体的案情出发，通过现行的版权制度对权利主体作出具体判断，有效解决主体的不确定问题。

其次，在对实质性贡献规则的实际适用过程中，不同国家的不同法律体系下可能会存在界定上的困难。以我国为例，根据我国《著作权法》和《著作权法实施条例》对于作者和创作的定义，可知实际从事创作的适格主体才是作者，没有实际进行创作，而仅仅组织他人创作，提供物质条件或者承担资料收集和其他辅助工作的人都不是作者。反观人工智能生成物，由于各种人工智能的智能化程度不同，人类在创作过程中所发挥的作用，扮演的角色也会有所不同，对于智能化程度高的人工智能而言，操作者仅仅可能只需按一下按钮就可生成生成物，而对于智能化程度偏低的人工智能而言，操作者可能还需进行带有其个性、情感的其他操作，人工智能才根据操作者的意志生成生成物。此外，作为人工智能的设计者，其对于人工智能的设计工作是否又属于"实质性贡献"。这一系列因为技术差异所带来的问题，都会给实践中"必要安排者"的认定带来阻碍。

最后，虽然在实践中，实质性贡献规则的适用可能会存在不确定或不可预期的问题，但并不代表该规则失去讨论的意义，只要能设置合适的判断因素，比如生成物创作过程中所承载意志和情感的归属、对生成物最终形成的影响程度等，就能一定程度上消除认定过程中的不确定性及不可预期性。此外，通过类比"法人作品"，也可以为人工智能生成物的权利归属提供一定的启发。"法人作品"的构成要件主要有三个：第一，由法人或者其他组织主持；第二，代表法人或其他组织的意志创作；第三，由法人或者其他组织承担责任。这一制度由英美法系创立，主要是因为有些作品体现的是一个法人或者其他组织的意识，而非个人的意志，所以将权利义务赋予个人是不太妥当的。相较之下，人类与人工智能之间也存在类似的关系，比如人工智能在设计或者使用的过程中均有人类意志的影响，人工智能并不能完全自主地、通过自我意识进行创作，其创作成果，往往代表了或部分代表了设计者或使用者的意志，同时人工智能的创作行为往往需要人类进行主持，最终因生成物产生的责任也因为其没有独立的人格而只能由人类或其他具有独立人格的法律主体承担。因此，"法人作品"的制度设计，也可以作为人工智能生成物确定权利归属所参照的路径之一。

（二）责任承担

由于人工智能在进行创作的过程中，不可避免地会通过大数据技术进行数据收集和处理，所以难免会在未授权的情况下使用他人的作品，而这一过程很有可能会侵犯他人的合法权益。当侵权行为发生，就必然会涉及侵权责任承担的问题。因此，人工智能的归责制度亦是人工智能生成物可著作权性讨论中不可忽视的问题。

在现有的责任制度中，侵权责任一般由侵权者承担，但鉴于人工智能并不具备法律人格，无法承担侵权责任，因此最终责任还是会落在具有独立法律人格的主体上，而目前法律制度下，享有独立法律人格的主体仅有自然人、法人及其他组织。人工智能生成物的权利主体，往往与人工智能生成物的形成有着密切的联系，无论是参照“实质性贡献规则”还是“法人作品”制度，都体现了权利主体对于人工智能以及其生成物形成过程的一种“控制力”，所以，人工智能生成物的权利主体在一般情况下应当为人工智能创作过程中的侵权行为承担相应的责任。但实践中的情况纷繁复杂，责任分配过程中需要考虑到主观过错以及因果关系等因素，责任主体的认定有时也需要对侵权行为主体和侵权责任承担主体作出区分，难以在本文中进行详细的论述与说明。

对此，笔者仅提出一些粗浅的看法：一方面，责任承担问题并非单一性问题，其涉及责任主体的确定、侵权行为的认定、责任分配、损害赔偿的计算等一系列问题，倘若针对该问题设置一套全新的归责制度，将会极其困难。因此，可以结合人工智能生成物的权利归属制度，参照现有的归责制度，作出一定的补充及修改，来面对可能发生的人工智能侵权问题。另一方面，鉴于人工智能的创作实际上难以离开对大数据的采集和处理，如果对其限制过多，将会很大程度上限制人工智能的创作能力，所以对于人工智能的创作引用，可以考虑将其纳入合理使用制度的框架范围之中，但合理使用制度往往对生成物的“质”和“量”有一定的要求，人工智能生成物在适用该制度时也应当对该问题有所考虑。

总而言之，无论是权利归属问题还是最终的责任承担问题，对于不同国家而言，由于国情、相关政策而的不同，立法体系上的理论差异等，难以存在一套统一的标准，最终作出的制度选择必然还需进一步补充、完善或创新，比如大陆法系国家不承认“法人作品”，不同国家采用不同的归责制度等。不同的制度选择虽然最终可能带来不同的认定标准和保护方式，但可以确定的是，人工智能生成物权利归属和责任承担并非不可解决的问题，在存在适当解决办法的情况下,赋予其著作权具备可行性。

五、结语

《未来简史》的作者赫拉利曾预言:“人工智能会成为人类史上非常重要的革命,在生物学上也是一场非常重要的革命,其将影响我们的生命和地球。”在未来,人工智能也许会越来越像人类,甚至超越人类,对整个法律制度,甚至是人类的社会制度造成冲击。但从现今人工智能发展的程度来看,离这一天的到来或许还有一段较长的路要走,在人工智能技术还未成熟之前,我们能做的,就是尽量在现有的法律制度之下对人工智能所带来的问题作出回应。不过,立足当下,从人工智能技术发展的速度来看,现在讨论“奇点”之后可能出现的情形还为时尚早。

The Justification of the Artificial Intelligence Creations Should be Copyrighted

Abstract: The progress and development of artificial intelligence will inevitably pose new challenges to the law, especially in the field of copyright law. One of them is the copyright issue of artificial intelligence creations. The premise that the work is protected by copyright law is that the work complies with the requirements of the work that stipulated by the copyright law. If the artificial intelligence creations meets the requirements of the work that stipulated by the copyright law, it has copyright legitimacy. From the perspective of copyright as a right with predictable market and economic benefits, copyrighting artificial intelligence creations can effectively maintain the order of market competition and have the necessity of copyright. The determination of the copyright of the ownership and responsibility of the artificial intelligence creations will make it feasible to give the artificial intelligence creations copyright.

Key Words: Artificial Intelligence; Artificial Intelligence Creations; Copyrightable; Original

（责任校对:魏远山）

论人工智能创作物著作权权利归属

周大舜*

摘　要:承认人工智能创作物属于著作权法意义上的"作品"逐渐达成共识,但对人工智能创作物权利归属问题学界尚未形成一致意见,且现有学说缺乏市场风险考量以及价值平衡,难以为人工智能创作物权利归属提供有力解释。以经济学"前景理论"为视角进行分析,认为人工智能使用者获得人工智能创作物归属权更符合社会整体效率与法的正义诉求,有利于促进社会进步。

关键词:人工智能创作物　权利归属　著作权　"成本-效益"

引言

随着科技发展,人工智能创作能力日益增强,不断冲击着既有著作权制度,引起众多学者的关注。如美国人工智能新闻写作平台"Word smith"每年生成数以万计的新闻稿;微软机器人"小冰"完成了世界第一部人工智能诗集《阳光失了玻璃窗》;谷歌开发的人工智能设备"Deep Dream"生成绘画作品拍卖成功……人工智能创作物在文学、艺术界大放异彩的同时不由得引人深思:人工智能创作物已在一定程度上体现独创性,强人工智能创作物对社会经济的影响将更加深刻,当其能满足消费者的期待时,人工智能创作物能否获得著作权保护?如果能够获得保护,那么人工智能创作物著作权又会花落谁家?

目前,认为人工智能创作物应得到保护是主流的观点,但对人工智能创作物的权利归属尚无定论。我国采用著作权自动取得制,即著作权自作品创作完成时自动产生,不需要履行任何批准或登记手续。根据我国《著作权法》第

---

* **作者简介**:周大舜(1993—),男,重庆开县人,湘潭大学法学院硕士研究生。

11条规定[①],作品的著作权属于作者,通常情况下作者是自然人,在法定情况下作者也可以是法人或者其他组织。但人工智能既不是自然人也不是法人或其他组织,其创作物的权利归属不可根据我国法律直接得出结论。

保护与确权是种利益平衡,其背后反映的是一种人们通过实施各种行为追求利益的社会关系。就一件作品而言,只有明确权利归属方可减少交易成本,才能考虑权利人与传播者利益分配问题,才能有效处理著作权私有领域和公有领域划分问题,也才可明确侵权责任承担。若不事先在法律上对人工智能创作物归属作出安排,会使人工智能创作物权利保障无法可依,不利于市场经济秩序的稳定。为了揭示社会行为背后的利益动因,为个体追求利益最大化与增进社会效益提供保障[②],应明确人工智能创作物的权利归属,因此本文从人工智能创作物的法律意涵入手,对人工智能创作物归属学说进行梳理,结合法经济学理论工具,讨论人工智能创作物的权利归属。

一、人工智能创作物的法律意涵

业界按照人工智能先进程度,将其分为三种类型:弱人工智能、强人工智能以及超级人工智能。[③] 弱人工智能只能在特定领域或者既定规则中,表现出相应的智能;强人工智能适用领域和规则更加广泛,其具有与人类相当的创造力和想象力;超级人工智能即是远超越人类的智能。弱人工智能主要作为人类辅助设施,其创造性较弱且智能化程度不高,主要创造性工作仍由人类完成,因此弱人工智能权利归属几乎没有争议。根据学者雷·库兹韦尔预言,人工智能到达“奇点”时将全面超过人脑。[④] 那么“奇点”之后,更高创造力的强人工智能或者超级人工智能创作物的权利归属问题即是本文核心的议题。

通过中国知网检索可知,人工智能生成的结果主要有“生成物”“创作物”“生成内容”三种说法。采用“生成物”的学者认为,人工智能“生成物”是利用人工智能生成的文字、音乐等内容。[⑤] 该种提法虽承认人工智能生成结果

---

① 《中华人民共和国著作权法》第11条:“著作权属于作者,本法另有规定的除外;创作作品的公民是作者;由法人或者其他组织主持,代表法人或者其他组织意志创作,并由法人或者其他组织承担责任的作品,法人或者其他组织视为作者。”

② 参见冯晓青:《知识产权利益平衡原理》,湖南人民出版社2004年版,第5页。

③ 参见翟振明、彭晓芸:《“强人工智能”将如何改变世界——人工智能的技术飞跃与应用伦理前瞻》,《人民论坛》2016第7期。

④ Ray Kurzweil. The Singularity Is Near: When Humans Transcend Biology. Penguin, 2006.

⑤ 参见王迁:《论人工智能生成的内容在著作权法中的定性》,《法律科学》2017年第5期。

“物”的属性,但“生成物”词语内涵中缺乏对人工智能创作物具备创造性的认可,导致人工智能生成物难以获得著作权保护,也就无法言及权利归属问题。从字面含义来看,以“创作物”来界定人工智能生成结果,未否认人工智能生成的结果具有创造性;⑥不过亦有学者认为人工智能“创作物”是指人工智能独立制作完成的创造物。⑦ 因此,相比“生成物”之概念,“创作物”更能凸显人工智能生成结果的创造性,有利于论述其成为著作权法保护的客体,也更契合本文中论述人工智能权利归属之核心。“生成内容”相比前两个概念显得更加宽泛和模糊。“生成内容”可以是成品,也可以是半成品,既可以是有体物,也可以是无体物。“生成内容”形式多种多样,只要是人工智能生成均可称作“生成内容”。可见“生成内容”概念外延过大,并非所有的人工智能“生成内容”都应获得著作权法保护,采用该说法难以讨论其权利归属。笔者以为,只有人工智能生成结果的创造性达到一定高度并且属于法律规制的范围才有必要得到保护,讨论其权利归属才有意义。因此本文采用“创作物”一说,便于读者进行理解。

确定本文讨论对象概念之后,应确定具有创造性的人工智能创作物是否属于著作权意义上的作品。根据我国《著作权法实施条例》第 2 条⑧,要界定人工智能创作物是否为作品,应对其“三要素”进行分析,即独创性、可复制性和智力成果。首先,人工智能创作物是否具有独创性问题。有学者认为,人工智能创作基于检索和组装行为,成果建立在既存数据库之上,人工智能内容产生过程不属于创作。⑨ 亦有学者认为如果作品未形成新思想、新观点,则不具有独创性。⑩ 事实上,“独立创作”关键在于“反抄袭”,即反对窃取他人智慧成果的行为,而并非反对积累素材行为。积累素材亦是自然人创作的必要过程,只要人工智能创作物不符合“抄袭”标准,则不应以此否定其独创性。学者要求“新思想”与“新观点”并非否定人工智能创作物具备独创性,而是强调创作物内容的新意,其重点在于对人工智能创作物之创造性的程度提出高要

---

⑥ 参见易继明:《人工智能创作物是作品吗?》,《法律科学》2017 年第 5 期。

⑦ 参见梁志文:《论人工智能创造物的法律保护》,《法律科学》2017 年第 5 期。

⑧ 《中华人民共和国著作权法实施条例》(2013 年修订)第 2 条:“著作权法所称作品,是指文学、艺术和科学领域内具有独创性并能以某种有形形式复制的智力成果。”

⑨ 参见王迁:《论人工智能生成的内容在著作权法中的定性》,《法律科学》2017 年第 5 期。

⑩ 参见吴汉东:《人工智能时代的制度安排与法律规制》,《法律科学》2017 第 5 期。

求。因此哪怕创作物由素材堆砌而成，如果创作物能够体现新意且非“抄袭”，就应认定其独创性。这点与自然人创作的要求没有本质区别。因此人工智能创作物如能满足一定条件，就应对其独创性予以肯定。其次，人工智能创作物的可复制性问题。人工智能创作物可复制性显而易见，在此不过多赘述。最后，人工智能创作物是否具有智力成果属性。人工智能成果是否属于著作权意义上的思维和表达，争论焦点在于人工智能创作过程中是否发挥智力劳动。在人工智能创作过程中，人的智力成果并非直接体现，而是通过为人工智能设定作品设计方向以及素材选取等行为间接体现。即使强人工智能具备更强的学习和创造能力，其依然不具备主动生成作品的能动性。如没有人为设置，人工智能无法从浩如烟海的数据中筛选关键数据进行创作。因此人工智能创作物符合“三要素”之要求，具备成为作品的条件。

人工智能创作物的创作对象主要是文学、科学以及艺术作品，属于著作权的保护范围。从人工智能的创作行为来看，人工智能创作过程并非是提供咨询意见之类的辅助工作，而是直接产出作品的过程，亦符合我国《著作权法实施条例》第 3 条所称的“创作”。从著作权法立法的目的来看，著作权具有保护作者权益与社会公共利益的双重目的，保护人工智能创作物符合著作权制度的目的。一方面，将人工智能创作物纳入著作权法保护能够维护公民正当的民事权益，调动人工智能权利人积极性；另一方面，将人工智能创作物纳入著作权法保护也有利于实现作品价值的传播。因此，为更好实现公共利益和个人利益的平衡，应当将人工智能创作物纳入著作权保护范畴。

根据我国《著作权法》第 2 条：“中国公民、法人或者其他组织的作品，不论是否发表，依照本法享有著作权。”人工智能创作物欲获得著作权保护，除了创作物应当达到“作品”标准以外，还应分析非自然人进行创作能否获得著作权的问题。正如克罗地亚《版权法》⑪中所述“作者权自然应归属于创作作品的自然人”，著作权体系国家认为只有自然人才能成为作者，法人或公司都不能成为作者。即只有人才有智力，才能从事智力创作活动。⑫ 版权法体系国家以产业为导向，更强调对作品财产权的保护，以追求作品商业化利用的价值和社会公共利益的增进。版权法体系国家认为版权不仅归属于自然人，同

---

⑪ 克罗地亚《版权法》(2003 年 12 月 8 日)第 2 条第 1 款。

⑫ [德]西尔克·冯·莱温斯基:《国际版权法律与政策》，万勇译，知识产权出版社 2017 版，第 43 页。

时也可以归属于其他人,包括法人等。但随着经济的发展,著作权体系国家对于非自然人作者也体现出一定程度的包容。作者权体系国家也逐渐允许该原则存在例外情形,比如在集体作品情况下,著作权权利人即使是法人也可以享有作品的著作权。我国著作权法所确立的作品归属模式是以著作权属于作者为原则,以特殊规定为补充,以合同约定为例外。⑬ 因此,虽然非自然人作品被严格限制,但是并非无法获得著作权保护。笔者认为,在法人制度中,法人作为能够独立承担权利和义务的主体,是具有独立意志的民事主体,也能够进行独立的创作。因此,将创作行为和"人"的身份直接挂钩,并不符合立法目的。将"人"的创作作为"独创性"的内涵,混淆了权利客体的属性与权利归属在法律技术上的区别,破坏了法律的基本逻辑。⑭

综上可知,虽然人工智能创作物的归属问题对我国《著作权法》提出挑战,但《著作权法》对待该问题并未绝对否定。随着社会对非自然人创作物的包容度不断提高,人工智能创作物理应获得相当的保护,即应当承认其著作权。

二、既有权利归属方案及其可能的缺陷

确定人工智能创作物应获著作权后,就应对人工智能创作物权利归属进行分析。通过梳理现有研究成果发现,学者们对人工智能创作物的著作权权利归属众说纷纭,莫衷一是,概括起来主要有以下三种观点:归公有领域说、归人工智能本身和归属于人工智能相关自然人。本部分拟对现有学说进行评述,阐明不同学说的利弊。

(一)流入公有领域忽视权利人贡献与市场风险

有的学者认为,人工智能使用者对人工智能创作物没有付出创造性努力,且人工智能并不具备权利主体的资格,由此生成的内容不应属于任何人,应流入公有领域⑮,笔者将此种观点概括为"公有领域说"。"公共领域说"支持者的理由:一是将人工智能创作物归于公有领域可以回避人工智能创作物可版权性与权利归属问题;二是在人工智能创作中,自然人没有付出足够创造性劳

---

⑬ 参见曹新明:《我国著作权归属模式的立法完善》,《法学》2011 年第 6 期。

⑭ 参见乔丽春:《"独立创作"作为"独创性"内涵的证伪》,《知识产权》2011 年第 7 期。

⑮ See Ralph D. Clifford, Intellectual Property in the Era of the Creative Computer Program: Will the True Creator Please Stand Up?, 1997, p. 1675—1680.

动，难以认可其获得著作权权利；三是创作物最终都要归于公有领域，将其直接纳入公有领域，有利于丰富公有领域。⑯

虽然"公有领域说"可简单粗暴地回应人工智能对著作权制度带来的挑战，保证既有著作权制度的稳定性和保守性。但面对新技术带来的影响，该学说可能存在以下不足：

第一，该学说片面强调简化思路，忽视人工智能创作物权利人的贡献。一方面，在人工智能制作到创作物的生成过程中，人类扮演相当重要的角色。直接流入公有领域，不利于人工智能权利人创作激励，无益于推进社会进步。另一方面，在此观点的视域下，人工智能创作物权利人将难以从创作物中获取经济利益，从而影响其传播作品积极性，难以增进文化交流和文化分享。

第二，归于公有领域或将增加市场风险。人工智能通过训练数据以及深层学习算法可在毫秒间完成创作，其创作效率远超人类。一旦人工智能创作物被认定为作品并归属公有领域，大量人工智能创作物将成为新型的"孤儿作品"与"流浪作品"。放任大量良莠不齐的"孤儿作品"和"流浪作品"流入市场将打破市场平衡，不利于知识产权市场的管理，易引发市场风险。人工智能创作物归于公有领域就意味着无人为创作物的不良影响买单，人工智能创作物容易成为不法分子滋生犯罪的温床，易引发社会风险。在这种情况下，人工智能创作物对人类作品或产生劣币逐良币效应，大批质量无法保证的作品将冲击人类创作物，破坏创作土壤。

因此，"公有领域说"过于追求效率价值，难以实现人工智能创作物参与主体之间的利益平衡。且"公有领域说"未充分考虑人工智能创作物流入公有领域增加的社会风险与市场风险，不宜确定为人工智能创作物归属。

（二）归属非自然人有违人工智能客观属性

有学者认为，人工智能创作物由人工智能直接生成，而不是由人类创作产生，应当为人工智能赋予虚拟作者身份。⑰ 欧盟委员会也曾于 2016 年创造性提出赋予人工智能"电子人"人格的立法动议。⑱ 议案赋予人工智能类似"法

---

⑯ See Ralph D. Clifford, Intellectual Property in the Era of the Creative Computer Program: Will the True Creator Please Stand Up?, 1997, p. 1675—1680.

⑰ See Timothy L. Butler, Can a Computer Be an Author? Copyright Aspects of Artificial Intelligence, 707—747. (1982).

⑱ 参见姚万勤：《人工智能影响现行法律制度前瞻》，《人民法院报》2017 年 11 月 25 日，第 2 版。

人”地位，使之成为与自然人同等地位的民事主体。目前除了迪拜外，尚无其他国家进行制度回应。[19] 支持者认为，如果人工智能足够智能到可以自我决定创作行为，那么人工智能本身需要被激励，况且设置人工智能虚拟人格符合“创作者即权利人”的一般思路。[20]

该学说违背人工智能客观属性。实际上，人之所以提出人工智能是否具有人性的疑问，是因为人工智能的外观表现近似于人类，人工智能亦体现一定的意识能力与意志，似乎能够充当一定社会角色，因此给人以它们具备人性的错觉。其根源在于人们错误以人类发展进化的眼光看待人工智能的发展。程序和机械零件本身不具有人格属性。作为人类智慧的实践物，人工智能只是一种实践工具，该工具本质上与其他工具没有区别。工具是人类利用自然规律改造自然的结果，并非人类创造自然规律的结果。[21] 因此，人工智能本质上是人类的实践产物，是一种客观工具，亦是权利（如所有权）的客体。

该学说的主体设置过于理想化，首先，“电子人”身份并不属于我国法律中的“公民”，设置“电子人”会混淆主体与客体工具的区别。正如马克思在《认识论》中提出，主体即是社会实践中认识和改造世界的人。虽然人工智能具备改造世界的能力，但其缺乏“认识世界”的能力以及“人”的物理构成。因此，人工智能仅能作为客体而存在。在其无法脱离工具和“物”的属性时，对其拟定完全人格或者部分人格，都不具有科学性和妥适性。[22] 且“造世伦理”和传统“适世伦理”伦理相悖，强行推行虚拟人格将面临巨大阻碍。法律中设置权利亦需要反复论证，不断考虑权利分配和利益平衡，设置主体更应思虑周全。承认人工智能作为新的主体对既有法律体系将带来极大考验，或引发其他主体和客体等一系列权利义务的讨论。因此，将创作物权利归属非自然人需慎之又慎。

---

⑲ 《首个获得公民身份的女机器人——索菲亚》，载微信公众号“机器人”，2019年12月12日访问。

⑳ See Andrew J. Wu, From Video Games to Artificial Intelligence: Assigning Copyright Ownership to Works Generated by Increasingly Sophisticated Computer Programs, 1997, p. 170—178.

㉑ 《人工智能工具论》，载腾讯云网，https://cloud.tencent.com/developer/news/305115，2019年12月12日访问。

㉒ 杨立新：《人工类人格：智能机器人的民法地位——兼论智能机器人致人损害的民事责任》，《求是学刊》2018第4期。

(三)归属自然人之学说缺乏价值平衡

有学者认为,人工智能创作物可能的权利主体主要包括创作者与投资者,如果创作者难以确定,则应归属于人工智能投资者。还有学者着眼于人工智能所有者,认为如果人工智能所有者是公民,可适用委托作品制度解决创作物权利归属问题;如果人工智能所有者是法人,则应适用法人作品制度解决。㉓也有学者认为,应肯定人工智能制造者发挥的贡献,应当将制造者考虑为人工智能创作物的作者。㉔

认可归属自然人的学者立足于基本法律层面,对人工智能创作物归属进行解释,以期在现有制度框架内解决此问题。但目前归属自然人之学说对人工智能权利形成过程认识不清晰,缺乏对法律价值的全面考量。与人工智能相关的主体有创作者、投资者以及所有者等,如果过分强调部分人工智能参与主体的贡献,就难以保障其他人工智能参与主体的利益。对于人工智能创作物的权利分配,也不应纠结于部分主体之间的利益构造或贡献程度,应当从经济学视角对权利形成过程中涉及的法律价值进行权衡,实现法律效益最大。采用经济学分析范式,有利于发现参与主体各自对人工智能创作物的贡献程度,把握不同主体的利益矛盾的冲突,在注重正义价值的前提下兼顾效率价值,进而追求利益平衡和社会效益最大化。

效率价值不但能够缩减法本身运行带来的成本,也能够体现机制运行的水平。正如经济学家科斯所言,“经济学要决定的是存在的合法权利,而不是所有者拥有的合法权利”,㉕这句话体现出经济学更关注“如何将蛋糕做大”(效率),法学则更关注“如何将蛋糕分好”(公平)。效率和公平价值并不相悖,法学家重视公平“分蛋糕”的同时,也应当兼顾“做大蛋糕”㉖,才能让制度设计最优。

因此,如果对部分参与主体与贡献分解过于细化,就无可避免导致“盲人摸象”的情况,以致难以全面厘清参与主体对创作物的贡献。如果在权利分

㉓ 《“小冰”写诗,版权归谁?》,载中国知识产权资讯网,http://www.iprchn.com/Index_NewsContent.aspx?NewsId=100544,2019年12月9日访问。

㉔ 参见陶乾:《论著作权法对人工智能生成成果的保护——作为邻接权的数据处理者权之证立》,《法学》2018年第4期。

㉕ [美]科斯:《企业市场与法律》,盛洪等译,上海三联书店1990年版,第90页。

㉖ 参见费安玲、汪源:《论盗赃物善意取得之正当性——以法经济学为分析视角》,《法学》2018第7期。

配中过分追求公平价值而不注重效率价值，就会使法律的作用和社会效益克减。因此，应对人工智能创作物的权利形成与矛盾冲突进行解析，充分思虑各方参与主体在人工智能创作物权利形成过程中发挥的作用，再对其进行价值平衡才能有效解决人工智能创作物权利归属问题。

三、人工智能创作物应归于人工智能使用者或制造者

上文已述，归属公共领域和非自然人均不具备现实意义，应优先着眼于人工智能创作物形成过程，对人工智能创作物的自然人主体进行全面剖析。

人工智能创造物的生成涉及自然人主体较多，为便于分析不同自然人主体的贡献大小，将人工智能创作物的形成过程划分为人工智能的制造与人工智能生成作品两个阶段。人工智能的制造以庞大的分工系统为前提，由投资人负责保障资金，工程师负责编写程序，企业或者设计院组织人员生产建造才能使人工智能制造完成。人工智能生成作品建立在人工智能制造完毕的基础上，由使用人操作人工智能完成创作。从贡献来看，人工智能制造阶段的主体为人工智能的完成耗费大量心血，而在人工智能生成作品阶段的使用者的贡献仅是使用人工智能，可知前者的贡献更多。但从创作物生成的时间点来看，人工智能制造阶段人工智能创作物具有随机性，但在人工智能生成作品阶段，人工智能创作物完成了“物”的固定。因此，如果以贡献论，人工智能创作物的权利主体应当在人工智能制造阶段产生；如果从“创造者即是权利人”这种朴素的正义价值来看，人工智能使用者应当成为权利人。因此，当两个阶段的权利归属主体出现分歧时，人工智能使用者就应当与人工智能制造阶段中贡献最大的参与者进行比较。那么是否需要在人工智能制造阶段的众多参与者中确定贡献最大的参与者呢？答案是否定的，如此仍然会造成对主体的思考不够全面。分析问题时，并不需要对问题一一求解，而应善于运用“消元”思维，尽量减少未知数之间的冲突，才能更快发现问题本质解决问题。

从社会角色来看，人工智能所有者、人工智能投资者以及人工智能创造者，属于同一社会单元，仅在企业内部分工不同（投资者出资，所有者组织管理，创造者出劳动力），其主要奋斗目标与立场相同且联系更加紧密，他们在社会中扮演销售者的角色。企业这种组织单元，是按照一定的组织规律，有机构成的经济实体。企业一般以营利为目的，以实现自身利益最大化为使命。因此，为了保证企业的运转效率，在企业内部各主体之间已经形成一套成熟完备的利益保障机制。如将人工智能创作物归于所有者、投资者或者创造者三

者之中任何一个,人工智能创作物产生的收益会在三者之中迅速完成分配。但从消费者与销售者的关系看,消费者和销售者天生存在博弈,是一种厚此薄彼的关系,这种天然对立阻碍了双方的利益流动。因此,人工智能使用者和人工智能投资者、所有者以及创造者在经济中是对立的。

从创作物现实占有来看,处于人工智能制造阶段时,人工智能创作物还未被固定,人工智能创作物并未现实生成。人工智能创作物还不存在,因此人工智能所有者、投资者以及创造者都不是人工智能创作物的直接占有人。他们既没有占有,也不知道何时会占有,心理上不存在对人工智能创作物的期待。

人工智能使用者通过使用行为产生了人工智能创作物,其完成了人工智能创作物的固定,是创作物的直接占有人,也是人工智能创作物“从无到有”的见证者,也是人工智能创作物最终生成的行为者。因此,使用者对人工智能创作物抱有期待。从严格意义上说,人工智能制造阶段的参与主体所做的贡献主要是对人工智能技术本身的贡献,其行为目的在于技术的研发,而不是人工智能创作物的生成。因此,人工智能使用者和人工智能应用阶段的主体从心理和贡献目的都具有很大差别。人工智能制造阶段的参与主体在从物质层面和精神层面具有一致性。这种一致性说明人工智能制造阶段的各个参与主体内在利益与精神情绪是相近的。因此,人工智能所有者、投资者以及制造者出于相似的利益追求和精神取向可以“合并同类项”成为一个整体——人工智能制造者。该合并的好处在于,可以帮助学者迅速把握主要矛盾,减少次要矛盾的干扰,以此提高对人工智能创作物的权利归属分析的精准度。

四、人工智能使用者应获权利:以“成本—效益”为分析视角

法律经济学又被叫作“法律的经济学”,是一门将经济学方法与理论和法学相结合的交叉学科。其依托经济学的理论与分析方法,注重社会实践中的效率体现,研究特定的社会制度问题,在丰富法学研究基本范式的同时,对法律规则的优化及法律界权提供行之有效的解决思路,为人工智能创作物权利归属的比较提供理由。有学者认为,法律经济学理论核心在于所有法律活动(包括一切立法和司法活动以及整个法律制度)事实上是在发挥着配置稀缺资源的作用。所有法律活动都要以资源的有效配置和利用——即效率极大化

为目的,因此法律活动适合以经济学的方法来分析和指导。[27] 本文对人工智能创作物权利的赋权安排即是经济学中配置稀缺资源的过程,因此,适合采用法律经济学的工具进行分析。法律经济学兼顾公平价值与效率价值,具有很强的实践意义,能够一定程度避免法律价值顾此失彼的情况。同时,法律经济学以宏观经济学视角研究法律问题,这种整体上研究法律现象的方法有利于厘清人工智能参与者的贡献,避免视野过窄。

从法律经济学视角配置资源,应当尽量减少成本,提高运行效率。前文已述,人工智能创作物权利归属最终应在人工智能使用者和制造者之间进行比较,如果当前法律规制已经尽力但交易成本仍然过高,法律就应通过产权配置给对它来说价值最大的使用者,价值最大的标准即是"机会成本"最小。法律"机会成本"是选择一种法律方案时放弃另一种法律方案的预期最大收益,这种代价无可避免。要提高运行效率,除了优化制度以保障运行外,还应当考虑一般民众对制度的接受心理。如果一般公众普遍对权利设置抱有抵触情绪,容易导致制度破产。因此这种心理因素也应当纳入考量。

如何在人工智能使用者和人工智能制造者之间抉择是本文重点。在交易成本大于零的现实世界,应抛弃建立在不切实际的零交易成本假设,理性选择研究采用正交易成本视角的比较制度分析逻辑[28],选择交易成本较低的方案。同时,应结合社会实际,考虑一般民众对权利归属结果的接受心理,才能保证人工智能权利归属结果效用最大化的同时,实践效果最佳。

(一)归属人工智能使用者情绪成本更低

好的情绪有利于在社会范围内推行法律机制,不良情绪无益于人工智能创作物权利流通,反而在无形中增加交易成本。美国学者卡尼曼和特沃斯基的"前景理论"(Prospect Theory)体现人们所处的盈利或亏损状态时,会使自身在相同环境下作出不同的回应。如图1所示,价值函数的原点是心理上损失和收益的相对临界点。X轴表示相对于参照点的收益和损失;Y轴表示效用价值,即消费者从商品和劳务的消费中所得到的满足。[29] 该函数体现出经

---

[27] 钱弘道:《法律经济学的理论基础》,《法学研究》2002年第4期。

[28] Richard A. Posner, Economic Analysis of LAW Boston: Little, Brownand Company, 1992, P. 51—52.

[29] 刘秀光:《西方经济学原理》,清华大学出版社2009年版,第29页。

济行为个体对于亏损的敏感度比对盈利的敏感度更高,在盈利与亏损程度相当的情况下,盈利带来的心理满足程度小于亏损所带来的沮丧程度,表现在图1函数中损失的心理曲线比收益心理曲线函数斜率更大。

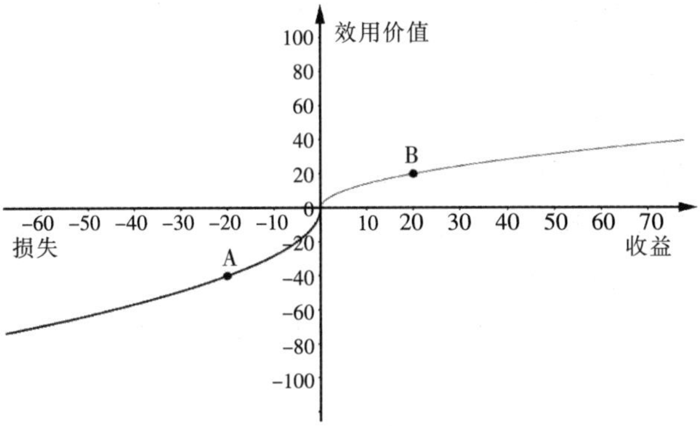

图1 前景理论价值函数理论模型图

将人工智能创作物权属问题引入分析,原点分界就是人工智能使用者能否获得人工智能创作物权利。如果人工智能创作物不能归属于人工智能使用者,使用者的不良情绪将不断扩大,其痛苦程度不能用等量收益进行补偿。斜率不平等来自于人性。当人们引导人工智能完成创作物,却被告知熟悉的创作物权利不属于自己而属于不知情的第三人时,使用者的愤怒与痛苦会不断扩大。在群体效应作用下,其痛苦程度甚至超过两倍。同理,如果将人工智能制造者能否获得人工智能创作物权利作为原点,结合该函数分析,制造者也会因失去权利感到痛苦并且痛苦程度难以用同等程度的收益进行补偿。但从社会情感总量来看,人工智能使用者基数远比制造者大,使用者情感总量更多,因此,使用者感受到的痛苦总量相比制造者更多。从情感上来看,人工智能使用者的痛苦是“得而复失”,人工智能制造者的快乐是“无中生有”。这种快乐因为不存在心理预期,所以即使没有这种权利收益,制造者也并不会痛苦到无法接受。对于“得而复失”的使用者来说,自己的预期收益转而成就他人的快乐,还不如预期一开始就为零。从个体程度上看,人工智能使用者失去权利的痛苦本质上远远大于人工智能制造者失去权利的痛苦。情绪成本除了给公众心理带来接受障碍,也会给社会带来负外部性效应。

“前景理论”作为描述性经济学,体现出人们在现实中处于获利与损失境地对风险的不同偏好。将人工智能创作物权利归属于使用者,有助于减少冒进情绪,降低情绪成本。这是因为,人工智能使用者在民法上属于人工智能创作物的直接占有人，当其亦属于权利人时会本能规避风险，因此人工智能使用者对待风险会更加谨慎以保护既得利益。当其面对可能提升权利价值的决定时，更可能表现为尽量减少实施可能失去权利的行为。如果使用者不是权利人，使用者将偏好风险，哪怕这些行为会使自身失去更多，比如对利用自己直接占有人的身份对权利人隐瞒创作物，在权利人不知情的情况下攫取创作物收益等。冒进情绪有损权利人正当权益，不利于社会和谐稳定，为社会稳定秩序埋下隐患。因此，应当尽量避免让一般民众产生不良情绪，降低程序成本。

综上，通过法经济学前景理论进行分析后可知，将权利归属于人工智能使用者能在总量上减少社会情感伤害，有利于削弱社会不良情绪，更有益于权利制度落地实施。

(二)归属人工智能使用者有助减少交易成本

以宏观经济学的角度来看，法律制度构建是为了减少市场交易费用，但法律制度本身也是一种成本。因此，减少交易成本亦需要考虑减少法律成本，才能使各项交易成本相对最小化，最终实现最优均衡(保证损害最小的前提下，效率最高)。消费者剩余也叫效用剩余，经济学中指购买某种商品时，消费者愿意支付的价格和实际支付价格之间的差额。[30] 在交易成本计算中，需要进行效用评估，即减去各项成本之后能否满足实现效用最优。在法律制度中，成本(表示为“Z”)分为界权成本(表示为“A”)、实施成本(表示为“B”)以及交易成本(表示为“C”)。“界权成本”是法律制度成本的一种，即私人主体之外的公共权威在权利界定或规则选择上的机会成本，是一种无可避免的代价；[31]“实施成本”包括司法运行成本、政府管制成本、监督侵权违约行为并对之制裁的成本、维护交易安全和秩序的成本等；“交易成本”既包括市场交易成本，也包括企业内运行成本，是发现交易对象和交易价格的成本、讨价还价的成本、订立交易合约的成本和执行交易的成本与企业管理成本、代理成本和经理人寻租成本的总和。[32] 因此，如图2，公式表示为 $y = z - x$，且 $z = A + B + C$。在该模型中，当 $x = z$ 时，剩余效用为0，可知，当上述各项成本大于或等于该权利

---

[30] 参见刘秀光：《西方经济学原理》，清华大学出版社2013年版，第31页。

[31] 参见凌斌：《界权成本问题：科斯定理及其推论的澄清与反思》，《中外法学》2010年第1期。

[32] 参见艾佳慧：《回到“定分”经济学：法律经济学对科斯定理的误读与澄清》，《交大法学》2019年第4期。

制定的收益时，对该项制度而言是无效率的。因此必须保证$(A+B+C)$之和小于z才有意义。

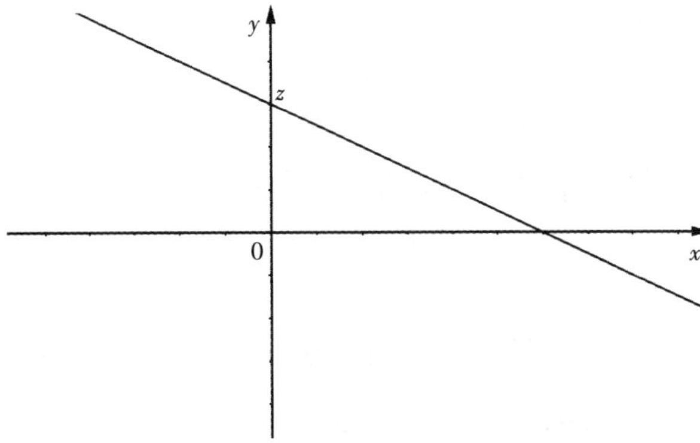

图 2 人工智能使用者可获剩余效用函数模型图

如果以人工智能制造者为权利归属人，至少可以预见将增加以下交易成本。转换成本是交易成本之一，在真实市场交易中，人工智能制造者与人工智能使用者之角色绝非固定不变，人工智能制造者可能转换为人工智能使用者，反之亦可。选择人工智能制造者为权利归属人，即放弃了人工智能使用者为权利人的方案，人工智能制造者成为使用者几乎不需要额外转换成本，但使用者成为制造者的转换成本却非常高。信息成本是交易成本之二，信息获取与信息交换贯穿整个交易过程，信息是交易的基础。人工智能创作物由人工智能使用者使用产生，因而制造者和创作物分离，如果将权利归为制造者，制造者为了维护自身权益必然会不断搜集相关信息，极大提高信息成本，同时也为社会信息管理产生负担。管理成本是交易成本之三，权利归属需要社会治理，法律制度的设置也需要考虑社会的治理能力。创作物归属于制造者会让人误以为管理成本不高，即制造者远比使用者基数少，应该更易于管理。其实不然，制造者通常会出于利益考虑不加筛选的为创作物尽量申请权利，短期大量作品流入市场，无疑对社会治理是巨大考验。而且，由于人工智能技术存在技术壁垒，监管者很难通过技术方法对其进行监管。因此，将人工智能创作物权利归属于使用者能有效减少上述交易成本。

结论

人工智能给我们生活带来惊喜的同时，人类社会也将迎来越来越多的挑战。若不对人工智能创作物实施有效保护，人工智能创作物数量会减少，在一定程度会阻碍人工智能技术的发展,不利于社会福祉的增进。[33] 将人工智能创作物权利归属于使用者,将增大人工智能使用者对于人工智能技术的市场需求,有利于激励开发者继续研发人工智能技术,促进技术的发展。在确定人工智能创作物权利归属之后,如何对其进行管理也应当深思。是否应当将人工智能创作物和一般作者创作物进行区分?要不要对人工智能创作物设置更短的著作权保护期限?是否应当对人工智能创作物设置审查或者登记义务?这都是应当探讨的话题。总之,未来已来,应当未雨绸缪。

On the Ownership of Copyright of Artificial Intelligence Creation

Abstract: It is gradually agreed that AI creation belongs to "works" in the sense of copyright law, but there is no consensus on the attribution of AI creation rights in academic circles, and the existing theories lack market risk consideration and value balance, so it is difficult to provide a strong explanation for the attribution of AI creation rights. From the perspective of "prospect theory" of economics, it is considered that the right of AI users to own AI creations is more in line with the overall efficiency of society and the justice demands of law, which is conducive to promoting social progress.

Key Words: Artificial Intelligence Creation; Belongings of the Right; Copyright; "Cost - Earnings"

(责任校对:魏远山)

[33] 孟丹:《人工智能文学创作物的著作权定性及归属安排》,《湘江青年法学》2018年第1期。

美国与欧盟金融协同法治经验对粤港澳大湾区的启示

许政敏*

摘　要：粤港澳大湾区金融协同发展与一体化是经济发展与一体化的重要支撑。三地金融协同发展与融合须臾离不开法治的推动与保障。大湾区金融协同发展与世界上多法域国家的金融协同发展的法治经验具有共性，可辩证借鉴。通过研究美国与欧盟的金融协同发展的法治经验，结合我国当前国情与发展现状。首先，应在三地金融立法协同机制上着手突破。其次，在以上基础统合粤港澳的金融法律制度，缩小三地金融法治差距，并形成一体化的金融营商环境与一体化的金融监管制度。最后，通过构建粤港澳大湾区金融协同发展纠纷解决机制，以法治形式解决发展中的主要金融纠纷，并巩固金融协同发展的成果，进而使得大湾区各要素在金融一体化的有利环境下达到互通与自由流动，最终实现中央对大湾区的建设期愿。

关键词：金融协同发展　欧美金融经验　粤港澳大湾区　金融法治　经济一体化

一、问题的提出

党的十九大报告明确指出要深化金融体制改革，健全金融监管体系。2019年7月，李克强总理在主持召开国务院常务会议中亦指出“要统筹推进区域金融改革创新”，这无不表明中央对区域金融改革的重视程度。区域协同发展对我国新时期的社会建设具有重要作用，金融建设问题一直是中央关

---

* **作者简介：**许政敏（1990—），男，广东茂名人，广东外语外贸大学法学院法律硕士研究生。

注的重点之一。此前,我国已有长江三角洲、京津冀区域与泛珠江三角洲等区域协同发展战略。近几年来,随着推进港澳融入国家发展大局的目标与“一带一路”倡议的提出,粤港澳大湾区(以下简称大湾区)这一区域协同发展计划在国家发展战略中的地位也显著提升。大湾区作为我国人口最多、产业链最全、商贸往来最频繁、对外开放程度最高的区域,其金融支撑对大湾区进一步发展至关重要。金融协同发展是大湾区深度建设的核心。虽然粤港澳三地在金融的功能疏解、产业转移和产学研支撑等方面作出了一系列努力,但是囿于“一国两制三法域”的背景,大湾区的金融协同发展面临着区域行政壁垒、金融资源配置分布失衡、金融监管制度标准不一和各金融要素流动不自由等金融合作的法治问题,直接制约着大湾区的深度建设。2019 年 2 月,中共中央在《粤港澳大湾区发展规划纲要》(以下简称《规划纲要》)中指出,要将大湾区建设成为国际金融枢纽,推进金融开放创新,有序促进金融市场的互通互联,探索建立金融跨境合作示范区。这进一步为大湾区金融协同发展提供了中央政策支撑和方向指引。欧美区域金融协同发展有着悠久丰富的法治实践经验,其著名大都市圈的金融协同运行机制、政策和法律规范等都值得大湾区借鉴。在结合国际经验的基础上,结合国情推陈出新,我国便可通过法治统合大湾区的金融要素,最终促进大湾区的金融协同发展与一体化建设,争取在 2022 年实现《规划纲要》中提出的大湾区近期发展目标。

二、粤港澳大湾区金融协调发展必要性及其瓶颈

区域协同发展需要地方在经济、社会建设与文化等方面加强合作,其中经济方面的合作是区域协同发展的重要手段与基本目标。金融发展是经济发展中的重要一环,对区域经济的良性发展具有举足轻重的作用,其对经济一体化和社会一体化的促进作用更不言而喻。经济均衡发展的关键在于金融发展的协同程度。良好的金融发展态势更是大湾区经济资源合理支配的前提基础。我国在区域金融协同发展中虽初步取得良好成果,但仍面临各种协同发展障碍,需要进一步突破瓶颈寻求大湾区金融深度协同发展新路径。

(一)国内区域金融协同发展的现状

国内不涉及跨境的区域金融协同发展的实践主要集中在京津冀、长三角与珠三角区域。京津冀与长三角的金融协同发展虽然不涉及跨境的制度与法律壁垒,但其作为我国较早发展起来的城市群,其中的区域金融协同发展经验与瓶颈亦与大湾区金融协同发展有一定的同理性。珠三角城市群作为大湾区

的合作前身，是大湾区各项金融合作的联络基础，这三个区域对于大湾区金融协同建设可资探讨。

1. 京津冀城市群金融协同发展现状

京津冀的发展目的是建立以首都为中心的世界一流城市群，主要通过改善区域经济结构的方式来实现各方面的协同发展。当前京津冀与长三角区域各金融机构形成初步合作，金融协同发展尚处于初步阶段。有学者研究借助结构向量自回归（structural vector autoregression）构建模型，并以方差对京津冀及长三角区域的金融协同发展程度分别进行分解分析的测量，得出结果显示两个区域都形成了一定协同发展趋势，金融协同发展取得了一定的成效。② 譬如，至2017年6月底，北京已经形成相对完善的且层次较为合理的资本市场体系，北京市主板A股上市公司的数量高达290多所，以全国第二的名次占据了全国总量的9%，并在社会融资规模上有所突破；而截至2016年，京津冀社会融资规模分别为13446.05亿元、3594.4亿元和6327.46亿元，同时金融生态环境也取得良好的发展；长三角的金融协同发展以2016年三省一市共同颁布的《长三角区域社会信用体系建设"十三五"重点工作方案》为分界点，其金融信用协同体系初见成效。③ 此外，江、浙与上海联合签订的《推进长江三角洲地区金融协调发展支持区域经济一体化框架协议》明确了政府推动形成的市场主导的协同发展路径，实现区域内金融优势互补互通的状态，形成了多赢的区域发展局面。而且，江、浙与上海还制定了联席会议制度，定期商讨金融协同发展的各项问题，形成共识机制。2008年至2011年，联席会议制度极大的促进了长三角区域的金融协同发展，使之实现了制度化、常规化和全面协同推进的新发展。④ 至2017年，长三角城市群合计的经济总量已高达16.52万亿，位居世界级城市群经济总量的前六，区域金融支撑发展成效显著。⑤ 此外，长三角各省市对金融协同发展极其重视，2012年国家发改委编制出《"十二五"时期上海国际金融中心建设规划》之后，上海市政府根据上位法

② 高杰英、游蕊：《长三角和京津冀区域金融一体化分析：信贷的扩散与极化》，《经济与管理研究》2015年第7期。

③ 参见康书生、郭小卉、杨镈宇：《京津冀金融协同发展研究》，科学出版社2018年版，第20—88页。

④ 何德旭、董捷：《京津冀金融一体化的模式选择与运作机制》，《中国社会科学院研究生院学报》2015年第5期。

⑤ 参见王振：《长三角协同发展战略研究》，上海社会科学出版社2018年版，第2页。

旋即制定了《"十三五"时期上海国际金融中心建设规划》,确立了上海金融协同合作发展的战略定位。南京市和杭州市以及合肥市也纷纷制定了相应的"十三五规划"把金融协同发展落实到具体的行政单元中。但由于区域间的差异性金融结构的特征,缺少行之有效的协调机制,长三角的协同发展也面临诸多阻碍,特别是法治支撑没有发挥核心作用,以至于长三角与京津冀区域金融的协同发展无法取得进一步实质性的发展。

2. 珠三角城市群金融协同发展现状

珠三角区域的金融资本分布和配置发展虽比京津冀和长三角的情况合理,但也面临诸多监管风险与要素流通障碍。珠三角在行政政策方面通过与港澳签订合作协议,进一步增强了珠三角的金融实力,其先后签订了《珠江三角洲地区改革发展规划纲要(2008—2020年)》以及CEPA框架下的金融合作等各项文件。其金融协同发展主要以"泛珠三角"即"9+2"城市群的金融合作发展为代表,其在金融机构跨境融资参股和跨境合作上取得了重要进展,为打破内地区域行政壁垒的阻隔和体制障碍方面提供了一定借鉴,跨境区域间的金融合作也初步具备成型框架。这为珠三角金融协同助力大湾区深度建设打下了基础。区域金融协同发展取得的经济成效远远比单一的行政单元取得的可观。可见,区域金融协同发展是促进区域经济发展的主流趋势,但是,不可忽视的是,区域协作的法律机制不畅通同样是阻碍大湾区金融协同发展的一大因素。

(二)粤港澳大湾区金融协同发展的必要性及其瓶颈

金融协同发展是建设一流湾区的重要手段,是大湾区各要素协同发展的核心支撑与动力之源。

首先,国家大力建设大湾区是跨境金融融合发展的重大机遇。大湾区城市群是在珠三角城市群的基础上进一步增加香港和澳门两个特区基础上形成的超级湾区城市群。湾区经济以与世界接轨的港口群为主要依托,后有广阔的内陆,前有通往世界各地的海港,沿着海湾集聚了开放创新的因素,不仅具备地理和生态环境上的优点,更具有影响世界的区域经济形态。其次,大湾区集结广东与港澳最前沿的技术,全面覆盖的产业链,丰富雄厚的金融基础和开放的经济形态,同时可充分发挥处于西太平洋——印度洋航线要冲位置的优势,进而可以打造新的区域协同发展格局,为金融实体经济提供广阔的业务空间,是金融融合协同发展的动力之源泉。最后,大湾区建设的目标之一主要是借助港澳的优势,结合内地的潜力,深化内地与港澳的合作,共同建设一个世界一流的湾区城市群。正如学者所说,只有把肥沃的领土和优良的港口优势同该区域产业资源或良好的局面所带来的资源整合与一块的城市群,才最终能够发展为一流的城市群区域。⑥ 当前湾区内主流的国际金融机构,包括纽约、伦敦和香港的金融机构都在香港设立分支机构。香港本身也是国际位居前列的著名金融中心,香港交易所最近修订的《上市规则》也更加符合当前经济发展的现状。此外,香港与内地在地缘与文化上具有天然的关联性和优势,可以为大湾区乃至内地的创新型企业提供莫大的扶助,对促进内地与香港各方面的协同发展起到事半功倍效用。

然而,我国内地的金融市场,事实上更倾向于对传统制造业的经济支持,往往忽略了其他更具备广阔发展潜力的新经济市场,金融协同发展瓶颈仍然无法突破。当前大湾区的金融协同发展主要面临产业上的升级改造、经济结构的适度调整和新经济市场的融资需求等问题,亟待调整湾区内的金融体系,协同粤港澳三地的金融资源为我国创新型制造业提供源源不断的资本和强强联合的金融支持。早在 2004 年,粤港澳三地便展开了许多区域金融合作事项,三地在跨境金融合作上取得了较大的突破。例如跨境人民币结算试点、建立跨境服务平台、跨境贷款、跨境人民币贸易融资、港澳特别行政区离岸人民币业务、港澳保险公司进入内地等都是粤港澳金融合作的典型范例。大湾区金融合作的基本框架逐渐构建起来。近年来,大湾区金融合作在合作方式、内容和性质上更是逐渐优化,协同发展水平逐步提升。以 2017 年 CEPA 的金融合作新增内容为例,在与澳门特区的合作中,双方同意采取更多积极措施进一步提高金融领域的合作,特别是在特色金融方面,支持澳门发展特色金融。譬如,支持澳门与邻近地区错位发展,探索建立以人民币计价的证券市场、绿色金融平台和中葡金融服务平台,在跨境人民币资金双向流通与跨境投资业务上进一步大力推进,将人民币合格境外投资者(RQFII)的投资额度进一步落实并把跨境人民币资金结算的渠道改为以人民币跨境支付系统(CIPS)为主。此外,在保险业务中,也支持澳门以参股的方式进入内地市场,并在金融领域实现信息共享机制。在与香港特区的合作中,2017 年新签订的合作协议《CEPA 投资协议》《CEPA 经济技术合作协议》明确了香港在"一带一路"中扮演的金融中心角色的重要作用,建立粤港金融工作联系机制,将香港的金融特色

⑥ Gustave Glotz, Ancient Greece at Work: An Economic History of Greece from the Homeric Period to the Roman Coquest (New York: Barnes & Noble Inc. Press, 1966), pp. 65—66.

与优势融入内地，推进香港与内地经贸合作。香港与内地的金融融合将形成金融溢出效应，带动前海、南沙、深圳等城市发展的同时，又为香港的金融服务提供了新的发展机遇，有利于其继续保持自身的世界金融中心地位。由此可见，粤港澳的金融协同发展可为三地深度合作形成合力推动，实现互利共赢局面。

诚然，粤港澳在金融协同发展上取得了不错的成绩，但是三地依然在深度合作中以及重点项目合作中存在诸多问题，譬如金融协同在制度上操作性欠缺，尤其是在金融企业微观层面的操作上缺乏统一的协调机制，企业间的金融合作通常处于被动的状态。即其金融协同在微观层面的战略指导和前瞻部署上缺乏有效机制，凸显了自发性和分散性的缺点。⑦ 同时，大湾区金融市场的行政分割现象严重、金融协同基础设施不完善、法域阻隔、金融合作动力不足对经济带动的效果不明显等问题，也使得大湾区金融合作无法突破瓶颈。此外，香港、澳门、广州、深圳作为大湾区内的核心城市，并没有起到带动金融互相促进的作用。其中香港没有真正发挥其作为国际金融中心和自由贸易港的重要作用。广州和深圳也没有足够发挥科技创新的优势，特别是在前海、南沙、横琴自由贸易区的制度创新和先行先试上没有加快整合各项资源和金融优势，也是金融协同合作无法取得突破的一大重要原因。

三、欧美金融协同发展的法治经验

欧美金融协同发展无疑是先行的，高效完善的资本运作市场与法治体系为金融提供了融合发展的最佳土壤，其金融发展对国家经济实力的提升起到重大作用。因此学习借鉴欧美湾区金融协同发展的比较经验，对大湾区建设具有重要意义。

(一)健全金融协同法律体系

法治是社会发展的基础，金融的改革与发展都离不开立法的法治保障。Rafael La Porta 认为，政策和法律对金融发展影响深远。譬如法律对私人契约的保护可为金融发展奠定基本的法治环境。⑧ 1913 年至 2011 年，美国在金融立法上通过的法案主要有《联邦储备法》(1792 年)、《格拉斯——斯蒂格尔

⑦ 王晓颖:《"泛珠三角"区域金融合作问题与对策研究》,《北方经济》2011 年第 5 期。

⑧ Rafael La Porta, Florencio Lopez - de - Silanes, Andrei Shleifer and Robert W. Vishny, "Law and Finance", Journal of Political Economy 106 (1998):1113—1155.

法》(1933 年,1935 年)、《证券法》(1933 年)、《证券交易法》(1934 年)、《投资公司法》(1940 年)、《银行控股公司法案》(1956 年)、《银行竞争质量法》(1987 年)、《金融机构改革、恢复和加强法》(1989 年)、《美国金融服务现代化法》(1999 年)、《萨班斯法案》(2002 年)、《联邦存款保险公司改革法》(2005 年),以及《多德——弗兰克华尔街改革和消费者保护法案》(2010 年)等。

上述法案对美国金融协同乃至金融壮大发展功不可没。譬如,在 1791 年至 1913 年期间,国会先后通过了第一美国银行与第二美国银行的法案(1791 年,1816 年)、1792 年的《铸币法案》,还有 1863 年的《国家银行法》,确立了美国的国家银行制度以及金银复本位制。在 1929 年股灾引起了经济大萧条后,美国在 1933 年颁布了《格拉斯——斯蒂格尔法》,打破了当时金融混业带来的负面局面。不仅如此,随后颁布的《证券法》与《证券交易法》规定了美国的金融规范制度,为美国资本市场乃至美国今后近百年的金融产业奠定了稳定的根基。1956 年颁布了《银行控股公司法》明确了与《证券法》的分野,明确银行证券接受美联储的监管,两者虽然在颁布时间和内容上有重合,但两者的协同作用更明显。值得一提的是,美国金融业的发展对中小企业的促进和壮大功不可没。正是中小企业借助发达的金融服务和资金支持,逐渐壮大起来,造就了一批批后起之秀的大公司,这为后来的美国大都市区(即湾区)金融发展奠定雄厚的基础。譬如,美国在 1953 年颁行了《小企业融资法》对中小企业的信用担保机制作出了详细的规定,为社会投资中小企业发展提供了法律保障。无独有偶,1958 年美国颁布的《小企业投资法案》也为美国高科技企业提供了足够的资金投资保障,为此后的纽约湾区和旧金山湾区中高新企业的发展铺平了道路。随后 1982 年《小企业技术创新发展法》出台,要求联邦政府需为创新型小企业发展承担一定的资金支持义务,为科技型企业的资金支持提供了合法依据。1992 年的《小企业研发加强法》构建了一个以政府政策为主导,以企业为核心发展对象,以科研机构为技术支撑的“三角”平台,为美国城市群的产学研的融合提供了金融法治基础。许多中小企业在政府的支持下逐渐壮大发展起来,金融与市场、金融与企业的相互交融相映得彰,并于最后在湾区经济形态下形成了具备全球影响力的企业。1999 年的《金融服务现代化法》加强了功能监管和金融风险控制,实现金融体制的现代化,并同时加强了对中小企业的金融支持,促进了金融市场融合与竞争相结合的模式。该法案为美国的商业银行、证券和保险公司的大融合扫除障碍,使得美国金融行业跨入了一个全新的发展阶段。[⑨] 该法案提出的“效率与竞争”的金融法律发展理念是美国今后金融立法的参照系。美国金融政策在金融业减税免税、贷款利率减低等优惠政策上有助于金融资金的有效流动，对美国湾区金融协同一体化的发展具有促进作用。

与此同时，欧盟也通过健全金融法律推动了金融行业合作，有效地激发欧盟的经济活力。一体化的证券、银行保险业与风险投资市场极大地促进了欧盟金融在深度和广度上的协同发展。其中，保险公司在业务领域进行创新性改革，实施多元化的业务模式，以促进银行业务升级、推动保险或金融发展。[⑩] 同时，保险公司与银行之间开始密切的互动，利用银行向客户群销售保险产品，降低保险公司的销售成本。[⑪] 在新兴的金融市场下，欧盟在风险投资与私募股权这些领域取得了前所未有的开创性发展，这一切并非偶然促成[⑫]，而是与其出台的相关法律关系密切。随着欧盟在监管政策上的改善和变化，20 世纪 90 年代初，欧盟允许银行与保险公司的合并，基于该政策带来的影响，欧盟金融产品大大丰富并持续不断增加起来。[⑬] 除了银行保险业的在金融一体化中迅速发展起来，证券业也迅猛发展。1985 年的《关于建立了内部市场白皮书》与《单一欧洲法案》的出台，规范了欧盟的证券市场。随后《可转换证券共同投资条约》与《投资服务指导原则》在破除欧盟成员间证券交易的障碍上形成了一套独特的统一市场的内部信息交换体系，为欧盟证券一体化打下了坚实的法治根基。在 2004 年，欧洲主要的股票交易所达成联盟协议，组成名为“EURONEXT”的联盟，跃居为欧洲第二大股市；随后，在 2016 年欧盟 UK TOP-CO 成立，成为全球最大的证券交易所，并以新平台吸引了世界诸多公司上市；随着证券和货币的一体化，通过金融并购的形式推动了欧盟的银行保险的

---

⑨ 参见巫云仙：《美国金融制度的历史变迁》，社会科学文献出版社 2017 年版，第 206 页。

⑩ Goran Bergendahal, The Profitability of Bancassurance for European Banks, International Journal of Bank Marketing 13(1995):17—28.

⑪ Goran Bergendahal, The Profitability of Bancassurance for European Banks, International Journal of Bank Marketing 13(1995):17—28.

⑫ Giancarlo Giudici and Peter Roosenboom, The Rise and Fall of Europe's New Stock Markets (London: Elsevier Ltd. 2004), p. 4.

⑬ Henk W. Volberda et al., Following the Herd or Not? Patterns of Renewal in the Netherlands and the UK, Long Range Planning 34(2001):209—229.

一体化。[14] 为了缩小与美国的差距,欧盟在风险投资上也制定了诸多规划。1998 年的《行动计划》为创新型和高科技型企业创造了良好的融资环境并于 2010 年进一步完善了相关条款,与此同时于 2014 年建立了一项名为欧洲战略投资基金(European Fund for Strategic Investments, EFIS),促进欧盟的城市就业率进一步提高。在一体化的风险投资环境下,欧盟高科技行业增长势头迅猛。[15] 这为欧盟大都市圈的科技发展积累了金融根基。

(二)完善金融市场基础设施

金融基础设施建设的一体化为大都市圈的金融要素自由流动奠定了基础。欧盟建立了中央交易数据库(Trade Repository)。在信息共享和信息交换系统的深入统合下,形成了统一化的金融运行条件。以上举措均对欧洲大都市圈的金融协同发展起到了重大作用。正是一体化的货币、银行证券等金融行业与监管模式的协同发展,欧盟大都市圈的经济才健康稳步提升,并形成了具备世界影响力的城市群。欧盟的金融一体化,破除了成员国早先形成的行政壁垒,大大增强了欧盟经济在世界范围的影响力,为大都市圈的进一步融合发展破除了大部分障碍。同时也为各成员国之间各要素的自由流通打开了畅通之门。而美国在湾区金融协同发展中,投入了雄厚的资金来推动湾区内的金融基础设施的建设,譬如利用上面提到的政策和法规提供的制度便利,为湾区沿海港口和湾区内的交通网络提供政策性贷款,这些政策性贷款主要对于经济发展相对落后的州和城市提供贷款优惠,加大经济投入,缩小城市间的经济差距,平衡城市间的金融秩序。除此之外,《多德——弗兰克法案》以及 2018 年美国总统特朗普签署的法案《促进经济增长、放松监管要求、保护消费者权益法案》的出台,使得美国对金融基础设施的法治推进和保障支持更上一层楼。在信息技术革命的时代背景下,欧美国家也紧紧抓住金融协同发展的科技机遇,以电子化、科技化服务金融便利发展。譬如法国巴黎银行(BNP Paribas)通过实施“金融科技加速器计划”,以优惠政策支持与之合作的金融科技企业发展,这些企业反过来亦会为 BNP 提供创新支持,由此一来,BNP 实现了经济与创新的双向发展。[16] 类似的,随着中国 5G 技术的领先,美国在商

---

[14] 参见康书生、郭小卉、杨镈宇:《京津冀金融协同发展研究》,科学出版社 2018 年版,第 20—88 页。

[15] David B Audretsch, The Dynamic Role of Small Firms: Evidence from the US, Small Business Economics 18(2002):13—40.

[16] 杨飞:《欧美银行业金融科技创新有哪些新招》,《中国中小企业》2017 年第 11 期。

业投资上和技术创新上不断借助完善的金融体系和法律来弥补新兴科技的差距,大有迎头赶上之势,如此多归功于金融体系在各州的融合协同发展。因此,美国著名的商业银行摩根大通(JPMorgan Chase & Co)近几年来也不断开发区块链、人工智能以及大数据等领域对金融发展的可能性,不断地更新企业基础设施以适应时代与便利金融发展。

(三)优化金融监管体系

金融监管的一体化把大都市圈乃至欧洲金融监管的安全和防范定于一体。金融一体化的发展开端于英国,2000 年英国的《金融服务与市场条例》把以往多方监管模式向一体化的金融监管方式转变,即成立了高度监督权的英国金融服务管理局(Financial Service Authority, FSA)监管机构,负责英国金融市场的全面监管。德国于次年也将三个分散的金融监管机构合为一体,成为德国整个金融市场的权威。根据英、德的经验,欧盟与 2004 年颁布《金融工具市场指令》,对金融市场的监管作出了新的完善,以法治的形式重新确立了金融监管的权威模式。2009 年,欧盟进一步在《欧盟金融监管体系改革》中提出构建欧盟四大金融监管机构,加上欧洲银行监管局(European Banking Authority, EBA)和欧洲证券监管局(ESMA)以及 EIOPA 的联席委员会,该法案于 2010 年通过并正式运转,这就形成了一个以中央监管机构为协调,以各成员国具体监管为主的一种超越国家形式的金融监管体系,对欧洲金融监管以及金融市场协同发展起到了至关重要的作用。⑰ 在一体化的欧洲金融措施中,各国大力发展金融业,对金融的市场准入有所放松,特别是对银行的监管,政府转换了之前的管制严格的措施,采取了对监管放松的政策以激励金融行业的竞争,使得欧洲所有成员国的银行业迅速扩大发展起来。⑱

与欧盟相比,美国的金融监管机制则相对而言存在着许多短板与不足,美国各州都设立了金融监管机构,联邦也有金融监管机构。湾区的金融监管由联邦和州共同实施监管,因此就不可避免地造成了多重监管的局面。在多重监管之下,不仅无法最大化地监测金融风险,而且监管成本高昂、标准不一,进而导致各州金融竞争不平衡。譬如,在纽约湾区,金融监管机构

---

⑰ 尹哲、张晓燕:《次贷危机后美国、英国和欧盟金融监管体制改革研究》,《南方金融》2014 年第 6 期。

⑱ Damien Neven, Structural Adjustment in European Retail Banking, Some View from Industrial Organization, in J. Dermine, ed., European Banking in the 1990's, 2nd edition (Basil Blackwell, 1993).

要求本湾区内的金融机构在资本金额度上保持较高的水平,该水平均高于其他州,这使得纽约湾区内的金融机构在与其他湾区的同行竞争会处于被动状态。以上双重监管模式在一定程度阻碍了湾区的金融深度协同发展和高效融通。因此,要使湾区的金融协同发展更加科学有效,构建合理的监管机制显得格外重要。

(四)加强政府间合作推动金融协同发展

欧盟主要通过一体化为金融协同发展扫清了障碍。在一体化的制度下,各国政府纷纷加强合作,促进欧盟金融一体化进入快速高质量发展轨道。首先,欧盟的单一货币政策有效消除了金融融合过程中的市场分割状况。1991年《马斯特里赫特条约》在欧共体的推动下签订,其中包含《欧洲经济与货币联盟条约》,该条约规定了欧共体在经济与货币联盟上的目标,并清晰勾勒出建立和达成目标的步骤。其次,在欧共体的协调下,破除一切阻碍欧盟联盟发展要素的流通,建立起统一的欧盟市场,并在金融的协助下逐步缩小各成员国的汇率波幅,最终达到促进欧盟各成员国适用统一货币,形成共同的经济发展目标,为各成员国的城市群发展打下了基础。

美国作为典型的多法域国家,虽各州难以形成如欧盟般政治一体化的发展,但其州与州之间的合作壁垒也并非不可弥合。其金融协同发展主要通在州与州之间建立起高效的合作机制实现。该机制主要是协调跨区域的政府间的金融协同合作事项,使得各金融要素有机结合在一起,提高了金融协同发展的效率。政府统筹协调州与州之间的政策与法规,完善州际间的金融协同机制。同时,建立起监督和协作型的金融机构,共同促进湾区的金融协同发展。政府间的通力合作,使得金融产业布局和功能定位上更加精准,更加科学和高效。以纽约湾区为例,纽约在纽约湾区中处于中心城市,其强大的金融产业可对附近城市产生正向溢出效应,由于纽约为金融中心,那么其附近的费城港口城市则在金融的辐射下定位为港口金融,重点建设交通金融服务业。湾区中的各个城市都在政府合作间清晰定位自己的核心功能,发挥金融的优势发展自身的优势产业,进而使得美国的湾区形成一个金融多元化与互补的格局,这对美国经济的高质发展功不可没。

四、金融协同发展的欧美法治经验对粤港澳大湾区的启示

法治推进大湾区的金融协同发展不是一蹴而就,需要循序渐进。理想的状态是快速实现粤港澳三地的金融资源共享、金融服务与管理协调顺畅、银行

证券保险支付清算等金融生态环境趋向于国际化与一体化,有效提高大湾区的金融要素流通,进而以金融内生动力推进经济健康快速并可持续地稳步发展。要实现这个状态,离不开法治的推动。

(一)加强政府间合作,构建粤港澳大湾区金融协同立法机制

《规划纲要》已经明确了大湾区在金融发展上的功能定位,即打造国际一流湾区金融枢纽,推进湾区金融市场各要素互联互通。这就预示着湾区内的金融需要一体化,资源配置需要均衡的同时突出重心,而且资源的共享是金融一体化的前提。因此,构建大湾区内的金融协同发展立法机制,能有效实现三地的金融资源融合,实现资源共享。根据《规划纲要》的指示,有必要也有义务和责任在大湾区内政府间各自立法和协助并达成《规划纲要》的金融合作目标。首先,以金融科技和特色金融产业作为重点突破口。通过金融科技在三地运用实践的基础上,能够在跨境金融业务领域形成新的突破口,为大湾区金融合作提供更加巨大的空间余地。因此,可以在湾区内对三地的金融科技和特色金融产业方面促进融合与进行适当立法。科技创新与金融发展并非相互独立,两者相辅相成,共同发展。而且金融科技的融合发展,对金融要素的流通具有重要促进作用,能提升大湾区金融行业整体的运营效率,虽然在大湾区内立法存在着法域阻隔,但是三地亦可通过协商完善本地立法,使得三地的金融法治水平与制度政策在原则上尽量趋于同步。其次,以示范法为过渡手段,逐步缩减三地基于"一国两制三法域"存在的立法障碍。示范法可通过金融机构,各研究机构和高校,金融领域的专家学者,民间组织等来编写,三地政府可在示范法的基础上参考和协商,在实践的前提下逐步达成趋向于一致的金融科技合作机制。最后,大湾区可在粤港澳三地科技与金融的融合发展之下,扩大金融的影响范围,弥合三地体制差异对金融协同发展造成的阻碍。2019年7月,广东省委、省政府印发《关于贯彻落实〈粤港澳大湾区发展规划纲要〉的实施意见》指出广东要致力携手港澳建设国际金融枢纽[19],指明大湾区建设离不开粤港澳三地政府的通力合作。最终,在实现金融科技资源共享的基础上,逐渐复制经验到金融合作的其他领域,以至实现粤港澳三地金融要素资源的共享状态。

---

[19] 南方网:《广东省委、省政府印发〈关于贯彻落实《粤港澳大湾区发展规划纲要》的实施意见〉》,http://economy.southcn.com/e/2019-07/05/content_188215812.htm,2019年7月28日访问。

(二)统合大湾区金融市场互联互通的法律制度

大湾区内存在三种不同的法律制度,在金融协同发展中冲突显著,亟待解决。由于三种制度具备各自的优势与弊端,因此在协同机制上要做到不偏不倚。第一,可在大湾区内建立行政监管和行政指导原则,用行政手段化解三地的法律冲突。比如,在金融合作中如果遇到三地难以协商或者利益分配不合意的情况下,可寻求共同的上级机关,即中央的帮助。在中央的授权协调下,达成共识协议,进而进一步开展合作。第二,可在自贸区的金融实践经验下进一步扩展到整个大湾区区域。自贸区的建立与发展本来就是为了整个大湾区的建设而建立的,因此从自贸区开始,重点实行自贸区的金融发展和先行先试,积累经验和实践,最终推行到整个大湾区的金融协同中去。第三,可通过政策支持,在澳门与珠海和横琴间建立金融合作示范区,在香港与前海和南沙间建立金融合作示范区。示范区的目的主要是通过统合香港与内地、澳门与内地的法律制度的途径,探索符合港澳与内地金融协同发展的路径。自贸区与示范区是整个金融融合发展的核心。2015 年 4 月出台了《中国(广东)自由贸易试验区总体方案》,其重点建设内容就是港澳与内地的金融协同合作项目。因此,在示范区与自贸区的法律框架下,进一步统合《刑法》《民事诉讼法》《行政诉讼法》《外商投资法》等关于金融领域的法律法规和各项政策,形成适用于自贸区与合作示范区乃至整个大湾区的特殊环境。第四,我国虽不能像欧盟那样强行在大湾区统一货币,但是却可以通过政策和相关法律的出台让大湾区的货币清算能够便捷高效。比如,一方面,以法治促进保障银行、保险、证券、基金、期货公司等在大湾区开展跨境人民币业务。可以通过负面清单的准入模式,简化金融机构的相互融通门槛,推动大湾区对港澳金融业务以及港澳对内地金融业务的进一步融合与开放。另一方面,在金融产品方面探索认同清单模式,即在资金与市场互联互通上,在金融产品互认上提供认同清单,共同认同彼此的金融产品和模式,进而相互探索扩大认识层面和加深合作,逐步缩小三地的金融成见和制度差距。

(三)形成统一的大湾区金融监管体系与一体化的金融营商环境

构建大湾区统一的宏观的审慎监管体系,建立三地金融监管协调机制,完善跨境金融市场的风险监测与评估机制。特别是大湾区潜在的重大风险的识别以及系统性跨境金融风险的防范。同时在此基础上进一步优化金融营商环境,重点打造应用型金融科技的快速发展融合,金融科技的繁荣发展对粤港澳的金融协同融合发展起到重要的技术支撑作用,同时反过来以金融科技的优势又可进一步加强金融监管，破除大湾区的金融行政壁垒。参照美国和欧洲国家的经验，多重监管不仅在效率上会阻碍粤港澳的金融合作与效率，而且在金融监管成本上也代价颇大。因此，建立大湾区宏观统一的金融监管体系格外重要，形成湾区监管无缝对接。

一方面，在统一的监管模式下重点关注以下几点监管事项。第一，对大湾区内的银行稳定性上进一步加强，防止风险过度集中。以欧盟和美国为鉴，参考借鉴2017年生效的巴塞尔银行针对《巴塞尔协议Ⅲ》修订的监管模式，通过多重指标的立体监管模式来弥补统一的监管存在的缺点，即引入流动性覆盖率（LCR）以及净稳定融资比例（NSFR），通过以上两个量化指标对大湾区内银行的短期流动性压力以及资产负债期限之间匹配程度进行量化评估监控，同时利用杠杆率监控标准来完善资本充足率的监管缺陷，进而防止风险过度集中。第二，加强湾区内影子银行的监管。借鉴美国金融监管局对影子银行的监管经验。首先，从宏观上统计大湾区内所有的非传统信贷业务，准确把握大湾区的影子银行的业务规模等。其次，在监管体系上以法治形式限制银行体系涉足影子银行业务规模等，以此降低他们的关联程度。最后，可对大湾区内参与影子银行业务的非银行金融机构采取分类区别监管模式，以加大改种类机构的稳健性。

另一方面，在金融市场基础设施上应当加快建设和投入。金融市场基础设施是金融监管乃至金融协同发展的基石，没有稳定发达的基础设施，就没有稳步发展的金融协同发展合作。可以通过扩大大湾区内中小企业在金融基础设施建设中的参与度，以加强对中小企业的金融支持，营造良好的营商环境，促进大湾区中小企业的壮大发展。中小企业是创新驱动发展的重要力量。2019年6月中央政府出台政策引领金融机构降低中小企业融资实际利率和综合成本，将小微企业不良贷款容忍度从不高于各项贷款不良率2个百分点放宽至3个百分点，并且鼓励风险投资、创新投资、创业企业发债融资等。因此，中小企业的参与可以优化金融环境，同时可在大湾区内降低对中小微企业的金融融资门槛，提高对其金融指资助和扶助。政府可在立法上，通过类似《中小微企业融资法》《中小微企业投资法》《企业产学研融资》等制度形式促进大湾区中小企业的快速发展，做强做大，并对接“一带一路”倡议的建设，让开放式的金融湾区借助“一带一路”这个大舞台走出去。

（四）建立金融纠纷解决机制，完善大湾区金融法治配套基础

大湾区金融的协同发展与融合阶段势必引起诸多的金融纠纷。金融纠纷

的解决直接影响着金融协同发展的进程。除了当前的《外商投资法》以及部门法与政策涉及的解决粤港澳金融纠纷的规范外,还应当建立更多元化的纠纷解决机制。比如,第一,可在大湾区内建设金融纠纷仲裁制度。通过在自贸区先行先试,进而推广到整个大湾区。仲裁对商业金融纠纷的解决具有高效性和专业性以及权威性。第二,引入 ADR 模式解决三地的金融纠纷。由于大湾区是开放式的湾区,将来在金融的发展上将会引来全世界金融机构的参与,众多的来自世界的金融机构的参与势必在多元法制背景下的冲突必不可少,因而采取世界通用认同的纠纷解决模式有利于大湾区的金融国际化。同时,ADR 模式处理金融融合阶段的争端较其他模式具有贴切性。金融融合是一个发展阶段,发展的关键在于持续发展,持续发展的重心在于化解矛盾,以高效低成本的共识化解冲突,这对金融的融合起到了重要的促进作用。第三,行政裁决。相比诉讼,行政裁决效率和成本更符合当前的发展状况。行政裁决在"一国两制三法域"背景下具有一定的权威性。在自我救济无法满足的前提下,可以采用行政裁决的模式。行政裁决可有效破除金融行政壁垒造成的融合障碍。各地在共同的上级机构或部门的领导下,依法表达各自的诉求,寻求解决纠纷的最大公约数。第四,在穷尽一切救济后无法达成共识或者解决纠纷的前提下,可以通过大湾区专门的法院进行诉讼。可在自贸区先行先试建立专业性的涉及跨境金融诉讼庭,解决跨境金融纠纷。然后再通过自贸区的经验扩展到大湾区中,逐步形成系统的纠纷解决机制,为金融融合带来法治保障。

五、结语

金融协同发展是大湾区深度建设的必经阶段,是经济发展的必然要求,也是实现大湾区各要素自由流通的有效支撑。当下大湾区的建设面临一个迫切的现实问题,即如何吸引以及推动港澳青年融入大湾区建设,同时推动内地青年在大湾区内积极开展创新驱动创业,关键就在于是否具备优越完善的一体化金融环境的支撑。协同粤港澳三地金融发展与一体化的金融环境,将大大利于并吸引青年乃至世界各界参与到蕴藏巨大商机与财富的大湾区中逐鹿。要实现这个目标,不仅需要借鉴国外优秀的金融融合措施,同时也要规避可能产生的弊端,合理促进大湾区的金融协同发展。美国与欧盟的前车之鉴对我国大湾区的建设在一定程度上具有重要借鉴价值。通过法治形式是打开金融融合之门的最佳途径,在构建粤港澳金融协同发展的法治基础上,统合法制冲突,建立统一的监管制度,营造良好的金融营商环境,支撑各中小企业的壮大,大力发展金融基础设施,进而促进大湾区的各项深度快速发展。在一体化的粤港澳金融湾区中,《规划纲要》所确立的 2022 年的小目标以及 2035 年的远期目标便可触及。假以时日,在金融融合协同发展基础上的综合实力显著、三地合作深入广泛、发展动力与活力充沛、要素自由流通的世界级城市群便能呈现于国人眼前。

The Rule of Law Experience in the United States and the European Union Financial Cooperation and Its Enlightenment to Guangdong – Hong Kong – Macau Greater Bay Area

Abstract: Guangdong – Hong Kong – Macau Greater Bay Area's (GBA) coordinated financial development and integration is an important support for economic development and integration. The coordinated development and integration of the finance of the three places is inseparable from the promotion and guarantee of the rule of law. The legal experience of the coordinated development of finance in the GBA and the coordinated development of finance in multi – law countries in the world has something in common, which can be used for reference dialectically. By studying the legal experience of the coordinated development of finance between the United States and the European Union, combined with the current national conditions and development situation of our country, China could first make a breakthrough in the coordination mechanism of financial legislation in the GBA. Secondly, on the above basis, integrate the financial legal system of Guangdong, Hong Kong and Macao, narrow the gap in the financial rule of law among them, and form an integrated financial business environment and an integrated financial supervision system. Finally, by constructing the dispute resolution mechanism of GBA's financial coordinated development, solve the major financial disputes in the development in the form of the rule of law, and consolidate the achievements of financial coordinated development. Furthermore, it makes the various elements of the GBA achieve intercommunication and free flow under the favorable environment of financial integration, and finally realize the central government's aspiration for the construction of the GBA.

Key Words: Financial Coordinated Development; European and American Financial Experience; Guangdong – Hong Kong – Macau Greater Bay Area; Financial Rule of Law; Economic Integration

(责任校对:张 硕)

思想源流

Thinking Origination

构成要件符合性独立论

史文平[*]

摘　要:学界正在经历犯罪论体系由四要件到阶层论体系的转型,在转型中存在三阶层与二阶层之争,其争论核心就是构成要件符合性之独立存否问题。笔者认为,应该承认构成要件符合性之独立地位从而采用三阶层的犯罪论体系。从方法论来说,构成要件符合性是古典主义技术性的选择,它与本体论和实证论无关。从认识论来说,它符合人的认识分析规律并且具有可操作性。从价值论来说,它为理论的彻底转型与刑事法治改革带来好的转变。

关键词:构成要件符合性　独立性　方法论　认识论　价值论

一、问题的提出

关于阶层犯罪论体系,经历了由古典犯罪论体系到现代新古典的犯罪论体系的变迁,变迁的过程是围绕构成要件内容争论的过程,是构成要件内容实质化的过程,对此,有学者就认为"构成要件论的发展史,实际上就是构成要件论崩溃的历史"。① 中国当下的犯罪论体系,正在经历由四要件的犯罪论体系向阶层论犯罪论体系的转变过程,作为一种前景光明的理论体系和操作指南,在学者们积极引进该理论的同时,首先要面对的就是到底要采取什么样的阶层论体系。是选择三阶层还是二阶层,这其实根源于一个问题,即如何认识

---

* **作者简介**:史文平(1992—),男,湖北武汉人,中南财经政法大学刑事司法学院研究生。

① [日]西原春夫著:《犯罪实行行为论》,戴波、江溯译,北京大学出版社2006年版,第56页,295页。

构成要件符合性（或称该当性）与违法性关系，也就是是否承认构成要件符合性的独立性问题。

关于对构成要件符合性的独立性的看法，学界存在两种基本的观点。一种是肯定论的观点，如陈兴良教授就认为，“构成要件该当性独立于违法性，即使不具有违法性要件，构成要件该当性也可以独立存在。”②另一种是否定论的观点，如张明楷教授认为，“犯罪构成由不法与责任组成……构成要件与违法性同属一个阶层”③，从而否定了构成要件符合性的独立性。刘艳红教授也认为，对构成要的判断无法离开违法性和有责性，“在构成要件作为违法与责任类型的今天，独立意义的构成要件已然消失”。④

针对以上分歧，笔者持肯定论。在笔者看来，阶层犯罪论中的构成要件符合性是与违法性、有责性不同的体系部分，它承载了重大的理论蕴含与实践价值，并非否定论者所认为的是无独立性价值的。

二、方法论上的技术性选择

刑法是价值判断与技术选择的产物。刑法规定犯罪是因为立法者对严重危害社会的行为进行了负面评价，然后通过技术性手段，按照一定规律将其呈现在刑法中。犯罪本身当然具有价值蕴含，但犯罪是规定在刑法当中，根据罪刑法定的基本原则，认定犯罪只能依据刑法。那么，作为认定犯罪的犯罪构成理论，就不可能仅是价值性的，必然有技术性成分，这种技术性也可谓犯罪认定的方法论。构成要件符合性的独立是阶层犯罪论体系方法论上的必要选择。

否定论者认为，“从刑法本体论结构及思维出发，应该提倡二阶层。中国三阶层所蕴涵的‘分离命题’是立足于法实证主义学派、以实证为方法的；法哲学思潮从实证论到本体论的过渡表明，‘分离命题’的方法论难以维系，中国三阶层也因此难以成立。”⑤然而，将以构成要件符合性为基础的三阶层体系与实证主义简单对接不仅犯了“罪恶关联”和“起源谬误”的逻辑错误，以本体论来否定构成要件符合性的独立更是对阶层体系的误读甚至是在挖阶层论

② 陈兴良：《刑法阶层理论：三阶层与四要件的比对性考察》，《清华法学》2017 年第 5 期。

③ 张明楷：《刑法学（第五版）》，法律出版社 2016 年版，第 103—104 页。

④ 刘艳红：《实质犯罪论》，中国人民大学出版社 2014 年版，第 78 页。

⑤ 刘艳红：《实质犯罪论》，中国人民大学出版社 2014 年版，第 68 页。

体系的根基。其实,无论是实证论还是本体论,构成要件符合性都具有独立性,因为这是一种方法论上的选择。

首先,以构成要件符合性独立为前提的三阶层犯罪论体系是自然主义与实证主义中和的结果,将三阶层体系与实证主义简单对接进行批评存在逻辑上的错误。

古典三阶层犯罪论体系的产生背景并非鲜为人知。在德国法制史上,刑法并不是一开始就作为对犯罪的处罚根据而存在。人犯罪以后,最早通过习惯解决彼此之间的矛盾,之后才发展成一种习惯法。及至近现代德国主权观念加强、统一的国家政权出现,才开始利用刑法来限制公民个人的惩罚权,而将刑罚的权力逐步收归国家所有。也就是说,在德国,刑法经历了一个由私法到公法的演变过程。早期的刑法是不完善的,并且中世纪的世俗国家还面对着宗教影响,国家刑罚权往往跨越刑法规定而任意施为,其恣意性、等级性、残酷性为公民权利之大害,对此才有了古典主义刑法理论的产生。古典主义刑法理论前承启蒙运动的自然主义思想,反封建、反专制,其根本目的就是要限制国家刑罚权的发动。到了 19 世纪,法律实证主义开始出现,其主要诉求是一个法治国的创设。费尔巴哈(1775—1883 年)就一方面批判自然法存在的可能性,但另一方面又承认人类权利是不可处置的,因为人类是由其道德而产生,因此法官对于不公正法律的案件享有反抗权。⑥ 由此可知,在费尔巴哈时期,刑法的任务就有两个:一是确保法治国的稳定,限制刑罚权的任意发动;二是正义的基本诉求。前者是后者的前提,即正义要在法治国框架内予以呈现。显然,该任务的完成,贝林可谓功不可没。

王安异老师早就指出,贝林的思想既是对实证主义之批判,也是对自然法之批判,他"结合了实证法和自然法的因素,中和了实证法学和自然法学的思考方法,具有一定的折中色彩"。⑦ 那么,对贝林以构成要件符合性为独立基础所构建的三阶层犯罪论体系就该这样理解:为依法治国之建设,限制国家刑罚权的需要,形式的、客观的构成要件符合性作为第一阶层以实现依法治国之安定;为确保案件之正义性,避免不法之案件,以违法性作为第二阶层,从形式

⑥ 参见[德]阿图尔·考夫曼:《法律哲学》,刘幸义等译,法律出版社 2011 年版,第 31 页。

⑦ [德]恩施特·贝林:《构成要件理论》,王安异译,中国人民公安大学出版社 2006 年版,第 8 页。

与整个法秩序的实质侧面考虑,以实现基本正义⑧;为确定入罪的非片面性和主客观一致,以有责性为第三阶层,从而完成整个定罪过程。这样,贝林就在犯罪论体系中既考察了实证的法律权威性,又考察了自然的道德合理性,从方法论上进行技术性分离,确立了影响至今的三阶层犯罪论体系。因此,借批评实证主义而否定构成要件符合性之独立或者三阶层犯罪论体系的做法就是不对的,至少犯了"罪恶关联"和"起源谬误"的错误。

"通过指出某个被社会妖魔化的个人或群体也认可某观点,以诋毁该观点,这被称为'罪恶关联'。"⑨学界一直以来有种观点,认为纳粹政权的产生与实证主义有关,从而视实证主义为罪恶之源,这便是一种"罪恶关联"。其实,任何一个学说都有被强权者利用的可能,即便是为人类追求的"真""善""美",强权者依然可以以追求这些美好的事物为由而侵犯公民个人的权利。面对学界对实证主义所主张的法律形式化要求的误解乃至曲解,周详老师早有洞见,"法律形式主义或者形式解释并不是'恶法之治'的根源"。相反,我们应该认识到,法律实证主义从某种程度上说是现代法治国家建立的理论来源之一。前面已经提到,19 世纪初法律实证主义的主要诉求是法治国的创设。早期法律实证主义的代表人物杰里米·边沁(1748—1832 年)和约翰·奥斯丁(1790—1859 年)的思想为现代国家尤其是大陆法系国家成文法的制定提供了强大的理论支持,而且,"实际上,边沁和奥斯丁都承认不服从恶法是正当的,如果这种不服从能促进现状改善的话。"⑩因此,否定论者拿专制暴政来全面否定法律实证主义的做法本身就缺乏说服力,更何况再借法律实证主义的缺陷来否定构成要件符合性。

就"起源谬误"来说,"若仅仅因为某观点的起源就贬低或维护它,便犯了这项错误"。⑪ 实证主义固然有其缺陷,但并不意味着三阶层犯罪论体系就与之有同样的缺陷,更何况三阶层犯罪论体系不仅有实证主义的一面,也有自然主义的一面。从时间上看,贝林创建三阶层犯罪论体系的时候也正好是处于

---

⑧ 贝林早就认为确定行为的违法性,取决于整体实证法秩序,而非拘泥于刑法法律条款。参见[德]恩施特·贝林:《构成要件理论》,王安异译,中国人民公安大学出版社 2006 年版,第 88 页。

⑨ [美]阿里·阿莫萨维:《神逻辑》,黄宁云译,新星出版社 2016 年版,第 30 页。

⑩ [英]雷蒙德·瓦克斯:《法哲学:价值与事实》,谭宇生译,译林出版社 2013 年版,第 19 页。

⑪ [美]阿里·阿莫萨维:《神逻辑》,黄宁云译,新星出版社 2016 年版,第 28 页。

法实证主义发展的早期,那时候的法律实证主义与自然法本身还处于争论交锋中,实证主义并未走向极端。所以从实证主义的缺陷来否定构成要件符合性的独立也是不成立的。

综上可知,利用实证主义的不足来否定三阶层犯罪论体系不仅存在批判偏差,而且还存在逻辑错误,构成要件符合性的独立性地位并不能依此被推翻,从而主张二阶层犯罪论体系。

其次,从本体论上来否定构成要件符合性的独立性是对阶层犯罪论体系的误解,最终将导致阶层犯罪论体系的消失。构成要件符合性的存在是方法论运用的结果。

在哲学上,本体论是什么?这是一个存在争议的问题,甚至连是否有"本体"都是一个有争议的问题。应该说,追根寻源是人类一直以来的追求,从亚里士多德开始到现代哲学,乃至以后,关于本体论的研究都会一直继续下去。但我们不妨根据现有的研究,按照否定论者的逻辑,考察构成要件符合性为何独立。

关于本体论,现代有学者这样认为:

"所谓本体论就是运用以'是'为核心的范畴、逻辑地构造出来的哲学原理系统。它有三个基本特征:(1)从实质上讲,本体论是与经验世界相分离或先于经验而独立存在的原理系统,这种哲学当然应归入客观唯心主义之列;(2)从方法论上讲,本体论采用的是逻辑的方法,主要是形式逻辑的方法,到了黑格尔发展为辩证逻辑的方法;(3)从形式上讲本体论是关于'是'的哲学,'是'是经过哲学家改造以后而成为的一个最高、最普遍的逻辑规定性的概念,它包含其余种种作为'所是'的逻辑规定性。"⑫

按照以上论述,结合刑法、犯罪以及犯罪论体系,至少可以得出以下两点:第一,本体论难免导向客观唯心主义立场,因为"本体"的存在在经验上未知而只能由哲学家想象。譬如思考椅子的本质是什么,可以按照"木头→纤维→分子→原子→质子和中子"的顺序逐步发现。那椅子最后的本体是什么呢?在人类未发现的情况下只能假定其存在一个"本体"。但是就刑法研究来说,尤其对犯罪研究,不可能在本体论上无休止地进行探寻,而必须给出一个明确的实体,否则法学研究的规则秩序将无法实现。显然,犯罪论体系的构建和"犯罪是什么"的问题有关。在这里要严格区分刑法中的犯罪和刑法前

---

⑫ 俞宣孟:《本体论研究》,上海人民出版社2005年版,第27页。

的犯罪。刑法之前的犯罪是作为立法者参考要不要将一种行为纳入刑法评价来考虑的，只有一个具有严重危害性的行为纳入了刑法规定中才是刑法中的犯罪。所以，学界中关于犯罪是主观恶性和客观危害的统一、形式违法和实质违法的统一、主客观的统一的观点，都以刑法规定为前提。也就是在本体论上，首先要有椅子，然后才是木头，必须具有椅子的外观，然后才是内部组成，否则就无法追问"椅子的本质是什么"的问题。由此可推知，犯罪论体系也以其形式外观为先导，之后才是进一步的实质性追问。在这个意义上，不法与有责是犯罪论的两大支柱，但不意味着就要采取二阶层的犯罪论体系，因为这样显示出的犯罪本体可能逃逸出了刑法的范畴。就犯罪的本体来说只能是刑法中的犯罪本体。

第二，本体论要讲究形式逻辑，这正是构成要件符合性独立先在的理由，说到底构成要件符合性之独立是方法论上的选择。在此，有必要简单涉及构成要件的变迁。"构成要件（Tatbestand）"一词经历了从诉讼法到实体法上概念的演变。费尔巴哈采用 Tatbestand 一词，"把刑法分则上关于犯罪成立的条件称为构成要件，指出：构成要件乃是违法的（从法律上看）行为中所包含的各个行为的或事实的诸要件的总和"。[13] 换而言之，费尔巴哈时期的"构成要件"其实就相当于我国传统四要件理论所谓的"犯罪构成"，因为我国的犯罪构成理论是沿袭自苏联的犯罪构成理论，而苏联当时采用、改造的正是费尔巴哈的构成要件论。在当时（费尔巴哈时期）"所谓'构成要件'是作为值得科处刑罚之结果的事实的有无问题来考虑的，构成要件和违法性以及责任之间没有进行明了的区别……在这个意义上说，这时所谓的构成要件包含着今天的属于刑法总论的所有的东西"。[14] 也就是说当时的构成要件不仅包含了行为、结果等客观方面的要素，也包含了故意、过失等主观方面的要素，而这种大杂烩的构成要件论的转变是贝林在方法论上使其分离、归类、处理、系统化的结果。贝林对构成要件论的贡献，就在于将构成犯罪的所有条件，按照一种科学化的方式进行系统的建构，从而形成了极具影响的以构成要件符合性为基础的三阶层的犯罪论体系。这是一种方法论上的选择，它没有否定犯罪在本体论上的主客观一体性，但却在认定犯罪的阶层论体系上进行了技术性的分割，

---

[13] 陈兴良：《本体刑法学》，中国人民大学出版社 2011 版，第 145 页。

[14] 转引自付立庆：《犯罪构成理论：比较研究与路径选择》，法律出版社 2010 年版，第 175 页。

所以说,构成要件符合性是方法论上技术性运用的结果。

其实,一直以来,大部分学者在构成要件内容上的态度是慎重的。极端的实质构成要件论的观点是认为构成要件中包含了故意、过失等一切主观要素,这种主观要素甚至已经渗透到了违法性中,最后阶层犯罪论体系的各个阶层都是主客观一体,其最终结局就是使得阶层论体系不存在,构成要件又变回了犯罪构成的整体。因此,我们才能看到,历来主流的观点在构成要件内部仅承认目的、倾向等主观要素,对于故意、过失,学者们还是保守地将其置于有责性之中。但最近日本的审判实践似乎表明,以往认为构成要件中包含主观要素的看法并不一定正确,至少倾向犯的"内心倾向"已成为日本学术史上的概念⑮,那么其他主观要素,如目的,是否真的能够存在于构成要件中依然值得怀疑。

因此,从本体论上来看,犯罪当然是主客观统一的,我国传统的犯罪构成理论即是在这样对犯罪的本体论认识上所构建的。但正如学者指出的,"除非坚持传统的古典体系,不然就很难将构成要件与犯罪构成分割看待"⑯,将贝林的构成要件进行实质化填充,其实就是没有把握住阶层论的内在形式逻辑,不仅背离贝林理论的初衷,而且不加以克制,最终的结局就是将构成要件回归到犯罪构成整体性的状态,这必将导致阶层论整个体系的崩溃,无疑是一种理论的倒退。

三、认识论上的独立步骤

从认识论上来说,承认构成要件符合性的独立,以构成要件为基础的三阶层的犯罪论体系来判断犯罪成立与否,是符合人的认识、分析规律的。

认识论当然就是关于人的认识的学说或者理论,其任务则是"探索一般

---

⑮ 参见姚培培:《倾向犯概念或彻底成为学术史概念》,搜狐网,http://www.sohu.com/a/199220013_650721,2019 年 10 月 25 日访问。姚培培:《最高裁大法庭今日出判决,强制猥亵罪不需要内心倾向》,"育灵子 kan 刑法"微信公众号,https://mp.weixin.qq.com/s?__biz=MzIxNjQ2NDU5MA==&mid=2247483816&idx=1&sn=9f6d7f28bcd050ffd53c6412aa7f13f5&chk sm=9789ec09a0fe651f811179 fae0a2977 fe4edc2a59 aa6043257e2b4a4c98973f2e59f4d5e63c7&mpshare=1&scene=1&srcid=1129PocQxAkQKaG6P9RfGAEP&pass_ticket=s0eW0rCpB0 ud360gaehdMlSmZ9Vu% 2BdSSWPX1YM4IgLRHiQ3Bv6GgSBKgqL33DZ6a#rd,2019 年 10 月 25 日访问。

⑯ 王俊:《犯罪论体系中位阶性问题的反思》,《政治与法律》2015 年第 3 期。

认识发生发展过程的规律,提供关于认识的一般理论框架,用以指导、规划对外部对象的具体认识的建构与实现,力求使之成为符合认识一般规律的自觉的认识,使之更完善、更精确、更有效”。[17] 从人的认识论角度来看,每个人内心都会对犯罪形成一定的认知,但该种意义上的犯罪只是每个人观念中的犯罪,而司法者的犯罪观念不仅来自于其作为普通人的认知,更来自于对刑法中规定犯罪的认知。因此,司法者不仅有朴素的正义感,更有专业的向心度,这种向心度也就是按照法律条文对犯罪的规定来分析、审判案件。显然,对司法者来说,专业性的理论认识与分析是必不可少的,而犯罪论体系恰恰为司法者提供了一套认识犯罪、分析犯罪、审判犯罪的工具与指南。

在本体论上,犯罪是主客观要素的统一体,行为人的主观恶性与行为客观危害性双手合力,才启动了刑罚这把“达摩克利斯之剑”。但正如前述,本体论视角下研究阶层犯罪论体系,尤其是以论证构成要件的实质性会导致阶层体系的崩溃。其实,相较于“犯罪是什么”这个问题来说,更重要的问题是“如何认识犯罪”。因为对司法者来说,其认定犯罪既要遵循法律的明确规定,又要尊重常人的朴素正义观,要想每一个判决充分确保二者的实现,光有本体论上对犯罪的认识显然是不够的,它仅仅体现了人们认识犯罪的整体性思维而已。一直以来,学界都没有忽视人的整体性观念在认定犯罪中的作用,“从思维模式上看,整体观是中国传统思维模式最为重要的特征”。毫无疑问,这种整体性的认识方式是符合人的认识规律的,即从一开始就形成总体印象,再进行局部的分析。而关键的问题却不在于整体认知上面,因为人人都会形成该认知,关键就在于局部的分析上面,在于通过什么样的形式对一个行为是否构成犯罪进行论述与说明。笔者也并不反对人在解释法律时存在整体性先见,但有先见并不意味着构成要件符合性就只能实质判断和价值判断,因为这种先见之判断是否能进入法律系统,并非由个体意识所决定,而是由法律系统和理论系统本身所决定。所以说,实质论者言之凿凿的否定构成要件符合性之独立,其实不是构成要件符合性本身的问题,而是解释者自身的问题。

古典犯罪论体系正是在认识、分析、认定犯罪的意义上才具有划时代意义,贝林通过技术性的手段,将原本主客观一体的犯罪现象,在构成要件的基础上通过从客观判断到主观判断、从事实判断到价值判断、从形式判断到实质判断的逻辑公式,一步步地认定犯罪(同时也是排除非犯罪行为),以实现罪

[17] 夏甄陶:《认识发生论》,人民出版社1991年版,第2—3页。

刑法定从而保障法治国的安定。这个分析、认定犯罪的过程是与人的认识的深入过程相关的。

人的认识应该是一个逐渐深入的过程,尽管认识的最终目的是认识事物的实质,但认识的开始一定是从形式、事实、现象、客观方面开始的。不排除有人因其睿智与敏锐而总能直透实质,但这却是危险的,因为不存在“圣人”,那就难免会犯错。更何况,就司法运作来说,司法者也是普通人,不仅不能要求其有直透实质的本领,司法的精细化也要求一步步地对犯罪认定进行充分的论证与说明,这当然也是符合刑法教义学的理论发展要求的。

否定论者认为,构成要件本身就包含主观要素、规范要素等实质性内容,这就意味着构成要件阶段必须介入价值内容,而非单纯的事实判断,因此构成要件符合性的判断不可能仅是形式判断。有的否定论者甚至认为只能进行实质判断,构成要件符合性的独立性地位就这样被否定,从而纳入了违法性的判断当中。笔者认为,认识论视角下,这种观点是存在问题的。

首先,认为构成要件中包含主观要素和规范要素这种本体论上的认知原本就是对贝林体系的一种违反,是纯粹客观的、事实性的构成要件向主客观一体意义上的犯罪构成的倒退。即便在构成要件中认可如目的这样的主观要素与规范的构成要件要素的存在,也并不意味着就一定不能进行形式与事实的优先判断。对于构成要件的实质化,陈兴良教授就并不反对,但同时他也认为“这种实质化是一种事实的实质化而非价值的实质化”,“事实的实质化是以形式解释为前提的”。⑱ 换言之,有规范性要素与主观性要素,是不影响形式解释优先的,更不会意味着构成要件本身就丧失独立意义,而一定要与违法性一起共建不法。

其次,就事实判断与价值判断、客观判断与主观判断的关系来说,否定论者言称不能区分的观点是学者本身不欲而非不能。本体论意义上探讨犯罪的主客观统一、事实与价值的统一的命题是无异议的,这是共识。但犯罪论体系并不仅仅是对犯罪的整体把握,还包括如何把握的问题,也即分层次、分阶段的如何进行分析。将事实与价值、客观与主观分割的做法本来就是人为的技术性操作,倘若对此提出异议也应该在方法论上提,而非以本体上的事实来作为反对的依据。就构成要件符合性阶段的事实判断来说,不能因为存在个体判断的主观性就否定构成要件的事实性而认为是一种价值判断,也就是说不

---

⑱ 陈兴良:《形式解释论的再宣示》,《中国法学》2010 年第 4 期。

能因为有个人价值的介入就认为任何的判断是一种与违法性相同的价值判断,这种看法是肤浅的,且在构成要件符合性的判断中是不必要的。

再次,退一步说,认同构成要件符合性的独立意义,可以在构成要件内部形成客观到主观、事实到价值、形式到实质的小位阶判断,而非一定要否认构成要件的独立,将其并入违法性当中。一直以来,学界探讨的位阶性都是构成要件符合性、违法性、有责性的大位阶关系,争论的主要是构成要件符合性与违法性之间是否有联系的问题。但正如笔者鉴于对系统论的认识,独立性与关联性原本就是两个不同的范畴,联系必然以独立为存在前提,独立性也不能否定关联性,因此关于这种大位阶的争论一直僵持不下。倘若学界依然认同客观判断先于主观判断,事实判断先于价值判断的基本命题,那么完全可以在承认构成要件符合性这个阶层的独立性后,再在此阶层内部划分位阶,也即小位阶。当然,此小位阶的存在以承认构成要件包括部分主观要素与规范的构成要件要素为前提,车浩老师就认为,"在构成要件阶层的审查中,故意作为主观构成要件的内容,应当在客观构成要件审查之后才进行检验。"⑲这说明车浩老师是承认主观构成要件的,甚至承认故意作为主观构成要件的内容。倘若不承认这些与客观的、记述性的不同要素的存在,则由于构成要件本身就是纯粹客观且形式的,也就不需要小位阶的构建。但毫无疑问的是,承认小位阶是为了给否定论者提供一条向肯定论者靠近的道路,也有助于承认构成要件符合性的独立性地位从而采用三阶层的犯罪论体系。

其实,主张极端实质化的学者一直无法回答一个问题:有责性中故意的判断资料是构成要件,那构成要件中的故意的判断资料是什么? 主观要素不可能以其本身为判断资料,而若是以构成要件中的客观要素为判断资料,则客观要素本身就被多次评价,未免重复。况且,有责性中故意判断以构成要件为判断资料时,本身就会在逻辑上对构成要件中的故意再次判断,也就是会出现"故意(有责性中)"的判断以"故意(构成要件中)"为判断资料的荒谬现象。

最后,笔者以"枪支"这一规范的构成要件要素为例,来说明认识论意义上如何把握构成要件符合性判断的事实性、客观性与形式性。

近来学界关注枪支,相当部分原因在于"赵春华非法持有枪支案",就赵春华是否构成犯罪来说,其持有的是否为"枪支"是争议点之一。枪支显然属

---

⑲ 车浩:《体系化与功能主义:当代阶层犯罪理论的两个实践优势》,《清华法学》2017 年第 5 期。

于规范的构成要件要素，那么赵春华所持“枪支”是否符合《刑法》第128条所规定的“枪支”呢？第一种观点肯定赵春华所持的是枪支，如车浩老师认为，“只要符合足以让人产生危惧感的枪形物外观，即使‘致人伤亡或者丧失知觉’的能力或概率不大，也应当认定为枪支”⑳，便用人的“危惧感”来代替法律规范对枪支的判断标准（后文称“危惧感说”）。不同的是，邹兵建老师也认为赵春华的行为是非法持有枪支，但依据却是公安部门的枪支认定标准。㉑第二种观点则否定赵春华所持的是枪支，但否定的路径也各不相同。如陈兴良老师认为，非法持有枪支罪保护的法益是公共安全，鉴于刑法规制枪支犯罪的特殊性，应该“采用目的性限缩解释，将违法犯罪目的确定为非法持有枪支罪的主观违法要素，从而使非法持有枪支罪成为非法定的目的犯”。㉒ 由于赵春华没有其他犯罪的目的，因此其所持枪形物不是刑法规定的枪支。而劳东燕老师则认为刑法的适用如果按照行政法上的枪支标准，则会过度犯罪化，为了避免这种情况的出现，“对刑法中涉枪罪名中的枪支，宜做不同于行政法上的枪支的理解，即区分刑法上的枪支与行政法上的枪支鉴定标准……具体而言，将公安部所规定的枪口动能比1.8焦耳/平方厘米的标准，仅视为行政法上枪支的认定标准；刑法中的枪支，则采用‘足以致人伤亡或者丧失知觉’的标准。”㉓

分析以上观点，可以发现两个有意思的现象：一是罪刑法定原则在“是”与“非”的选择上往往未被重视。针对“枪支”这一规范的构成要件要素，出现了两种不同的解释，解释不同当然是一件正常的事情，问题是对于刑法来说，罪刑法定要求法律规定具有明确性，倘若“枪支”这样的概念在学者中都存在分歧，那普通老百姓该如何自处呢？假若以上的分歧是发生在主审法官之间，对于枪支的认定就直接关乎被告人的权利，如何选择不可谓不是一件需要引起重视的事情。邓子滨老师认为，“在‘有’明文规定但规定不甚明确的情况下，应推定立法者的意图是在诸种解释方法和结论当中就底线位置横切一刀，

⑳ 车浩：《非法持有枪支罪的构成要件》，《华东政法大学学报》2017年第6期。

㉑ 参见邹兵建：《非法持有枪支罪的司法偏差与立法缺陷》，《政治与法律》2017年第8期。

㉒ 陈兴良：《赵春华非法持有枪支案的教义学分析》，《华东政法大学学报》2017年第6期。

㉓ 劳东燕：《法条主义与刑法解释中的实质判断》，《华东政法大学学报》2017年第6期。

硬性确保一个有利于被告人的解释结论。”[24]在法官对赵春华所持是否为枪支存在解释上的两难时，否定其所持之物为枪支，理应是罪刑法定之当然选择。然而结局却是判决认定赵春华的行为符合了构成要件，可见其判决背后并没有贯彻罪刑法定的法治理念，结论的得出则只可能是通过实质解释入罪。

二是按照同一个解释标准居然可以得出不同的解释结论。一方面，劳东燕老师和邹兵建老师采用的是《刑法》128 条规定的违法“枪支管理规定”的标准，也即在解释“枪支”这种规范性构成要件要素时，寻求一种法规范上的具体规定，可谓是“法规范标准说”。但问题是劳东燕老师选择的是《枪支管理法》的标准，要求枪支必须具有致人死亡、伤残的能力，从而否定赵春华持有的是枪支；而邹兵建老师则选择的是公安部门内部文件作为标准，以比动能 1.8 焦耳/平方厘米为限来认定枪支，从而肯定了赵春华持有的是枪支。另一方面，陈兴良老师和车浩老师并没有采取“法规范标准说”，而是从刑法教义学的立场来为“枪支”做内涵上的界定，只不过陈兴良老师将刑法上的“枪支”进行了概念限缩，而车浩老师则将其扩大了。为何会出现以上现象呢？笔者认为根本原因在于未彻底贯彻构成要件符合性的客观性、事实性、形式性的判断。

第一，进行客观性判断就应该摒弃一切主观性依据。因此就不应该采取“危惧感说”作为判断枪支的标准。以被枪形物指对的对象的恐惧感为依据认定枪支定然是一种主观性的判断方式，因为恐惧感因人而异且不易于证明。同时，陈兴良老师以目的性限缩的方式否定赵春华所持是枪支的做法也不符合客观性的要求。笔者尽管认同陈老师站在刑法教义学基础上构建非法定目的犯的非法持有枪支罪的观点，但其观点并不能作为判断枪支的标准。换言之，是否构成非法持有枪支罪与是否为枪支是两个问题，不能因为行为人没有陈老师所言的上下游犯罪目的就否定行为人持有了真枪。在判断是否为枪支的问题上，主观性的目的依然没有存在的余地。

第二，客观性基础上的事实性判断需要分两步进行，包括一般事实性判断和法律事实性判断，前者仅指常人所认识、认同的事实，后者指通过规范指引、涵摄于法律意义上的事实。这类似于英、美刑法中双层次因果关系的判断逻辑。就赵春华所持枪形物是否为枪支，在一般事实性判断上应该得到否定回答。“规范构成要件要素的司法诠释标准应体现为社会一般人的认识，即一

---

[24] 邓子滨：《回归贝林》，《法治现代化研究》2017 年第 3 期。

般人所理解程度的社会意义。”通常而言，社会对一般性事实的认识具有共通性，赵春华案舆论四起，不得不承认这是因为司法者的判断逻辑与一般人的事实认知发生了偏差所致。学界一直以来都有“外行人领域的平行评价”理论[25]，显然该理论为规范性要素的事实性判断提供了可行之路。尽管赵春华案中认定其所持为枪支的原因很多，可以做更深入的思考，笔者在此却只想明确一点，即司法实践与学界对规范性要素的理解大多跳脱了一般事实性判断这一步骤，而直接开始了法律事实性判断。一旦确定某一个案件当中存在规范性要素就不假思索地寻求某种权威根据，而忽视了事实本身是如何，通过权威手段的裁剪得到了法律事实性的判断结论，以求高枕无忧。譬如邹兵建老师认为赵春华持有的是枪支就是该思维的典型逻辑结果。正是因为枪支是规范性要素，所以要寻求一种权威规范，既然有公安部门的权威规定，既然因为比动能符合了规定，所以赵春华所持就是枪支。因此，从这个角度来看，赵春华案的判决结论也可以见怪不怪，毕竟无论是学界还是司法实践，寻求某种权威来为自己的主张做支撑一直以来都是惯常的做法。我们忽视一般性事实太久了，法律性事实遮盖了太多东西。在这种情况下，重要的并非应当遵循的“真实”，而是不得不服的“事实”[26]，显然需要学界对此做更多的反思。

第三，对形式性判断不应该理解成仅指按照法条进行判断。构成要件符合性的形式性判断至少包含三个方面内容，即客观性、事实性和法条性。显然法条是为形式判断提供一种说明依据的，其本身并不意味着优先，享有优先地位的是客观性事实，尤其是一般性事实。笔者认为，就作为枪支的一般性认同来说，赵春华持有的就不是枪支，因此也就不需要再寻求法条的权威依据。司法者认定为枪支的做法有唯法条主义的嫌疑，但绝对不是构成要件符合性的形式性判断的问题。恰恰相反，在笔者眼中，构成要件符合性的形式性判断足以否定赵春华所持为枪支。因此，尽管笔者认为劳东燕老师划分行政法中的枪支标准与刑法中枪支标准的观点甚妙，但却不能认同司法困境是形式解释之祸的结论从而要以实质解释为依托。需要重申的是，在法律明确规定了枪支的认定，但在刑法上无法确定“是”与“非”的问题时，以罪刑法定之形式性

---

[25] 参见[德]罗克辛：《德国刑法学总论》，王世洲译，法律出版社 2005 年版，第 317 页。

[26] 原话为：“尼采是对的，重要的并非应当遵循的‘真理’，而是你不得不服的‘谬误’。”参见苏力：《大国宪制》，北京大学出版社 2018 年版，第 21 页。

的保障机能来说，应该以“非”为最佳选择，倘若如此，劳东燕老师欲区分两个标准的高明手段似乎也并无用武之地。

综上所述，可见就人的认识来说，遵循客观性、事实性、形式性的要求，不回避、不偏见，是可以实现在构成要件符合性的判断中无须介入法益侵害或者规范违法的实质价值判断的。从这个意义上说，构成要件符合性的独立性地位当然应该是受到尊重的。打个简单的比方，构成要件符合性的判断就相当于是两性择偶时对颜值的判断，具有客观性、形式性、事实性，正如一个人的外貌是什么样就是什么样。违法性的判断相当于考察一个人是否有才华，具有主观性、实质性、价值性。有责性的判断就相当于是人品的判断，这是一种更加深层次的判断，涉及道德层面，也涉及规范意识。人品好的人愿意承担起该承担的责任，而人品差的人总是缺乏责任感和道德自律。显然，就如何定罪来说，也是要以构成要件符合性这一客观性、事实性、形式性的“颜值”为独立起始点开始的。

四、价值论上的独立意义

从价值论上来说，承认构成要件符合性之独立对当下中国刑法的理论转型与制度改革意义重大。

在价值层面，学界不乏观点论述构成要件符合性的独立意义和价值，无论是保障罪刑法定，发挥构成要件的定型功能，还是就形式解释与形式法治的推进而言，学界多有论述。有鉴于此，笔者并不打算对这些已有阐明的观点进行罗列，本文主要站在我国当下刑法理论的转型与刑事法治改革的角度来提供以下两点价值层面的考量。

第一，承认构成要件符合性的独立，采取三阶层的犯罪论体系，可以确保我国刑法理论转型更加彻底，从而进一步推进理论的更新发展。任何一场变革都需要极大的勇气，也需要冲破极大的阻碍，这是肯定的。在由传统的四要件犯罪论体系向阶层犯罪论体系的变革中，毫无疑问会面临阻碍、疑惑与妥协，因为二者之间的转换不仅意味着理论体系本身会发生变化，更会改变整个法律人的思维习惯与方式。面对变革，常有的态度无非就是保守反对、变通妥协、激进改革三种，既然阶层论者一直主张废除传统四要件的犯罪论体系，必然就会与传统观点发生激烈争辩，反对者之间泾渭分明，进行理论争鸣是有利于区分不同理论体系优劣的。但在理论争鸣中，还需要防范一种理论立场上的暧昧，这种暧昧便是在两种立场之间进行妥协，从而混淆了二者之间的界限,将原本煮得好好的“鸳鸯锅”变成了一锅炖的“麻辣香锅”。

因此,笔者主张一种将革命进行到底的做法,在犯罪论体系的选取上应严格采取三阶层的犯罪论体系,应该认同构成要件符合性的独立地位与价值。这是因为除此之外的阶层论体系都是与传统四要件的犯罪论体系在本质上是一样的。在本质上说,他们都是实质的。否定构成要件独立性,让构成要件与违法性融为一体共建不法的做法是以实质违法性为核心,以法益侵害性为指导。而传统四要件的犯罪论体系则是以犯罪客体为核心,以社会危害性为指导。两种理论都是实质性的,不法侵害与客体侵害都是实质价值判断的结果。周详教授就曾指出:“中国传统文化的主流性质是实质主义的”,二者在某种程度上是对我国传统文化中的实质主义的契合。既然主张阶层论的学者本身就极力反对以传统四要件中的实质主义为核心的理论架构,既然构成要件符合性的独立本身就是为了避免实质优先从而破坏法治的稳定,那么在理论的变革当中就应该果断地推进到底,而不应该存在暧昧、剪不断理还乱的做法,否则就容易让人怀疑一个学者立场的选择与理论的取舍,也会为犯罪论体系本身的变革带来更大的阻力与疑问,这显然是不可取的。

第二,构成要件符合性独立地位的确立有利于当下的刑事法治改革,对刑事司法运作、刑事司法裁判、刑事辩护等来说意义重大。

首先,肯定构成要件符合性的独立地位,从而采取三阶层的犯罪论体系,有利于法官判决逻辑的可视化和裁判说理的可视化。面对已经开展的司法体制改革和未来极有可能发生改变的刑事诉讼模式,周详教授早有洞见地认为:“这除了在诉讼程序、诉讼制度上进行改进以外,也需要在实体法层面的犯罪认定模式与思维上进行配套性改善,切实学习、实践李斯特时代早就提出的‘刑法既是善良人的大宪章,也是犯罪人的大宪章’的法治理念。”㉗

当下中国正在逐步推进完善司法体制改革,司法改革的目标之一就是要改变原有的审判管理机制,赋予法官更大的司法审判权以确保司法独立。在刑事审判领域,司法人员不仅要对刑事案件事实有清晰的认知,更要用法律思维与法律逻辑对案件的判决展开分析与论证,阶层论的犯罪体系原本就利于司法人员解决疑难案件,更何况以构成要件为基础的三阶层的犯罪论体系因其三个层次的递进而更有利于排除非犯罪行为,从而为司法的运作提供可靠的理论依据。应该看到,在法官员额制和责任制下,刑事办案法官在确保办案

㉗ 周详:《四要件与三阶层犯罪论体系共生论》,《中外法学》2012 年第 3 期。

公正的同时应注意规避错案风险,因此应该赋予法官尽量减少司法错误的理论。以构成要件符合性为独立的阶层理论是符合这样的公正办案与风险规避要求的。因为本文所主张的这种阶层论体系,会要求司法者先就案件事实性、客观性、形式性层面的问题进行考察,避免了首先进行的实质化思考方式,无论从步骤约束还是思考程序上都有利于司法者最终结论得出的安全性。司法改革的另外一个要求就是要规范判决书的说理,改变以往那种说理不清、逻辑不通、法律适用不明确的现状。在刑事案件的说理中,显然三阶层的犯罪论体系为说明一个行为是否构成犯罪提供了可视化的流程。三阶层的犯罪论体系原本就与德国刑法教义学的发展密切相关,在推进司法文书规范说理的当下中国,按照法教义学意义上的三阶层犯罪论体系论证说理显然是未来司法裁判文书规范化的可选方向。

其次,有利于公诉的科学展开,避免任意入罪,节约司法成本。2018 年 3 月 20 日,《中华人民共和国监察法》通过,我国的监察体制改革将进一步现实化、规范化。从方向上来看,“监察体制改革使(检察机关)公诉权的主体性地位越发凸显,检察机关要顺应改革新形势,进一步突出公诉职能的主体性地位,强化公诉职能的能动性。”㉘这就必然对以后的公诉工作提出了更高的要求,至少要提高刑事案件的公诉效果。以往,采用实质性的犯罪论体系,公诉机关常站在道德制高点,以社会危害性(法益侵害性)来提起公诉,辩护人也会采取同样的策略来做刑事辩护,整个庭审空洞且效果极差。且即便最后法院作出了有罪判决,被告方、辩护方也很难服气,往往继续上诉。而采用以构成要件符合性为基础的阶层论的犯罪论体系,则很多问题都可以“兵对兵,将对将”地展开,在构成要件内部就案件相关的事实性问题进行辩论,而非仅就实质层面的各自见解空泛说理。最重要的是,形式性的阶层犯罪论体系因其层次明显,从事实到价值,从客观到主观的步步展开,分析路径清晰明确,更容易使得抗辩双方与审判法官对案件的认识逐步加深,从而得出合理的出罪结论或严格的入罪判决。换言之,当公诉机关能够从事实到价值,从形式逻辑到实质危害各个方面全面说服法官、被告人、辩护人的时候,案件最后的判决一致性就较高,上诉率、错案率会降低,这显然节约了司法成本,有利于我国司法正义的实现。

㉘ 胡勇:《监察体制改革背景下监察机关的再定位与职能调整》,《法治研究》2017 年第 3 期。

最后，有利于有效辩护的实现，进一步确保案件公正，实现刑事正义。刑事案件中，不仅要“有”辩护，更要“有效”辩护，有效辩护才能真正确保当事人权益，避免冤假错案。所谓有效辩护，是指“律师接受委托或指定担任辩护人后，忠实于委托人的合法权益，尽职尽责地行使各项诉讼权利，及时精准地提出各种有利于委托人的辩护意见，与有权作出裁决结论的专门机关进行了富有意义的协商、抗辩、说服等活动”。[29] 构成要件符合性的独立对为刑事辩护律师精准地与专门机关进行协商、抗辩等活动的进行颇具意义。这是因为，独立以后的构成要件符合性，在事实层面、形式层面可以进行有效的沟通交流。价值判断、实质判断层面的交流显然要难于事实层面、形式层面的交流，这种价值判断与实质判断与个人的信念紧紧相关，包括对犯罪的态度，对犯罪人的偏见，等等。然而，且不说“信念本身是不可能战胜信念的”[30]，即便有战胜的可能性，也一定步履艰难、任务艰巨。在传统的四要件与实质的二阶层犯罪论指导下的刑事辩护，辩护律师发挥的空间极其有限。因为公诉人员、司法人员在这样实质入罪判断的指导下已经形成了先见，罪轻、无罪证据很容易被忽视。更何况，在实质观制约下的刑事辩护律师自身都难以走出理论的藩篱，有效辩护自然无从谈起。司法实践已经充分证明了，我国当下的入罪率其实是很高的。根据2018年最高人民法院、最高人民检察院公布的刑事案件数据，陈瑞华教授就总结道：“法院所做的无罪判决要远远少于监察机关所作的不起诉决定。仅以监察机关所作的不起诉决定与法院的无罪判决数据来看，这一数字比例大致是26∶1。”[31]这一现象背后不得不说有实质观念的作祟。因此，选择构成要件符合性为独立基础的阶层犯罪论体系，刑事辩护律师可以就案件的事实层面等问题与专门机关进行辩论，是实体法理论层面为有效辩护的实现提供的出路之一。

---

[29] 陈瑞华：《有效辩护问题的再思考》，《当代法学》2017年第6期。

[30] 朱苏力：《俯下身，倾听沉默的大多数》，人民网，http://legal. people. com. cn/h/2011/0913/c226563 - 3684978703. html，2019年10月25日访问。

[31] 陈瑞华：《陈瑞华看“两高工作报告”中的无罪数据》，中国法律评论，https://mp. weixin. qq. com/s? __biz = MzA5NDI0MzgyMA = = &mid = 2651881184&idx = 1&sn = 3448ecc74bc786286273c5eb25352dc2&chksm = 8bb54063bcc2c975193be53f0cb5dcdcaec4c949280ae2296a34ed618b4c2efeefac33fbd7eb&mpshare = 1&scene = 1&srcid = 0310BfhosL2nJzIJ0Q0va6dL&pass_ticket = bvhArZ3EBwgg7OufKHNWjoJRXSr6uzTeB8aXRGgYwNaXTl% 2BCllyAvln6v7CO% 2Fuyu#rd，2019年10月25日访问。

到底是应该承认构成要件的独立性从而采取三阶层的犯罪论体系还是以实质不法来消除构成要件的独立性从而采取二阶层犯罪论体系的区别这个问题，周光权教授就曾说："构成要件和违法阻却这两个要件并不是一个等量级的，区分开来其实有意义的。"[32]这种意义除却理论上已经阐明的以外，笔者认为当下最重要的就是对理论转型与司法改革的意义了，因此，采取三阶层犯罪论体系，以构成要件符合性的独立为基础而展开不论是学术还是实践的争论都有其现实价值。

五、结论

对于否定论者来说，承认构成要件符合性的独立性，好像是一件极端痛苦的事情，因此才会极力抗议。显然构成要件符合性的存在使得认定犯罪多了一个阶层的判断，为实质判断限定了一个基本的形式框架，束手束脚，给解释者不自由感。因此，反对构成要件符合性的独立性意义就意味着抗议一切形式的束缚，最终的目的就是要任意的实质解释，以获得绝对的自由。

其实，对于肯定论者来说，他们也认识到这确实存在一种痛苦。这种痛苦就是面临人民对实质正义的渴望的无奈，对社会现实困境的迷惑与忧虑，还有对构成要件符合性本身的否定所可能带来的理论上的倒退和法治的危机，以及承认构成要件符合性之独立可能带来的一些束缚。只是，"抗议痛苦与认识痛苦是截然不同的，那么抗议痛苦意味着什么呢？"[33]它意味着会否定阶层犯罪论的基础，最后会否定整个刑事法治的基础。所有人都需要正义和自由，然而我们需要明白，正是构成要件符合性带来的些小不正义和不自由才保障了更大的社会正义和公民自由。

正如贝林在其《构成要件理论》一文文末所说的："我可以把我的保护神、法定构成要件从前人的混沌状态中清理出来，当做适应社会的东西。""这个孩子，没有哪个天使如此纯洁，把他推荐给你们的良善吧。"[34]因此，就本文来

---

[32] 陈兴良、周光权、付立庆、车浩：《对话：刑法阶层理论的中国司法前景》，《中国应用法学》2017 年第 4 期。

[33] ［美］苏珊·桑塔格：《关于他人的痛苦》，黄灿蓝译，上海译文出版社 2006 年版，第 36 页。

[34] ［德］恩施特·贝林：《构成要件理论》，王安异译，中国人民公安大学出版社 2006 年版，第 33 页。

说，尽管从多个角度对构成要件符合性的独立予以了说明，但也只是站在"贝林的墓地"的一次呐喊，一次微小的尝试。

Component Conformity Independence Theory

Abstract: The academic community is undergoing the transformation of the criminological theory system from the four essentials to the stratum system. There are three – level and two – level strife in the transition. The core of the debate is the issue of the independence of conformity of constituent elements. We should recognize the independence of the constituent elements and thus adopt a three – tier crime theory system. From a methodological point of view, the conformity of constituent elements is a classical technical choice, which has nothing to do with ontology and positivism. From epistemology, it conforms to the rules of human understanding and analysis is operable. From the point of view of value, it brings about a good transition for the thorough transformation of theories and the reform of criminal law.

Key Words: Conformity Requirements; Independence; Methodology; Epistemology; Value Theory

（责任校对：蔡士林）

新时代“枫桥经验”的法治化转型

——探索建立人民法院综合法律服务中心

胡江平*

摘　要:我国经济社会发展正处于转型期间,社会的矛盾纠纷在此期间也表现为越来越尖锐化,并呈现出多元化的新特点。我国现有的矛盾纠纷化解体系存在许多的局限性,导致矛盾纠纷解决机制运行不顺畅,大量的矛盾纠纷集中通过诉讼途径化解,人民法院不堪重负,造成司法资源难以满足人民群众日益增长的司法需求,影响了社会的和谐稳定。“枫桥经验”是基层矛盾纠纷化解的“良方”,其“依靠群众就地化解矛盾”的地方治理理念,为国家社会治理树立了标杆,但传统的治理方法也面临着“新常态”下的各种挑战,“枫桥经验”的法治化转型已成为新时代矛盾纠纷化解机制建设的新趋向。

关键词:枫桥经验　人民法院　综合法律服务中心

一、“枫桥经验”的产生与发展

20世纪60年代初,我国经历了三年的困难期之后,为了解决当时面临的社会问题,党中央于1963年决定在全国范围内开展社会主义教育运动,并在浙江省诸暨县枫桥区(即今诸暨市枫桥镇)开展试点,通过采取说服教育、政策引导的方式对相关人员进行改造,社会治安治理取得了良好的成效。后来枫桥镇的做法得到了毛泽东同志的批示,强调“枫桥经验”是一个

---

* **作者简介**:胡江平(1988—),男,福建政和人,福建省三明市梅列区人民法院法官,华侨大学法律硕士。

很好的典范，要求在全国推广，此后，“枫桥经验”便被正式提出。①

在不同的社会发展阶段，根据社会主要矛盾的变化，“枫桥经验”也逐步演变为不同的内涵。20世纪60年代初到70年代初，枫桥经验创造了依靠群众改造流窜犯和帮教失足青少年和一般违法人员的成功经验，注重对人的帮扶和改造。20世纪70年代末期，则以“依靠群众，实现治安好、捕人少、产量高”作为落实“枫桥经验”的标准。② 20世纪80年代初，重点转向对违法犯罪人员的帮教改造工作，形成了融打、防 、教、管于一体的社会治安综合治理的新经验。③ 20世纪90年代，形成了“党政动手，依靠群众，立足预防，化解矛盾，维护稳定，促进发展”的新经验。④ 21世纪的前10年，转向基层民主法治建设。2010年后，则注重源头化解矛盾纠纷，多元方式化解矛盾纠纷。枫桥镇干部群众在各居委会、村部以及一些企业建立了调解组织，坚持“发动和依靠群众，矛盾就地解决不上交”的治理理念，使得大量的矛盾纠纷在基层就得到了解决，同时积极地帮扶刑满释放人员，对外来务工人员推出了创新管理模式，社会平安建设取了很好的成效。

一直以来，“枫桥经验”始终围绕着党和国家的重心工作，与时俱进地在各个社会发展阶段的社会治理中发挥了积极的作用，它是我国探索基层矛盾纠纷化解方式、维护基层群众利益的一个标榜性示范。

二、新时代社会矛盾纠纷呈现新特点

随着我国社会经济不断发展，国家的经济结构、法治进程、文化形态和人们的价值观念等方面都发生了深刻的变革，社会已经步入了“新常态”，矛盾纠纷亦呈现出多元化的新特点。

（一）纠纷主体多元化

基于社会发展的需要，社会呈现出多元化的主体，如公民、有限责任公司、合伙企业、事业单位、行政机关及诸如业主委员会、行业协会等其他组织，矛盾

---

① 中共绍兴市委党校：《“枫桥经验”与新城镇社会管理创新研究》，中国社会科学出版2013年版，第29页。

② 中共绍兴市委党校：《“枫桥经验”与新城镇社会管理创新研究》，中国社会科学出版2013年版，第32—33页。

③ 中共绍兴市委党校：《“枫桥经验”与新城镇社会管理创新研究》，中国社会科学出版2013年版，第34页。

④ 浙江省公安厅：《“枫桥经验”的创新发展》，群众出版社2008年版，第4—5页。

纠纷的主体随之呈现多元化的特点，从以往多为公民与公民之间的纠纷，转变为当前公民与公民、公民与行政机关、公民与事业单位、公民与企业、公民与其他组织以及行政机关与企业、事业单位与行政机关、事业单位与企业等之间相互交织的主体纠纷，使得社会纠纷所引发的主体利益范围更为宽泛，时常还牵涉群体性纠纷，如公民与企业之间的劳资纠纷、物业服务企业与公民的物业服务纠纷等。

（二）纠纷类型多样化

伴随着社会主义市场经济的发展，新时期人们的社会交往、经济交往日渐频繁，社会价值观念也发生了很大的改变，在这种背景之下，人与人之间涉及的经济性、人身及财产利益性等民间纠纷也与日俱增，导致社会矛盾纠纷的类型呈现多样化特点，如婚姻、继承、邻里纠纷等婚姻家庭性纠纷；生产、经营、买卖、租赁等过程中发生的生产经营性纠纷；所有权、用益物权、债权等财产性质的纠纷；侵犯人身、财产、人格等发生的侵权性纠纷等。随着微信、支付宝等信息技术的发展，纠纷的类型正在向信息化方向发展，纠纷的类型将越来越趋向多样化。

（三）纠纷内容复杂化

新时期，社会矛盾纠纷的内容呈现复杂化的特点，由传统的婚姻、继承、邻里之间的简单纠纷，发展为当前的劳资纠纷、劳务纠纷、合伙经营纠纷、物业服务纠纷、建设工程施工合同、农村土地承包经营权、股权纠纷、票据纠纷、企业破产和重组、行政合同纠纷、医疗过错责任纠纷等，涉及的领域越来越宽广；尤其是信息技术蓬勃发展的现代社会，社会矛盾纠纷的内容亦将会越来越专业、越来越复杂，而且有些纠纷还存在民事刑事交叉、民事行政交叉的问题。所有的这些纠纷当中就其纠纷的类型、事实的判断以及诉求的合法性等问题的判断和甄别，都需要依赖非常专业的知识技能和丰富的生活经验，否则极易把民事案件当作刑事或行政案件来处置，把刑事案件当作简单的民事案件来处置，把不合法的诉求当作合法诉求来处置，把合法的诉求当作不合法的诉求予以剔除。

三、现有多元矛盾纠纷化解体系的困境

我国社会处在社会转型、民间纠纷复杂多发的时期，为了矛盾纠纷能够得到及时的解决，建立起了多元化的矛盾纠纷化解体系，有人民调解、行业调解、行政调解、仲裁等多元诉前民事纠纷化解路径，以及担负矛盾纠纷最后一道防

线的诉讼途径。然而,从目前各地多元解纷的实践来看,人民调解、行业调解、行政调解、仲裁等诉前民事纠纷化解职能在纠纷化解体系中表现较为薄弱,究其原因,主要在于其固有的局限性。

(一)人民调解制度的局限性

人民调解制度的局限性表现在两个方面:其一,调解组织法律知识匮乏。人民调解委员会作为人民调解功能的执行组织,它并非法律执行机构,缺乏系统的法律专业知识,所行使的调解方式主要依赖情理、道德和地方风俗,调解手段单一,未有足够的专业水平来理顺各种各样的法律关系,所促成的调解方案容易与法律、行政法规的规定相冲突,造成调解协议无效或最终不能履行。其二,调解协议存在效力限制。人民调解委员会主持下达成的调解协议,是双方平等协商的结果,仅具有一般合同效力,法律并未赋予其作为直接强制执行的依据,如果一方违反协议的约定,守约一方依旧必须基于对方违约事实通过诉讼途径主张权利。

(二)行业调解制度的局限性

行业调解制度的局限性体现在三个方面:其一,调解对象覆盖范围较窄。行业调解是行业纠纷主体在行业协会的主持下,通过行业协会的专业优势促进当事人的沟通协调,并最终促成纠纷双方达成和解协议的过程。⑤ 它的性质决定了其所解决的只能是某一特定行业或专业领域出现的矛盾纠纷,化解功能覆盖范围较为狭窄。其二,行业调解难度大。类似于保险、金融行业的调解,在地方实践中调解难度大表现尤为明显,调解时常都是一方或双方对自身利益作出的让步,而我国保险、金融机构多为国有性质,实践中这类机构的法务工作人员与其通过正常诉讼途径穷尽其法务职责,也不愿意擅自利益让步决定,以免因此受到追责,这便导致这类行业性纠纷无法得到调解解决,行业调解实践表现形同虚设。其三,调解协议存在效力限制。行业调解作出的调解协议,同样仅具有一般的合同效力,不具有直接强制执行效力,如果一方当事人违反协议的约定,另一方当事人同样需要基于协议通过向人民法院提起诉讼主张权利。

(三)行政调解制度的局限性

行政调解不同于人民调解和行业调解,它的执行主体是依法享有行政职

---

⑤ 张康林、高峙:《疏通多元纠纷解决渠道高效快捷维护公平正义》,《民主与法治》2009 年第 8 期。

权的行政机关或者法律、行政法规授权组织，是一种公权力介入的调解。但是，目前我国对行政调解协议书或行政调解书的效力没有做明确的规定，造成所达成的协议缺乏权威性和执行力。⑥ 当一方当事人违反协议的约定时，另一方当事人只能按照契约规则向人民法院提起诉讼主张权利，和人民调解和行业调解的效力上并没有区别。

（四）仲裁制度的局限性

仲裁是一种类似于诉讼，由中立的第三方对矛盾纠纷进行裁决的一种纠纷化解制度。仲裁制度在实际执行过程中，也存在两个方面的局限性：其一，仲裁制度的公信力较弱。按照我国现行法律规定，除法律有特别规定外，仲裁制度是一种民间性质的纠纷化解方式。虽然我国《仲裁法》对仲裁员的专业和职业道德都提出了高要求，但是迄今为止，我国并没有制定出一套统一的行为监督规则，仅依据各个仲裁机构的一些规定和个人操守来规范仲裁员的行为⑦，导致其在实际运行中缺乏公信力和权威性。其二，仲裁程序选择依赖当事人合意。根据我国《仲裁法》的规定，仲裁程序的选择是建立在当事人约定的基础上，由于仲裁委员会属于民间性质组织，实践中很少当事人选择仲裁程序解决纠纷，导致仲裁制度在矛盾纠纷化解的作用上难以显现。

上述各种诉讼外矛盾纠纷化解制度存在自身的缺陷，同时也都存在着强制执行效力限制的普遍共性，导致大部分当事人接受诉讼外的纠纷解决方式的意愿不高，仍然选择通过诉讼途径解决。然而，诉讼是纠纷解决的最后一道防线，受制于人民法院司法权的被动性质，司法调解、司法裁判等无法主动介入到矛盾纠纷预防和化解中，矛盾纠纷日积月累，逐步形成了司法环节的拥堵之势，社会安定存在较大隐患。

四、“枫桥经验”法治化转型路径的探索

“枫桥经验”作为化解社会矛盾的“维稳器”⑧，在社会治理的方面发挥了极为重要的作用。当前，中国特色社会主义已经步入了新时代，并且正处于全

---

⑥ 刘永红、李仁汉：《社会矛盾化解视野下我国行政调解制度探究》，《四川文理学院学报》2015 年第 4 期。

⑦ 胡留燕、徐前权：《论我国仲裁监督制度的完善》，《长江大学学报》2018 年第 6 期。

⑧ 卢芳霞：《从“社会管理”走向“社会治理”——浙江“枫桥经验”十年回顾和展望》，《中共浙江省委党校学报》2015 年第 6 期。

面推进依法治国的重要时期,人民群众法治意识、法治需求正在不断提高,面对当前不断涌现的各类社会矛盾纠纷,“枫桥经验”理应再次被赋予新的内涵。习近平总书记曾就坚持和发展“枫桥经验”作出过重要的指示:“要充分认识‘枫桥经验’的重要意义,发扬优良作风,适应时代要求,创新群众工作方法,善于运用法治思维和法治方式解决涉及群众切身利益的矛盾和问题,把‘枫桥经验’坚持好、发展好,把党的群众路线坚持好、贯彻好。”⑨因此,践行以人民为中心的理念,充分运用法治思维,整合社会矛盾纠纷化解力量,实行“枫桥经验”的法治化改造,将社会各类矛盾纠纷引入法治方法轨道,是新时代推进社会治理现代化的新要求。

“枫桥经验”作为化解矛盾纠纷的标榜性模式,对人民法院化解矛盾纠纷的路径探索具有十分重要的借鉴意义。近年来,司法机关一直专注于探索司法 ADR 的多元解纷模式,并在司法实践中逐步建立了诉调对接的矛盾纠纷解决过滤机制,通过诉调衔接、繁简分流,充分挖掘法院内部化解矛盾纠纷的潜力。然而,此类机制本质上仍然为一种被动式的司法或准司法职能,所有矛盾纠纷仅是在司法的末端环节内部分流,并未能实现社会矛盾纠纷的源头治理功能。人民群众之所以乐于通过诉讼途径解决矛盾纠纷,主因在于人民法院的公信力和权威性,所以,面对人民群众迫切的司法需求,打破固有的司法被动性意识,依托人民法院的专业性和权威性,建立一个与诉讼能够形成紧密连接,同时能够发挥其源头预防、苗头治理、诉前化解、快速裁决的能动型解纷机制,是实现“枫桥经验”法治化转型的一个全新探索。

笔者认为,借鉴行政部门成立的行政服务中心的做法,尝试设立人民法院综合法律服务中心,把有利于矛盾纠纷预防和治理的法律职能及有关机构,整合在综合法律服务中心中统一布局并运行,在人民法院的统一指导和监督下,发挥各个领域的专业职能,互相协调配合,能动预防和解决矛盾纠纷,或是“枫桥经验”法治化转型的有效举措。

(一)人民法院设立综合法律服务中心的制度设想

一个富有活力的制度应该包含一种节俭使用诉讼资源的机制,以保证所

⑨ 《习近平就创新群众工作方法作出重要指示强调:把“枫桥经验”坚持好、发展好,把党的群众路线坚持好、贯彻好》,载新华网,http://www.xinhuanet.com/politics/2013-10/11/c_117677084.htm,2019 年 5 月 10 日访问。

利用的诉讼程序和特定案件需要相符合。[⑩] 建立人民法院综合法律服务中心，是整合社会矛盾化解资源的关键一步，与诉讼形成紧密衔接，有利于实现司法资源的优化配置。因此，笔者将其功能定位为以“为群众提供法律服务，能动预防和化解诉前矛盾纠纷，与后端诉讼形成紧密衔接”为运行理念，集法律咨询、文书把关与制作、公证、诉前调解、司法确认、简案速裁于一体的集约、高效、能动、专业、权威的综合性法律服务机构，隶属于人民法院，受人民法院的指导和监督。

为更有效地发挥机构职能，该中心可以设置法律顾问部、文书顾问部、公证事务部、诉前调解部、立案速裁部五大内设职能部门。

法律顾问部的职能是为人民群众提供法律咨询服务，提高人民群众的法律意识。法律意识具有认识法律、预测后果、调节行为和传播正能量等功能，社会矛盾纠纷的产生，很大一部分原因在于社会主体在社会交往过程中缺乏必要的法律意识，对自身实施的法律行为性质、后果以及存在何种法律风险，没有事先预测能力。目前我国法律咨询制度不够完善，主要依赖司法行政部门行使相关职能，实行律师派驻值班制度，但其知名度有限，且缺乏有效监督机制，造成权威性较弱。实践中主要通过商业律师咨询，但其成本较高，致使社会活动主体无法及时获得专业性预判并调整自身的行为，从而引发后续的矛盾纠纷。在人民法院综合法律服务中心设置法律顾问部，可以为人民群众搭建一个知名度更高、权威性更强并且成本较低的法律咨询集中平台，使人民群众能及时了解法律规定，提高法律意识，一定程度上可以从源头上预防矛盾纠纷的产生；对于已经产生的矛盾纠纷，当事人也可以通过法律咨询平台获得相应的法律救济意见，防止矛盾纠纷的进一步扩大升级，并且还可借机引导当事人通过诉前调解渠道解决纠纷。具体的工作模式上，除了常规的来访接待之外，还可以借助移动互联网技术迅速发展的契机，建立法律顾问部的官网平台及法律咨询“掌上”APP，形成线上和线下的立体工作模式，为辖区群众提供便捷法律咨询服务，并促进法律知识的有效普及。法律顾问部的人员组织方面，可以采用法官＋公职律师的组织模式，由派驻法官负责日常业务的审核及签发，选聘若干名立场坚定、业务能力强的公职律师作为日常线上和线下的法律顾问，充分发挥机构的源头治理专业化水平。

文书顾问部的职能是为人民群众提供合同、遗嘱等各类法律性文书的审

---

⑩ 朱元曼：《英国民事诉讼改革》，叶自强译，国家行政学院出版社2000年版，第234页。

核把关、草拟制作等法律服务。合同争议,是目前司法实践中占比最大的争议类型之一。这类纠纷中,除了一部分是因为缔约过失、违约等行为发生纠纷之外,其中还有不少的纠纷根源在于双方在订立契约时存在不规范因素而引发,例如合同约定的内容不明、合同语言表述存在歧义、重要内容遗漏约定等,造成后续在履行过程中产生争议,引发矛盾纠纷。人民法院综合法律服务中心设置文书顾问部,帮助人民群众对其提交的文书进行审核把关或者帮助草拟制作,可以有效地做好基础性风险防范,必要时还可以直接流转至中心公证事务部进行公证,增强文书证明效力。文书顾问部涉及法律文书草拟、制作、审核等专业性和文字性事务,可派驻一名法官负责把关和指导,聘请若干名法务文员,组成"一名法官 + 若干名法务文员"的团队模式,所有法务文员在法官的指导下开展文书服务工作。

公证事务部的职能是依照《中华人民共和国公证法》中的有关规定为人民群众提供公证服务,行使国家公证职能。该部门大体思路上可将现有公证处的职能和人员转隶构成。公证制度,是一项预防性的替代诉讼法律制度,依照法律规定的程序,对民事法律行为、有法律意义的事实和文书真实性、合法性予以证明,通过公证提前介入民事法律行为,引导当事人形成具体明确的法律关系,能够达到预防纠纷的目的。[11] 在人民法院综合法律服务中心设立公证事务部,比单独成立公证处具有更多优势和合理性。公证制度本身就是国家司法制度中的一个组成部分,也是预防纠纷、维护法制、巩固法律秩序的一种司法手段,将公证职能整合至人民法院综合法律服务中心,成立公证事务部,性质上并不存在矛盾冲突,相反可以集中司法职能,给人民群众带来更大的便利。公证事务在人民法院综合法律服务中集中办理,还可以和中心的其他内设部门协同预防化解矛盾纠纷,比如公证人员在行使公证职权时,需要对公证事项进行公证审查,文书顾问部移交公证的文书,公证人员可以进行二次把关,避免错误发生。对一些债权文书,法律还赋予了公证后的强制执行效力,这类文书由文书顾问部制作之后,可以直接移交公证事务部启动公证程序,直接赋予强制执行效力。诉前调解部在组织当事人调解过程中,对当事人确定的事实,亦可以一并启动公证程序进行有效的确认和固定,如调解不成流转至速裁程序的纠纷,立案速裁部即可依据公证的事实快速作出裁决。

诉前调解部的职能是负责诉讼之前矛盾纠纷的协调化解工作。人民法院

---

[11] 马宏俊、文亚雄:《试论我国公证制度改革》,《法理研究》2018 年第 4 期。

具有丰富的司法调解经验以及调解结果司法确认的效力优势⑫,因此,相比其他的诉讼外矛盾化解机制,建立人民法院综合法律服务中心并设置诉前调解部,更具有探索的实践意义。当前各地法院虽然也逐步开始实行了调解速裁工作模式,但此类诉前调解的阶段范围十分有限,处于诉前的末端环节,目标是服务于后端的审判,没有突出预防性和能动性。而法院综合法律服务中心,作为传承“枫桥经验”的服务型构想机构,可以考虑突破司法权的固有限制,让其诉前调解的矛盾化解职能贯穿于矛盾纠纷的产生至诉讼之前的整个环节始末。亦即,人民法院综合法律服务中心的诉前调解部是专司诉讼之前所有阶段的调解部门,不仅受理诉讼服务中心根据当事人自愿和法定导入的诉前调解案件,还受理来访群众自行提交的调解申请,甚至可以主动渗透基层矛盾纠纷源头进行调解,笔者将其归纳为“本部调解”和“派驻调解”。人员组织方面,可以采用“一名法官 + 若干名调解员”的模式,其中调解员可通过整合社会调解资源,聘请在群众中威望较高的基层干部群众以及在特定领域具有丰富专业知识和经验的人员、退休法官、卸任的人民陪审员等担任,充分发挥这类人员的优势,逐步实现调解职业化,增强诉前调解的吸附力。工作方式上,可由派驻的法官负责指导和监督,调解员在促进纠纷主体双方达成调解协议之后,由法官负责对调解协议的内容把关审核,并进行司法确认。诉前调解部还可以根据实际需要主动向法院所在辖区的街道、社区、企业工会以及纠纷较多的道路交通、医疗、保险、物业等领域派驻专职调解员,成立调解工作室,各派驻调解员可以在法律、行政法规和国家政策的框架内能动地制定纠纷化解方案,积极主动介入到矛盾纠纷的源头治理中。派驻调解员组织调解后所达成的书面调解协议,可以通过信息技术导入至诉前调解本部,由法官确认调解协议符合自愿、合法原则后,限时对协议进行司法确认,赋予强制执行效力。

立案速裁部的职能是对诉前调解不成的简单纠纷进行快速裁决。“速裁机制”于最高人民法院发布的第二个五年改革纲要中首次提出,但该机制的性质、定位、程序等问题立法中并没有相应规定⑬,所以实践中速裁模式无异于诉讼法上的“简易程序”,没有突出速裁的特殊性,实践效果也并不明显。转变现有“速裁”模式和性质,将速裁归为审判机制前端,通过立法制定速裁

---

⑫ 李旭辉、胡小静、谢刚炬:《“多元调解 + 立案速裁”的紧密型司法 ADR 模式探索——以北京市 22 家中基层法院的改革实践为视角》,《人民司法》2018 年第 1 期。

⑬ 刘金刚、杨玲:《对速裁机制相关问题的思考》,《中国市场》2019 年第 2 期。

案件范围，获得部分案件速裁前置法律授权，通过适用特别程序（如书面审查、听证等方式），快速进行裁决，或是化解矛盾的有效方法。笔者将该职能置于人民法院综合法律服务中心，使之发挥承“调”启“判”的枢纽作用，既能消解人民群众对当前超负荷的司法效率负面情绪，也能与诉前调解形成协同，进一步过滤纠纷减轻后端审判的压力。该部门可由法官、法官助理、书记员若干人组成，成立若干速裁团队，调解不成移交速裁的纠纷案件，由立案速裁团队在 5 个工作日内对案件迅速作出筛查评估，不符合法定速裁前置范围且当事人不同意速裁的案件或者虽属法定速裁前置范围但经审查或听证程序后发现不适宜速裁的案件，应及时将案件通过立案速裁部系统导入诉讼服务中心立案分流至审判部门；符合法定速裁前置范围或者虽不符合法定速裁前置范围但双方自愿适用速裁程序的案件，经审查或听证后，适宜速裁的，由立案速裁部法官依据法律规定 15 日内快速作出裁决。

（二）人民法院设立综合法律服务中心的制度优势

人民法院设立综合法律服务中心的制度优势非常明显，主要体现为四点：

第一，矛盾纠纷预防和化解更具有中立性。处理矛盾纠纷的主体只有做到客观中立，才能公正地解决纠纷，保障双方当事人的合法权益。人民法院作为我国的审判机关，是居中的裁判机关，“中立性”正是人民法院本身应具有的属性，在人民法院设立综合法律服务中心，处理诉前矛盾纠纷的预防和化解工作，可以不受行政机关、个人和社会团体的干扰，具有客观中立的优势。

第二，矛盾纠纷预防和化解实现了法治化。在人民法院设立综合法律服务中心，行使矛盾纠纷预防和化解的主体由法官、法官助理、职业化的调解员、公证人员、公职律师、法务文员等人员组成，这些人员是具有娴熟或较为娴熟的法律专业知识人员。文书的审核把关和草拟、法律的咨询、诉前调解、公证、速裁等职能行使流程，始终把法律贯彻于矛盾纠纷预防和化解的过程中，实现了预防化解主体、依据、结果上的法治化。

第三，矛盾纠纷预防和化解更加快捷权威。许多诉讼外的矛盾纠纷化解途径，如前文所述的行业调解、行政调解等促成的调解协议，不具有直接的强制执行效力，必须另行通过向人民法院提交司法确认申请、调解协议、身份证明、资格证明，以及与调解协议相关的财产权利证明等材料，经受理、分案、审查、询问等烦琐程序后才会被赋予强制执行效力。人民法院设立综合法律服务中心，当事人经诉前调解部组织达成的调解协议，即可以由该部门法官直接进行司法确认，更加权威和快捷。

第四,法律事项咨询和办理更加集约高效。设立人民法院综合法律服务中心,集约了各类法律服务机构,当事人可以同时在综合法律服务中心获得法律咨询、合同等文书的提交审核和草拟、纠纷调解、调解文书的司法确认、事实和证据的公证以及速裁等“一站式”法律服务,告别以往找律师、找法院、找公证处等“跑断腿”的局面,真正实现法律服务集约、高效、便民。

(三)设立人民法院综合法律服务中心应注意的问题

依托人民法院的公信力和权威性所设立的综合法律服务中心,整合了社会矛盾纠纷化解资源,旨在人民法院的指导和监督下,运用法治思维和法治方法将矛盾纠纷化解功能挺在诉讼之前,实现矛盾纠纷的源头治理和诉前化解,以畅通审判机制运行。该中心的内设机构职能行使兼具有行政性和司法性,是实现社会治理现代化、法治化的一个新尝试,故其设立有赖于理念的转变,但同时也应注意厘清与法院自身审判职能的界限,保持二者相对独立性,避免破坏人民法院司法的性质和规则。

五、结　语

随着我国社会发展步入新时代,各项法治改革已进入了深水区,而作为化解矛盾纠纷、维护社会和谐稳定的“枫桥经验”,也面临着法治化转型问题。新时代背景之下,以人民法院的机构和职能优势为依托,通过设立人民法院综合法律服务中心,将“枫桥经验”的矛盾纠纷治理理念贯穿于综合法律服务中心的全局工作中,能动、专业、协同、权威地深入矛盾纠纷的预防和化解之中,推动矛盾纠纷的源头治理和诉前化解,对接审判,畅通矛盾化解机制,是继续发扬“枫桥经验”并实现法治化转型的新模式探索,它将有利于实现新时代社会的和谐与稳定。

The Transformation of "Fengqiao Experience" into Rule of Law in the New Era
——Explore the Establishment of a Comprehensive Legal Service Center for People's Courts

Abstract: The economic and social development of our country is in the transitional period, during which the social conflicts and disputes are becoming more and more acute, and showing new characteristics of diversification. There are many limitations in the contradiction and dispute resolution system of our country, which leads to the unsmooth operation of the contradiction and dispute resolution mechanism. A large number of conflicts and disputes are resolved through action, and the people's courts are overwhelmed, which makes it difficult for judicial resources to meet the increasing judicial needs of the people and affects the harmony and stability of the society. "Fengqiao experience" is the effective prescription of resolving the grassroots contradictions and disputes, its local governance concept of "relying on the masses to resolve contradictions locally", set a benchmark for the country's social governance, but the traditional treatment methods are also facing challenges under the "new normal", "Fengqiao experience" means the transformation of government by law, which has become a new trend in the contradiction of the dispute resolving mechanism of new era.

Key Words: Fengqiao Experience; The People's Court; Integrated Legal Services Centre

(责任校对:张贵昊)

论职业自由与劳动权的宪法定位及模式选择

周　密*

摘　要:由于职业自由在宪法规范中的缺失,使得职业资格的规制行为欠缺了应有的宪法依据。职业自由先于劳动权产生,同时也先于劳动权为近代中国宪法接纳,但由于对职业自由本身认识的狭隘以及在社会主义经济制度、财产权利认知上的历史局限,职业自由一直未被我国宪法文本采纳。在新时代下有必要重新认识职业自由与劳动权在法律属性上的差异性,保障公民基本权利上不同强度,实现人的自我价值和保障生存权上的目标一致性以及两者与劳动义务之间存在的潜在矛盾和冲突。在世界各国宪法规定职业自由与劳动权方面形成的单一职业自由模式、单一劳动权模式、职业自由与劳动权二元模式及职业自由、劳动权与劳动义务混合模式中,我国宪法应当选择职业自由与劳动权二元模式,将职业自由同劳动权共同规定于宪法文本中。

关键词:职业自由　劳动权　宪法定位　模式选择

一、问题意识

2014 年至 2016 年,国务院为解决我国职业资格设置缺乏法律法规依据、过多过滥等问题,以行政决定的方式分七批取消了 434 项职业资格,占总数的 70% 以上,2016 年末人力资源与社会保障部公布了国家职业资格目录清单(征求意见稿),2017 年 9 月国务院已授权人力资源与社会保障部正式发布了

* **作者简介**:周密(1991—),辽宁人,中华人民共和国交通运输部公路科学研究院研究实习员。

国家职业资格目录,实行清单式管理。① 然而面对"国务院取消职业资格许可与认定,实行严格的目录清单管理其宪法依据何在?所要保障的宪法权利又是什么?"等诸多质疑,我们很难从现行宪法中找到答案。

我国现行《宪法》第42条规定"公民有劳动的权利和义务",由此可以得出公民享有宪法意义上的劳动权,而由该条后续几款的规定可以看出我国宪法上的劳动权具有明显的社会权属性。② 作为社会权属性的劳动权很难成为国务院取消职业资格,实行清单式管理的宪法依据,因为职业资格许可和认定的存在本身就是国家发挥宪法的积极作用,保障公民劳动和就业环境的重要措施,所以不能认为取消职业资格许可和认定是在保护公民宪法上的劳动权。国务院实施上述改革所要保障的宪法权利实质上应当是公民享有的具有经济自由权属性的职业自由。

宪法意义上的职业自由强调公民享有决定自己所从事的职业的自由以及从事自己所选择的职业的自由,包括公民在择业、执业、弃业、转业以及兼业上的自主选择和决定的自由③,其与居住迁徙的自由以及财产权往往关系密切,三者共同构成经济自由权的基本内容。④ 而"宪法意义上的劳动权,又称劳动保障权,主要是指获得劳动的机会和适当的劳动条件的权利"。⑤ 作为社会权的劳动权与作为自由权的职业自由存在明显不同,虽有观点认为劳动权具有社会权与自由权双重属性⑥,抑或认为当下我国宪法中的劳动权属性已由社

---

① 国务院总理李克强2017年5月24日主持召开国务院常务会议决定设立国家职业资格目录,降低就业创业门槛提升职业水平。会议指出,清理职业资格许可和认定,是深化简政放权、放管结合、优化服务改革的重要内容。参见《李克强主持召开国务院常务会议》,中国政府网,http://www.gov.cn/premier/2017-05/24/content_5196505.htm,2017年6月9日访问。

② 我国现行《宪法》第42条第2款规定:"国家通过各种途径,创造劳动就业条件,加强劳动保护,改善劳动条件,并在发展生产的基础上提高劳动报酬和福利待遇。"第4款规定:"国家对就业前的公民进行必要的劳动就业训练。"该两款皆是规定国家对公民劳动就业的促进和保护,均符合社会权属性的基本要求。

③ 参见高景芳:《职业自由论——一个宪法学的视角》,法律出版社2012年版,第48—51页。

④ 参见[日]芦部信喜:《宪法》,林来梵等译,北京大学出版社2006年版,第194页。

⑤ 林来梵:《从规范宪法到宪法规范——规范宪法学的一种前言》,法律出版社2001年版,第216页。

⑥ 参见韩大元:《宪法学基础理论》,中国政法大学出版社2008年版,第302页;胡锦光、韩大元:《中国宪法》(第二版),法律出版社2004年版,第295页;张千帆:《宪法学》(第二版),法律出版社2008年版,第216页。

会权转向自由权⑦,但这些观点都不能从现行的宪法文本中直接得出。面对当下职业资格制度改革的宪政困境,有必要重新审视宪法理论上对职业自由与劳动权的基本定位、相互关系以及模式选择。

二、职业自由与劳动权的历史沿革

(一)职业自由与劳动权的产生

在人类社会发展的历史上,劳动先于职业,而职业自由却先于劳动社会权产生。从单纯劳动到职业分工,由职业自由再到劳动社会权,人们在劳作创造幸福生活的同时,关注的重点也经历了由生存权到经济自由权,再回到生存权本身的基本历程。而这一过程可主要分为三个阶段:从奴隶社会进入到封建社会阶段,人类由单纯的个体劳动向社会性集体劳动转变,由此出现了职业分工;从资本主义早期到第一次世界大战前,这一阶段人类处于古典自由主义时期,强调职业上的选择自由;而以德国1919年《魏玛宪法》首开先河,规定“德国人民应有可能之机会,从事经济劳动,以维持生计。无相当劳动机会时,其必需生活应筹划及之”。⑧ 作为社会权的劳动权由此产生,并在接下来相当长的阶段里,成为宪法劳动关系关注的核心内容。

1. 从单纯劳动到职业分工

在奴隶社会,社会主要的劳动者是奴隶,奴隶本身不具有独立人格,他们往往被视为会说话的工具,其身份是主人的财产,因而可以被主人在公开市场像其他物质商品一样买卖。⑨ 这种背景下的买卖尚不同于近代社会中的劳动力资本交易,而其中的绝大部分奴隶劳动者也没有职业自由。根据黑格尔提出的“主奴辩证法”理论,“劳动”是“奴隶”获得自我意识、与主人取得相互承认的关键。⑩ 劳动的基本功能在于奴隶通过劳动创造世界,也供养起主人。⑪随着人类进入中世纪的封建社会,主要劳动者由奴隶变为农民,人格的独立性有所加强,但人身依附关系并未削弱。他们的自由非常有限,虽拥有一定的财

---

⑦ 参见王德志:《论我国宪法劳动权的理论建构》,《中国法学》2014年第3期。

⑧ 参见王天玉、仇晓光:《工作权之再认识——与劳动权相比较视角下的展开》,《当代法学》2011年第3期。

⑨ 参见赵宝华:《公民劳动权的法律保障》,人民出版社2013年版,第80页。

⑩ 参见王旭:《劳动、政治承认与国家伦理——对我国〈宪法〉劳动权规范的一种阐释》,《中国法学》2010年第3期。

⑪ 参见薛华:《黑格尔、哈贝马斯与自由意识》,中国法制出版社2008年版,第222页。

产，但仍会被领主连同土地进行赏赐或赠送、买卖，自己没有选择职业的自由。[12] 农民与领主之间形成的以土地为纽带的劳动义务关系，也并非近代意义上的平权性劳资法律关系。[13] 农民的劳动被视为一种强制性的义务，法律上并也不承认农民享有劳动的基本权利，此时的劳动仅仅是维持生命，保障生存的基本方式。

2. 从职业分工到职业自由

17 世纪英国自由主义的兴起，首先带来了封建社会后期的职业分工。随着社会复杂程度的不断加深，原本的单纯劳动难以满足人们对社会高效运转的基本要求，由于复杂性劳动的不断增加，劳动本身的专业性与技术性逐渐受到重视。更具专业性的职业要求从业劳动者具备特殊知识或特别训练[14]，同时这些更专业的职业往往会带来更多的收入、更高的社会地位以及更幸福的生活。在资本主义初期自由主义思潮的影响下，人们对于作为经济自由权重要内容的职业自由异常感兴趣。[15] 人们认为追求幸福的权利与生存权一样，是上天赋予的最基本的权利，而追求幸福的权利的实现必须依赖平等主体在选择职业上自由与公平。由此可以看出，职业自由的出现主要缘于对经济性因素的考量，与财产权独立等经济自由权密不可分，同时职业自由意识的产生也早于作为社会权的劳动权的提出。

3. 从职业自由到劳动社会权

近代以来，人们起初只是认识到劳动是人们的一种职业自由，由此构建了自由权性质的劳动关系，并加以规范和保障。后来由于马克思恩格斯对劳动价值的论述深入人心，强调其对于人具有目的性意义，劳动关系的经济色彩逐渐被意识形态差异所取代。[16] 人们认识到劳动对于人们生存的意义，于是产生了以劳动社会权以及制度性保障为核心的劳动关系理论。与此同时，20 世纪以后，国家逐渐意识到劳动者与企业雇主之间力量的强弱差异，在工会平权运动的影响下，国家开始对劳动者与企业雇主之间的劳动契约加以干预，此

---

[12] 参见赵宝华：《公民劳动权的法律保障》，人民出版社 2013 年版，第 80 页。

[13] 参见秦国荣：《劳动权的权利属性及其内涵》，《环球法律评论》2010 年第 1 期。

[14] 参见周雅荣：《美国法律辞典》，文汇出版社 2014 年版，第 403 页。

[15] 参见高景芳：《职业自由论——一个宪法学的视角》，法律出版社 2012 年版，第 32 页。

[16] 参见夏正林：《论宪法视野下的劳动关系》，《西北大学学报（哲学社会科学版）》2016 年第 5 期。

时,劳动关系不再完全是两者之间的契约自由关系,而是在遵守国家干预条件下的契约自由。此时在认可国家干预的现代自由主义意识形态的影响下,相应地为维护社会公共利益和社会公平而兴起了社会本位法律理论,在以劳动法和社会保障法为代表的社会法蓬勃发展的同时,劳动权在宪法中获得承认的时机也已然成熟。⑰ 以保障生存权为目的的具有社会权性质的劳动权逐渐被各国宪法所采纳。

(二)近现代中国宪法对职业自由与劳动权的接纳

无论是职业自由还是劳动权,皆为清末民初"西学东渐"的产物,在学习借鉴西方法律制度的过程中,经由日本传入中国,并逐渐为清末民国各时期宪法所接纳。⑱ 正如上文提到职业自由早于劳动权产生一样,近代中国宪法接纳职业自由的时间也远早于接纳劳动权,同时宪法文本也由单独规定职业自由模式向同时规定职业自由与劳动权模式转变。从革命根据地时期的宪法纲领性文件到改革开放后1982年宪法,中国共产党领导下的各时期宪法或宪法性文件都明确规定了保障劳动权的基本内容,但对于职业自由都持排斥态度。然而改革开放后社会主体市场经济的确立与发展,实质上已经现有宪法文本中的劳动权内涵进行了扩充,无论是自由权与社会权双重属性的观点,还是由社会权向自由权转变的观点,都在一定程度上承认了宪法劳动权本身已经存在着职业自由的基本特征与意义。

1.新中国成立前职业自由与劳动权并存

"职业自由"的表述最早出现在1912年的《梁启超拟宪法草案》:"人民于法律范围内有选择居住及职业之自由。"⑲而最早明确规定职业自由的宪法文本实际上是1913年的《中华民国宪法草案》("天坛宪草"),其第18条规定:"人民有选择住居及职业之自由,非依法律不受限制。" ⑳而在此之前宪法文本多以"营业自由"加以表述。相较之下宪法文本中出现劳动权的基本内容

---

⑰ 参见林嘉:《劳动法的原理、体系和问题》,法律出版社2016年版,第71页。

⑱ 参见刘为勇:《"营业自由":一个不应被忘却的宪法性语词》,《东方法学》2013年第3期;徐爽、王深:《中国宪政框架下的劳动权保障研究——以历部宪法中的劳动权条款为分析对象》,《石家庄学院学报》2013年第2期。

⑲ 刘为勇:《"营业自由":一个不应被忘却的宪法性语词》,《东方法学》2013年第3期。

⑳ 王培英:《中国宪法文献通编(修订版)》,中国民主法制出版社2007年版,第317页。

要晚得多,最早是1930年的《中华民国约法草案》(《太原约法草案》),其第193条至第198条明确涉及了人民的劳动权利与义务。[21] 该约法草案也是首个采取职业自由与劳动权、劳动义务混合模式的宪法文本,而在此之前的《中华民国宪法草案》(《天坛宪草》1913)、《中华民国宪法草案》(1919)以及《中华民国宪法》(《贿选宪法》1923)都只规定了职业自由。此后1931年南京国民政府时期的《中华民国训政时期约法》,其第41条明确规定"为改良劳工生活状况,国家应实施保护劳工法规"[22],同时该条第2款以及第39条、第42条还分别规定了特殊劳动者保护、依法组织职业团体以及施行劳动保险制度的内容,同时第37条明确规定了人民得自由选择职业。[23] 由此可见,职业自由与劳动权并存于宪法文本的现实,已然在建国前的一段时间内存在。

2. 改革开放前宪法对职业自由的排斥

新中国成立前,在中国共产党领导的革命根据地政权颁行的宪法中,《中华苏维埃共和国宪法大纲》(1931)第5条、《陕甘宁边区抗战时期施政纲领》(1939)第24条、《陕甘宁边区施政纲领》(1941)第12条、《陕甘宁边区宪法原则》(1946)第四部分第1条都规定了对劳动者权利的保护,而未提及职业自由的内容。新中国成立后,1954年《宪法》规定"劳动是中华人民共和国一切有劳动能力的公民的光荣的事情""公民有劳动的权利";1975年《宪法》规定劳动权的同时,增加了"不劳动者不得食"的内容;1978年《宪法》第48条规定"国家根据统筹兼顾的原则安排劳动就业"[24],由此可见,对于劳动者是否享有职业自由始终是持排斥的态度。究其原因在于人们始终将职业自由作为市场经济的一部分,并将市场经济排除在社会主义国家基本经济制度之外。受意识形态的影响,宪法劳动权的实施呈现出改变和消灭了劳动权的自由属性

---

[21] 1930年《中华民国约法草案》(《太原约法草案》)第193条规定:"人民从事农工劳动及其他一切体力或精神之劳动,凡不背于正义与人道者,国家应保护之。"第198条规定:"有劳动能力而不劳动者,国家或地方应设法加以限制。"参见王培英:《中国宪法文献通编(修订版)》,中国民主法制出版社2007年版,第416页。

[22] 王培英:《中国宪法文献通编(修订版)》,中国民主法制出版社2007年版,第366页。

[23] 《中华民国训政时期约法》第37条规定:"人民得自由选择职业及营业,但有妨害公共利益者,国家得以法律限制或禁止之。"参见王培英:《中国宪法文献通编(修订版)》,中国民主法制出版社2007年版,第365页。

[24] 参见王培英:《中国宪法文献通编(修订版)》,中国民主法制出版社2007年版,第152页。

的特征，对职业选择与就业采取"国家通过国民经济有计划的发展""国家根据统筹兼顾的原则安排劳动就业"之类的国家强势安排。[25] 同时这一时期宪法上的劳动权不仅仅是社会权，更是一种政治权力的体现，并成为一项国家伦理。[26]

3. 改革开放后宪法对职业自由的实质接纳

改革开放后的1982年《宪法》虽然仍然只规定了"公民有劳动的权利与义务""劳动是一切有劳动能力的公民的光荣职责"，但宪法层面规定职业自由的障碍已逐一被消除。首先，1982年《宪法》以"国家通过各种途径，创造劳动就业条件"取代1978年《宪法》的"国家根据统筹兼顾的原则安排劳动就业"，为公民自主择业、就业以及创业提供了可能。其次，从1988年《宪法》修正案"允许私营经济在法律规定的范围内存在和发展"到1993年《宪法》修正案确立国家实行社会主义市场经济制度，作为市场经济产物的职业自由，理应获得国家层面的认可与保护。再次，1999年《宪法》修正案将原有的按劳分配原则修改为"坚持按劳分配为主体、多种分配方式并存的分配制度"，实质上是承认除了劳动获得报酬外，通过资本、技术、管理等多种方式参与社会分配，因而为公民选择劳动或劳动以外的方式获得生活来源的自由提供了依据。[27] 最后，职业自由与财产权密切相关，共同构成经济自由权的基本内容，并进一步构成公民基本人权的重要部分，2004年宪法修正案增加了保障"公民的合法的私有财产不受侵犯""国家尊重和保障人权"正是对职业自由的狭隘观念的摒弃，为实质上接纳职业自由与劳动权相并立提供了可能。

（三）新时代下对职业自由与劳动权的反思

进入21世纪以来，随着改革开放的深入推进，市场经济在国家经济运行中的支配地位日益显现，与此同时，随着政府职能的转变，简政放权、放管结合成为政府高效行使行政职能的关键。一方面，在推动大众创业、万众创新的过程中，保障公民自主决定从事的职业以及自由从事自己所选择的职业越发突显出其重要价值。另一方面，随着互联网时代的深入发展，在大数据、"互联网＋模式"的推动下，公民劳动与职业的方式已然发生了根本性转变，传统意

[25] 参见王德志：《论我国宪法劳动权的理论建构》，《中国法学》2014年第3期。

[26] 参见王旭：《劳动、政治承认与国家伦理——对我国〈宪法〉劳动权规范的一种阐释》，《中国法学》2010年第3期。

[27] 参见王德志：《论我国宪法劳动权的理论建构》，《中国法学》2014年第3期。

义上作为社会权的劳动权的基本内容,例如确定工时、固定工作场所、明确退休制度等逐渐弱化,并越来越难以满足社会的基本需求。伴随着由此产生的劳动关系主体的多元化、劳动关系运行的市场化、劳动关系形态的弹性化、去形式化、劳动关系中技术因素的复杂化[28],劳动权利保障正由国家本位向社会本位转变,社会团体、行业组织在保障公民劳动权利的过程中,将发挥更加重要的作用。也正因如此,在宪法劳动权的价值逐渐弱化的背景下,以宪法的方式保障公民的职业自由成为新时代下一种必然的选择。

三、职业自由与劳动权的宪法差异与定位

(一)法律属性上职业自由异于劳动权

职业自由具有明显不同于劳动权的价值取向。首先,作为自由权的职业自由异于作为社会权的劳动权。“作为社会权,意味着可以要求国家采取保障劳动者之劳动基本权的措施,而国家则负有实施该措施的义务;作为自由权,则意味着禁止国家的对其加以限制的立法或其他的国家行为。”[29]其次,职业自由的经济权利属性异于劳动权的政治权利属性。职业自由直接与国家的基本经济制度、分配制度、财产权保护原则以及就业政策产生紧密联系,经济权利色彩明显;而劳动权具有明显的政治权利属性,劳动者是国家的主人,劳动权是判断政治地位的重要标志,从而构成一种国家伦理。最后,劳动权的集体权利特征明显不同于职业自由的个体权利特征。作为劳动权重要内容的团结权、团体交涉权和争议权,与传统的工会运动具有密切联系,具有明显的集体权利属性;[30]而职业自由仅仅是个体自由的一部分,体现公民主体自我决定、自主选择的特点。

1. 自由权属性与社会权属性

职业自由作为经济自由的重要内容具有明显的自由权属性。在德国法上职业自由与营业自由具有相同含义,都强调公民对经济行为的自主选择性,并独立承担由此产生的经济后果。[31] 除了经济自由属性,职业自由一方面公民

---

[28] 参见林嘉:《劳动法的原理、体系和问题》,法律出版社 2016 年版,第 9—10 页。

[29] [日]芦部信喜:《宪法》,林来梵等译,北京大学出版社 2006 年版,第 241 页。

[30] 参见[日]渡边洋三:《日本国宪法的精神》,魏晓阳译,译林出版社 2009 年版,第 61—66 页。

[31] 参见陈戈、柳建龙等:《德国联邦宪法法院典型判例研究(基本权利篇)》,法律出版社 2015 年版,第 273—302 页。

具有选择劳动或以劳动以外的方式获得报酬的权利，免于国家强迫劳动的可能，体现了职业自由在人身自由方面的要求。[32] 另一方面职业自由也强调公民在具体执业行为的过程中所具有的职业自主性[33]，体现了职业自由在精神自由或意志自由侧面的特征。与此同时，职业自由的自由权属性强调国家的消极义务，即国家的不干预、不侵犯[34]，或者只在涉及公共利益、危及公共安全等有限的条件下加以规制[35]，但国家的规制行为不得超出必要限度[36]，具有明显的消极、被动特点。

而具有社会权属性的劳动权则明显不同。社会权，又称受益权、积极权利或社会基本权利，是一种请求国家积极作为的权利而非消极的防御权，一般不具有可诉性而难以被法院执行。[37] "劳动权的性质应被视为是不同于公权和私权的第三种权利——社会权，这是一类融合了传统意义上的公权和私权的新型的权利。"[38]社会权意义上的劳动权是由国家通过直接提供劳动机会保障劳动价值的实现，在保证最低生存限度的意义上应当可以获得直接的司法救济。劳动权的社会权属性体现了劳动关系中国家由消极的防御角色向积极的

---

[32] 有学者指出职业自由必然要求人身自由，职业自由只是人身自由的一种必然结果。参见胡玉浪：《海峡两岸职业自由权制度比较研究》，《福建警察学院学报》2013 年第 2 期。选择职业自由也是属于广义上的人身自由，或者说，是属于人身自由的一种特殊形式。参见张学慧、谭红、游文丽：《论选择职业自由》，《同济大学学报（社会科学版）》2008 年第 6 期。

[33] 职业自主性属于社会学上的重要概念，强调对专业知识的掌控，职者往往能够超然于国家、市场和客户之外，从而达到"自主性"的状态，具有极大的社会影响力。参见姚泽麟：《近代以来中国医生职业与国家关系的演变——一种职业社会学的解释》，《社会学研究》2015 年第 3 期；刘思达：《职业自主性与国家干预——西方职业社会学研究评述》，《社会学研究》2006 年第 1 期。

[34] 参见杜承铭：《论工作自由权的宪法权利属性及其实现》，《武汉大学学报（社会科学版）》2002 年第 4 期。

[35] 参见［英］安东尼·奥格斯：《规制：法律形式与经济学理论》，骆梅英译，中国人民大学出版社 2008 年版，第 217—236 页。

[36] 国家规制职业自由的限度在日本法上强调国家在规制目的上的消极与积极区分，从而形成"目的二分论"。参见［日］工藤达朗：《经济自由的违宪审查标准》，童牧之译，《中外法学》1994 年第 8 期。在德国法上则区分规制行为的客体区分，形成"职业规制行为的三阶理论"并结合比例原则适用于宪法审查。参见张翔：《德国宪法案例选释（第 1 辑基本权利总论）》，法律出版社 2012 年版，第 48—70 页。

[37] 参见张千帆：《宪法学》，法律出版社 2004 年版，第 217—218 页。

[38] 林嘉：《劳动法的原理、体系和问题》，法律出版社 2016 年版，第 68 页。

公共利益保护者身份转变的现实。也就是说,与劳动社会权相对应的国家义务在于积极、主动地提供劳动机会,创造劳动条件,保障劳动者的基本权利。

2. 经济权利属性与政治权利属性

职业自由产生于职业分工,与经济制度、分配制度、财产权保护以及就业政策始终保持着密切联系,具有明显的经济权利属性。同时职业自由具有重要的经济价值,经济自由是市场经济的必然要求,构成市场竞争的起始条件,经济自由与经济发展相互促进,满足人力资本市场配置的基本要求,有利于社会财富的创造和积累。[39]职业自由权的实质在于通过公平地实现职业选择自由,保障公民按照能力从事职业行为,从而获得应有的劳动报酬,形成私人主体的财产权,保障生存权的基础。国家保障职业自由就是保障市场主体的自由竞争,最大限度放宽国家对市场主体的准入限制,符合新时代经济发展的基本要求,有助于自主择业、大众创业的推进。

劳动权从历史沿革的角度,在我国宪法中具有明显的政治权利属性。从马克思、恩格斯劳动价值理论的深入人心,到工会组织工人运动为劳动者的社会权利而斗争,再到社会主义国家的建立与发展,劳动权始终与劳动者的国家地位、政治权力密切相关。劳动权的存在首先是承认了劳动者的主人地位和经济自由,公民有权利劳动,是因为他必须被承认为政治上和经济上独立的主体,是为了获得自己作为主人的自我意识。公民有义务劳动,是因为对于由劳动者联合的国家而言,是他对国家的承诺,是为了获得他对政治共同体的承认。[40] 劳动权作为一项国家伦理,就摆脱了革命时代生存权意义上的一种手段,而成为国家对其主人必须负有的一项国家伦理,劳动权不再仅仅是生存权,更是一项政治权力。

3. 个体权利属性与集体权利属性

作为自由权的职业自由强调公民在择业与执业的过程中的自主选择与自主决定,体现明显的个体权利属性。作为个体的基本权利与自由,只能由公民本人按照自己真实的意思表示行使,排斥集体意志的强迫性,即不能以不合理的团体意志牺牲公民正当合理的个体上职业自由。因而国家以公共利益或公

---

[39] 参见高景芳:《职业自由论——一个宪法学的视角》,法律出版社2012年版,第81—89页。

[40] 参见王旭:《劳动、政治承认与国家伦理——对我国〈宪法〉劳动权规范的一种阐释》,《中国法学》2010年第3期。

共福利等名义限制职业自由的行为，必须被迫受到严格的宪法审查，以此突显对个体权利的实质保障。职业自由的个体权利属性也体现在在劳动力市场上，求职者与雇佣者之间的劳动契约自由。在劳动合同法上，强调个体之间基于自由权签订的劳动契约对于个体当事人的契约自由，雇佣关系的实质是劳动力的买卖关系[41]，在雇佣双方进行这种交易过程中具有完全的自主性，非因违反国家法律不得宣告无效。因而个人在行使职业选择自由的过程中，侧重于强调其个人意志的体现与个人利益的实现，通常情况下并不涉及集体性权利属性。

集体权利属性是劳动权区别于其他权利的最基本特征之一。作为世界工人运动的产物，劳动权与工会组织始终关系密切，工会组织在社会主义反对资本主义，保障劳动者权益上发挥了重要作用。此外随着垄断资本的发展，劳资间急需确立集团交涉的规则。“大约在第一次世界大战期间，以团结权、团体交涉权和团体行动权（或称争议权）为核心的劳动者三权作为人权的重要内容在发达国家确立起来。”[42]团结权强调组织劳动者团体的权利，使劳动者团结起来，立于同雇佣者相对立的地位；团结交涉权乃是劳动者团体与雇佣方就劳动条件进行交涉，从而缔结劳动协约；团体行动权则是劳动者团体为谋求实现其劳动条件而进行团体行动，主要是争议行动的权利。[43] 然而由于我国宪法规范的欠缺，集体权利属性的劳动权行使存在现实困境，难以给予劳动者切实的保护。[44]

（二）宪法效果上职业自由优于劳动权

职业自由不仅在法律属性上与劳动权存在明显差异，在现实效果上也相较于劳动权具有优越性。首先，不同于劳动权限定于社会权保障的特定范围，职业自由往往可以与宪法精神自由、人身自由、平等权以及国家权力限制等方面相结合，在解决职业自主性、竞业禁止、就业歧视、职业资格等诸多方面，在更广的适用范围内保障公民的基本权利与自由。其次，不同于国家在保障劳

---

[41] 参见周永平：《劳动法学》，高等教育出版社2017年版，第6页。

[42] ［日］渡边洋三：《日本国宪法的精神》，魏晓阳译，译林出版社2009年版，第61—66页。

[43] 参见［日］芦部信喜：《宪法》，林来梵等译，北京大学出版社2006年版，第241页。

[44] 参见王锴：《论我国宪法上的劳动权与劳动义务》，《法学家》2008年第4期；李磊：《劳动者权利的基本范畴研究》，《政治与法律》2008年第4期；陈业宏、肖蓓：《劳动权的宪法论析》，《法学杂志》2009年第5期。

动权上的积极义务,国家在保护职业自由方面具有消极义务,相较于对国家积极义务的违宪审查或司法审查,对国家消极义务的审查往往更能起到救济效果。最后,如前所述,在新时代下,在互联网经济、大数据模式的背景下,职业自由相较于劳动权更加符合时代的基本特征和要求。

1. 职业自由具有更广的适用范围

相对于劳动权在法律救济适用范围上的局限性,职业自由通常能在更广的范围内发挥作用。首先,职业自由能够与宪法上的精神自由或意志自由相结合,从而解决职业自主性存在的道德与法律风险。具有极强专业性的职业主体在执业过程中可能利用其专业性,以自由意志为借口对消费者因其专业信息的弱势地位造成损害,职业自由的保障实际上会带来潜在竞争者的广泛进入,职业主体会出于竞争优势的考量约束自身的职业自主性行为。其次,职业自由能够与宪法人身自由相结合,保障劳动者免于强迫劳动的同时,为选择弃业或转业的劳动者,提供免于原雇佣主体不当竞业禁止规定的损害。再次,职业自由与宪法平等权有效结合能够对就业过程中的歧视性条件进行宪法审查,从而保障求职者选择职业的自由与公平。最后,职业自由作为规范国家规制职业资格行为的宪法依据,能够在国家设定和实施职业资格许可与认定的过程中,防止和避免国家权力的恣意行使对公民基本权利造成侵犯。

2. 职业自由具有更强的保障效果

社会权在宪法救济上存在局限性,社会权是一种请求国家积极作为的权利而非消极的防御权,一般不具有可诉性而难以被法院执行。[45] 由于国家在劳动权保护上承担的是宪法上的积极义务,而对积极义务的判断远不及消极义务清晰且明确,所以行政机关在选择履行劳动权保护的积极义务的方式和程度上具有一定的裁量权空间,而对于行政机关给付行为的裁量,司法机关通常采取尊重行政机关的态度。而对基于宪法上国家消极义务的职业自由的保护,行政机关的裁量空间通常较小,同时司法审查或违宪审查的标准相对明

㊺ 参见张千帆:《宪法学》,法律出版社 2004 年版,第 217—218 页。

确。日本法上的"目的二元论"标准[46]、德国法上的"三阶理论"[47],以及美国法上的"双重基准理论"[48]都使得对公民职业自由的宪法保护具有更好的保障效果,进而规范政府的职业规制行为。

3. 职业自由更符合时代特征与要求

职业自由相较于劳动权更符合当下社会主义市场经济下大众创业、万众创新的国家政策,更符合新世纪互联网经济与大数据模式的时代特征。职业自由本身强调职业准入限制的弱化,从而有利于更广泛的职业群体进入相关行业,通过行业内的自由竞争、优胜劣汰,实现社会资源市场配置的最优模式,进而鼓励社会公众参与到创新、创业的队伍中,不断发挥创新的经济价值的同时,缓解就业压力,解决潜在的就业困境。与此同时,互联网经济的蓬勃发展与大数据模式的出现,为国家治理带来了诸多新问题与新挑战,如共享经济下职业行为的认定与规制,职业自由本身作为自由权具有更加广泛的适用空间,更能够适应新时代的发展变化,为国家治理模式的现代化,为政府职能转变提供有益助力。

(三)共同致力于人的自我实现与生存权保障

尽管职业自由相较于劳动权存在差异性与优越性,但两者在目的上具有共通性,都致力于人的自我实现与生存权保障。劳动的价值本质在于人的自我实现。奴隶社会下,奴隶通过劳动在发现自我的同时,获得奴隶主的依赖,从而实现自身价值。[49] 劳动权是自我实现和宪法秩序的整合规范,自我实现

---

[46] 日本法上的"目的二元论"标准强调对保障和维持社会生活的安全与秩序等消极目的的国家规制行为,其违宪审查标准为"明白性的原则"或"合理性标准",而对协调国民经济的发展、保护经济上弱者的权利等积极目的的国家规制行为,其违宪审查标准为"严格的合理性标准"。参见[日]工藤达朗:《经济自由的违宪审查标准》,童牧之译,载《中外法学》1994 年第 8 期。

[47] 德国法上的"三阶理论"认为对职业自由规制行为的违宪审查应当区分为三个阶段:第一阶段是对从业行为的规制,审查时适用"公共利益"的审查标准;第二阶段是对职业准入的主观条件的规制,审查时适用"重大公共利益"的审查标准;第三阶段是对职业准入的客观条件的规制,审查时适用"非常重大公共利益"的审查标准。参见张翔:《德国宪法案例选释(第 1 辑基本权利总论)》,法律出版社 2012 年版,第 48—70 页。

[48] 美国法上的"双重基准理论"强调对于规制以表达自由为中心的精神自由立法的合宪性,应特别采取比限制经济自由立法更为严格的基准。参见[日]芦部信喜:《宪法》,林来梵等译,北京大学出版社 2006 年版,第 165—168 页。

[49] 参见王旭:《劳动、政治承认与国家伦理——对我国〈宪法〉劳动权规范的一种阐释》,《中国法学》2010 年第 3 期。

始终作为劳动权的显性价值而存在。[50] 自我实现是多元社会中个人和国家行为联动力的结果,包括“自我决定”和“自我开展”两个要素。而“自我决定”和“自我开展”又恰恰是职业自由的核心内容,与职业选择自由和执业行为自由遥相呼应。由此可见,无论是劳动权还是职业自由其本质都在于实现人的自我价值与意义。

宪法规定公民基本权利与自由的意义在于保障人有尊严地生活,而职业正是多数人维护自尊和形成发展人格的基本前提。[51] 劳动权本身以生存权为基础,保障劳动者的基本生存成为其作为社会权的主要任务,从而规定了获得报酬权、休息权等内容。职业自由虽在关涉生存权上相对较弱,但经济自由与财产权本身的终极目标仍然是生存权的保障与维持。由此可见,职业自由与劳动权在人的自我实现与生存权保障方面存在共同价值追求,两者的差异的核心仅在宪法保护侧重存在不同。

四、宪法规定职业自由与劳动权的模式选择

纵观世界各国宪法文本关于职业自由、劳动权以及劳动义务的规范,主要可以分为四种基本模式:单一职业自由模式、单一劳动权模式、职业自由与劳动权二元模式以及职业自由、劳动权与劳动义务混合模式。详见表1:

表1　各国宪法规定职业自由与劳动权利义务的不同模式表

基本模式	代表国家	宪法规定
单一职业自由模式	奥地利	奥地利《关于公民一般权利的国家基本法(1867)》第18条规定:“人人均有权按照自己的意愿选择职业,接受培训。”[52]
单一劳动权模式	阿根廷	《阿根廷国家宪法》第14条规定:“阿根廷全体居民享有并依据法律规定行使以下权利:劳动。”第14-1条法规定:“法律保护各种形式的劳动,并保障劳动者有以下权利:劳动环境的体面、平等;有限的劳动时间;带薪休息和休假;合理的报酬;至关重要并可适时调整的最低工资;同工同酬;分享企业盈利,监督生产和参与企业管理;不被随意解雇;公务人员职业的稳定;仅须通过特别备案注册登记后,就可组织自由和民主的工会。”[53]

[50] 参见袁立:《作为基本权的劳动权之本位价值:人的自我实现》,《法学论坛》2011年第6期。

[51] 参见高景芳:《职业自由论——一个宪法学的视角》,法律出版社2012年版,第77—79页。

[52] 孙谦、韩大元:《欧洲十国宪法》,中国检察出版社2013年版,第88页。

[53] 孙谦、韩大元:《美洲大洋洲十国宪法》,中国检察出版社2013年版,第2页。

续表

基本模式	代表国家	宪法规定
职业自由与劳动权二元模式	南非	《南非共和国宪法》第22条规定:"每一个公民皆有权自由选择其行业或职业。该行业或职业的具体实践可由法律加以规定。"第23条规定:"每一个人皆有享有公平劳工关系的权利。每一个劳动者皆有:(1)组织及加入工会的权利(2)参与工会的各种活动及安排的权利;并且(3)罢工的权利。每一个雇主皆有:(1)组织及加入雇主组织的权利;以及(2)参与雇主组织的活动及安排的权利。每一个工会及雇主组织皆有:(1)决定其自身管理、活动安排的权利;(2)组织的权利;以及(3)组织及加入联合会的权利。"[54]
职业自由、劳动权与劳动义务混合模式	韩国	《大韩民国宪法》第15条规定:"国民享有选择职业的自由。"第32条规定:"1.国民享有劳动的权利。国家应运用社会、经济手段,扩大劳动者就业机会,维持适当的工资水平,并依法实行最低工资制。2.国民负有劳动的义务。国家按民主原则,由法律规定劳动义务的内容和条件。3.劳动条件的标准,在保障人的尊严的前提下由法律规定。"[55]

(一)单一职业自由模式

在单一职业自由模式下,宪法文本中仅明确规定公民享有宪法上的职业自由,而将国家对公民劳动权的保障概括地纳入生存权或者财产权的范围内,并不单独加以规范。由于19世纪末现代自由主义的出现,并逐步取代古典自由主义成为主流,自由的内涵大大扩张了,不仅包括国家退避三舍的消极自由,还包括国家积极参与的积极自由。正是由于这一转向,劳动权才逐渐得到国家在宪法上的承认,并得以发展壮大。[56] 在此背景的影响下,各国或地区宪法及基本法中采取单一职业自由模式者凤毛麟角,除上表中提到的奥地利,我国《香港特别行政区基本法》和《澳门特别行政区》也采取该模式,分别在第33条和第35条规定居民有选择职业的权利,而未对劳动权加以明示,将其纳

[54] 孙谦、韩大元:《非洲十国宪法》,中国检察出版社2013年版,第217页。

[55] 孙谦、韩大元:《亚洲十国宪法》,中国检察出版社2013年版,第44—46页。

[56] 参见林嘉:《劳动法的原理、体系和问题》,法律出版社2016年版,第63—68页。

入享受社会福利的权利[57],而其他大部分国家宪法在制定的过程中都会有意识地将劳动者权利的相关规范单独规定并加以明示。

(二)单一劳动权模式

在单一劳动权模式下,宪法文本中仅明确规定公民享有宪法上的劳动权利,或者规定劳动权利的同时规定劳动义务,而对于公民是否享有职业自由或者持否认的态度,或者将其纳入其他基本权利与自由的保护范畴。根据学者的统计,将职业自由明确列入宪法中的国家或地区已超过50%[58],所以采取单一劳动权模式的国家或地区也并不多。我国现行宪法属于典型的采取单一劳动权模式,除此之外,越南《社会主义共和国宪法》、古巴《共和国宪法》也都采取该模式[59],但也不是所有社会主义国家都采取该模式,朝鲜就是例外。《朝鲜民主主义人民共和国社会主义宪法》第70条规定:“公民有劳动的权利。”该条同时规定:“所有有劳动能力的公民都有权根据自己的愿望和才能选择职业”。[60] 另外许多非洲国家也采取该模式,例如阿尔及利亚、喀麦隆、肯尼亚、摩洛哥等。[61]

(三)职业自由与劳动权二元模式

与前两种模式相比,后两种模式在各国宪法中出现的频率普遍较高。在职业自由与劳动权的二元模式下,宪法分别将职业自由和劳动权利纳入不同的宪法权利部分,并加以明确规定。例如《日本国宪法》第22条第1款所保障的选择职业的自由,指的是决定自己所从事的职业的自由,包括从事自己所

---

[57] 《中华人民共和国香港特别行政区基本法》第33条规定:“香港居民有选择职业的自由。”第36条规定:“香港居民有依法享受社会福利的权利。劳工的福利待遇和退休保障受法律保护。”《中华人民共和国澳门特别行政区基本法》第35条规定:“澳门居民有选择职业和工作的自由。”第39条规定:“澳门居民有依法享受社会福利的权利。劳工的福利待遇和退休保障受法律保护。”

[58] 有学者根据对世界107部宪法的比较分析,统计确认明确规定职业自由的占55.1%。参见王惠玲:《成文宪法的比较研究——以107部宪法文本为研究对象》,对外经济贸易大学出版社2010年版,第101页。

[59] 《越南社会主义共和国宪法》第55条规定:“公民有劳动的权利和义务。”参见孙谦、韩大元:《亚洲十国宪法》,中国检察出版社2013年版,第525页。《古巴共和国宪法》第45条规定:“社会主义社会的劳动是每个公民的权利、义务和光荣的事业。”参见孙谦、韩大元:《美洲大洋洲十国宪法》,中国检察出版社2013年版,第225—228页。

[60] 孙谦、韩大元:《亚洲十国宪法》,中国检察出版社2013年版,第28页。

[61] 参见孙谦、韩大元:《非洲十国宪法》,中国检察出版社2013年版,第7—189页。

选择的职业的自由，即营业的自由，即将选择职业的自由、居住与迁徙的自由以及财产权，总称为经济自由权。[62] 而《日本国宪法》第27条保障了勤劳的权利，第28条保障了劳动基本权。[63] 与此同时，也有国家甚至将职业自由与劳动权纳入宪法的同一条文加以规定，如《俄罗斯联邦宪法》第37条既规定了劳动自由“每个人都有自由支配其劳动能力、选择工种和职业的权利”，又规定了禁止强制性劳动等劳动权保障的规定。[64]

(四)职业自由、劳动权与劳动义务混合模式

在职业自由、劳动权与劳动义务混合模式下，宪法文本将公民享有的职业自由、劳动权利以及应当履行的劳动义务分别加以规定。典型的代表是上表中的韩国，第15条明确国民享有选择职业的自由，同时第32条又明确规定国民享有劳动的权利同时负有劳动的义务。除此之外，《秘鲁共和国宪法》第2条第15项规定：“所有人均有按照法律规定自由工作的权利。”同时第22条规定：“劳动既是权利也是义务。”[65]《西班牙王国宪法》第35条第1款规定：“所有西班牙人有劳动的义务和受雇的权利，有自由选择职业或商务的权利，有通过劳动晋升的权利和获得满足本人及家庭需要的足够报酬的权利；此外，在任何情况下不得因性别而受到歧视。”[66]《蒙古国宪法》第16条规定：“蒙古国公民下列基本权利和自由受保护：(4)有权自由选择职业、获得适宜的劳动条件、工资报酬、休息和经营私人企业。不得非法强迫他人劳动。”[67]

五、结论

在世界各国宪法关于职业自由与劳动权规定的四种模式中，我国宪法应当选择职业自由与劳动权二元模式，应尽早将职业自由作为公民基本权利内容，与劳动权共同发挥保障公民劳动、职业、就业及创业行为的积极作用。

选择理由：从历史沿革上职业自由先于劳动权产生，也先于劳动权为近代

---

[62] 参见[日]芦部信喜：《宪法》，林来梵等译，北京大学出版社2006年版，第194页。

[63] 参见[日]渡边洋三：《日本国宪法的精神》，魏晓阳译，译林出版社2009年版，第61—66页。魏晓阳：《日本劳动权意识的百年变迁》，《东方法学》2012第3期。

[64] 参见孙谦、韩大元：《欧洲十国宪法》，中国检察出版社2013年版，第188—189页。

[65] 孙谦、韩大元：《美洲大洋洲十国宪法》，中国检察出版社2013年版，第178、182页。

[66] 孙谦、韩大元：《欧洲十国宪法》，中国检察出版社2013年版，第398页。

[67] 孙谦、韩大元：《亚洲十国宪法》，中国检察出版社2013年版，第62页。

中国宪法接纳,同时随着国家基本经济制度的转变,社会的不断发展与变革,在宪法层面接纳职业自由的现实障碍已然不再存在。此外,由于职业自由本身在法律属性上所具有的自由权、经济权利和个体权利性质,与劳动权的社会权、政治权利和集体权利性质存在明显差异。职业自由在公民权利保障的适用范围、保障效果以及满足时代发展要求等方面存在的优越性使得在宪法中规定职业自由具备必要性、可行性与紧迫性。另外,职业自由与劳动权虽保障的侧面不同,但共同致力于人的自我实现和生存权保障,因而,应当将职业自由与劳动权共同规定于宪法文本之中。最后,鉴于劳动义务本身与职业自由、劳动权之间存在的矛盾与冲突,不宜将其作为单独的方面规定于宪法中。

或遇困境与思考:职业自由与劳动权二元模式可能遇到的最大问题或困境主要是如何区分职业自由和劳动权在宪法上的关系与作用。首先,职业自由作为自由权,强调公民的职业选择自由,这其中必然包涵公民选择劳动或不劳动的自由。作为国家的消极义务,要求国家对公民的职业选择自由持不干预的谨慎态度。而国家在宪法中明确规定公民的劳动义务,纵使将其视为道德选择性质,也依然不能否认其与国家对职业自由的消极义务之间存在的矛盾。也就是说,国家的强迫劳动行为正是宪法职业自由需要抑制的国家权力侵害。其次,国家保障公民作为社会权的劳动权,并不能以公民履行劳动义务作为交换条件,否则将与国家的基本职责,以及社会权的根本价值相违背。劳动权本身除了作为劳动关系中劳动者的劳动权,还应包括潜在劳动者的劳动请求权 ,或者认为不仅包括处于劳动关系中的劳动者的权利,还包括处于劳动关系外的劳动者的权利 。

On the Constitutional Orientation and Model Selection of Occupational Freedom and Labour Rights

Abstract: Due to the constitutional voidage of occupational freedom, the regulation on occupational credentials lacks legal basis in our country. The concept of occupational freedom was born earlier than labour rights and also it was admitted earlier by modern Chinese constitution. However, because of the societal restrained cognition on occupational freedom and its economical background on property right, occupational freedom has not yet been adopted by Chinese constitution until now. Thus, nowadays, it is necessary to understand the difference of legal attributes between occupational freedom and labour rights, as well as the difference of their enforcement on the purpose of citizen rights protection. Besides, it is also important to recognize the mutual uniformity on the realization of human rights and self - fulfillment, as well as their potential conflict and contradiction with labour duty. Currently, there are 4 model selections of constitutional regulation on the relationship between occupational freedom and labour rights across the world, namely as single model of occupational freedom, single model of labour rights, dualistic model of occupational freedom and labour rights, and the mixed model of occupational freedom, labour rights and labour duty. It would be a proper choice to apply the dualistic model of occupational freedom and labour rights into Chinese constitution.

Key Words: Occupational Freedom; Labour Rights; Constitutional Orientation; Model Selection

（责任校对：韩玉亭）

实证研究

Empirical Study

乡村振兴战略的法治保障

——以完善乡村社会保障法治体系为视角

詹鹏玮*

摘　要:以法治推进乡村社会保障体系建设是我国农村建设的一项重要议题,也是社会稳固和城乡均衡发展的根基。然而目前乡村社会保障体系还存在着城乡社会保障资源二元分割严重、社保资金来源渠道单一、农村社保法律体系不健全以及农村基层廉洁机制不完善等问题,制约着乡村振兴战略的具体部署。法治是规范社会有序运行的利器,乡村社会保障制度之完善可通过法治手段推进。一方面,国家可通过优化城乡资源配置、拓宽乡村社保资金来源途径、构建明确的乡村社保法律体系,以法治形式扫除部分障碍;另一方面,通过完善农村廉洁机制等方面,以增强对乡村社会保障权益的维护,为实施乡村振兴战略打下良好的社会基础。

关键词:乡村振兴　乡村社会保障　农民权益　法治体系

一、问题的提出

2018年1月2日,中共中央、国务院发布中央一号文件,题为《中共中央国务院关于实施乡村振兴战略的意见》,实现该文件中的目标是全面建成小康社会和实现社会主义现代化的重要一步,同时也对实施乡村振兴战略的顶层设计进行了全面部署。在此之后,国务院也先后印发了《乡村振兴战略规划(2018—2022年)》《关于加强和改进乡村治理的指导意见》等具体实施文件,旨在全面助力振兴乡村发展。随着中共中央对乡村振兴发展的政策扶持

---

* **作者简介:**詹鹏玮(1995—),女,湖南益阳人,广东外语外贸大学法学院法律硕士研究生。

越来越具体，力度越来越大，重构乡村治理体系迎来了新契机。乡村振兴离不开“三农”的发展，“三农”的发展亦离不开法治的保障。党的十九大报告指出：“农业农村农民问题是关系国计民生的根本性问题，必须始终把解决好‘三农’问题作为全党工作重中之重。”由此可见，农业民生是乡村振兴计划能否成功实践的关键，没有农业农村的现代化，就没有国家的现代化。唯有解决好了乡村的民生问题，才能为积极实施乡村振兴战略提供坚实的物质基础与精神支柱。社会保障作为保障民生的最后一道防线，对于乡村民生权益保障至关重要。唯有做到“基底够稳”才能实现稳固生长。然而，目前我国的乡村社会保障建设还不尽如人意，无论在医疗、养老、就业还是社会救助等领域都仍然存在着许多问题。① 农民生活尚未得到良好保障。农民是“三农”中的主体，解决农民最基本的社会保障问题可以为“三农”的均衡发展提供坚实的基础，而保障农民的发展的关键在于依法健全农民的社会保障体系。诚然，实施乡村振兴战略不仅需要睿智的农学与经济学思维，更需要通过法治形式推进改革和巩固改革成果，为乡村振兴战略提供法治保障。社会保障法治体系是实现农民生活保障的法宝，是实现社会长治久安的利器，更是保障农民权益不受随意侵犯的武器。在当下乡村社会保障仍不完善的背景下，如何以法治推动乡村社会保障的发展成为了新时代中国农村建设的重要议题。因此，为更好地学习贯彻落实党的十九大报告精神，还原乡村振兴战略与全面依法治国战略的内在机理，本文拟从当前实施乡村振兴战略的法治保障中乡村社会保障法治体系建设的障碍及其成因出发，从中透视乡村社会保障的相关法治问题，为乡村社会保障的完善提供若干法治进路。

二、乡村社会保障法治体系建设之困局

当下，农村社保建设仍存在着诸多问题，其中乡村社会保障法治体系不健全的问题尤为突出，主要体现在乡村社保国家财政支持较少、社保缴付比例大、社保法治链条不完善以及基层社保基金监管不到位等几个主要方面。

(一) 城乡二元分割严重，社会保障服务供给不对等

社会保障是一种社会救济方式，国家以社会保险、社会救助和公共服务等方式，在个人因某些客观原因导致生活难以维系时为其提供物质保障，集社会

---

① 蒲新微：《以完善社会保障体系助力乡村全面振兴》，《北华大学学报（社会科学版）》2019 年第 3 期。

共同之力量,维系社会稳定。② 目前我国城乡发展水平参差不齐,城乡长期分割的二元经济和社会结构致使我国出现了城乡二元社会保险制度现象。城镇社会保障制度肇始于1951年,经过几十载的历练已基本发展健全,城镇居民在养老、医疗、生育、失业等方面都能得到较为全面的保障。③ 而农村的社会保障制度则在近几年才日趋完善,逐渐形成以农村社会养老保险、新型农村合作医疗保险、农村低保、农村社会救助、农村社会福利事业为内容的农村社会保障体系。④ 由于农村社会保障发展起步时间较晚,农村社会保障体系至今仍未能得到全面构筑,与城镇居民社保政策相去甚远。以养老保险为例,至2017年,城镇职工养老保险每月人均给付2875.92元,而同时期农村的人均月养老金却仅有126.73元。⑤ 除此之外,由于国家强制性规定与留住人力资源的需要,城镇中绝大部分企业都会给职工购买失业保险、工伤保险和生育保险。而农村在失业、住房和生育等方面的保障未能与城镇一样全面覆盖。故而城镇化进程中劳动力愈发向城镇集中,导致农村青壮年大多外出工作,留在农村的大多为无劳动能力的老幼妇孺,就业率低,"空巢"、留守现象突出,劳动力空乏。综上可知,我国的社会保障体系中城镇居民享受的社保较为完善和全面,而农民则徘徊在社会保障的边缘地带,无法享受到社保范围的全覆盖。乡村振兴战略下的农村社会保障亟待完善,以给农民提供更为完善和优惠的社保政策,否则"城乡二元分割"的社会保障体系将给振兴乡村战略的实施带来重重阻碍。

(二)社会保障资金来源单一,农民个人社保负担较重

虽然自1996年以来国家对于社会保障的支出一直呈上升趋势,但其在国家财政支出中的比例却趋于稳定。⑥ 据人力资源和社会保障部统计,2018年

② 王俊:《社会保障》,北京大学出版社2010年版,第4页。

③ 苏青枝、王晴、康俊义:《城乡二元社会保障制度的影响及调整》,《今日财富》2014年第36期。

④ 全国人大农业与农村委员会:《关于农村社会保障体系建设情况的调研报告》,http://www.npc.gov.cn/huiyi/cwh/1108/2009-04/22/content_1499330.htm,2019年9月2日访问。

⑤ 何文炯:《论中国社会保障资源优化配置》,《社会保障评论》2018年第4期。

⑥ 蒲新微:《以完善社会保障体系助力乡村全面振兴》,《北华大学学报(社会科学版)》2019年第3期。

城乡社保基金支出约为4737.7亿元⑦,同期政府更是要负担城镇职工保险基金支出多达4万多亿元。首先,在社会保障体系中,医疗保障支出和养老保险支出是社保基金支出的两个大头,约占社会保障基金支出的96%。⑧ 随着人口老龄化的不断增长以及农村医疗设施的不断完善,养老和医疗的社会保障支出将更加扩张。且当下社会消费指数与物价增长,一成不变的社保支出也难以满足农村人民日益增长的物质需求。在如此巨大的财政压力下,政府对于农村社保支出受限,如何支撑庞大的社保财政支出成为了当下政府的一大经济难题。其次,农村社保多元主体职责模糊,资金来源渠道有待扩宽。为探索解决该问题的对策,2009年中央在河北、湖南、广西等多地对城乡社保进行试点改革,采取个人缴费与集体补助和国家补贴相结合的模式供给农村社保资金来源。这一改革虽然增加了集体补助的社保资金来源渠道,但是由于当代社会集体组织的经济功能弱化,且缺乏法律对集体组织的社保职责予以规范,集体组织的责任模糊,因此集体对于农村社保给付的参与度并不高,社保资金支出的主要来源仍然是政府和农民个人。最后,农村社保个人负担压力大,农民参保积极性不高。随着城市化进程的不断发展,许多青壮年选择在城市就业,留守于农村中的普遍是无劳动能力的老年、儿童、妇女等,这无形中加剧了城乡发展的不平衡,制约了乡村发展的力量来源和动力。相较于社会保障缴付模式而言,城乡之间亦不同的差异。一方面,国家强制企业为职工缴纳一定比例的社保,因此城镇职工保险尚能由工作单位负担社保压力,个人缴付比例相对较少。另一方面,由于农村人口大多经济自给,城乡的社会保险虽由国家、集体、个人共同出资,但政府在社保的财政支出上,对农村明显投入较少,农村的个人缴费比例远远高于城镇社保。农村社保的缴费实际上是一种强制的自我储蓄的模式,大部分费用由农民个人负担。导致许多农民因社保的经济负担太重而弃保,社保政策效果不尽如人意。

(三)乡村社会保障法治链条缺位,法律规定仍不健全

《中共中央关于全面推进依法治国若干重大问题的决定》(2014)指出:“要将社会保障法律制度的完善列入重点立法领域。加快保障和改善民生、

---

⑦ 中华人民共和国人力资源和社会保障部:《2018年人力资源和社会保障统计快报数据》,http://www.mohrss.gov.cn/SYrlzyhshbzb/zwgk/szrs/tjsj/201901/t20190130_309968.html,2019年8月31日访问。

⑧ 国家统计局:《中国统计年鉴2018》,http://www.stats.gov.cn/tjsj/ndsj/,2019年9月1日访问。

推进社会治理体制创新法律制度建设。”⑨虽然我国对社会保障法律制度建设的重视程度日趋加强，但现有的社会保障立法体系仍不完善。首先，社会保障立法明显倾向于城市居民，农村居民社会保险鲜有涉及。《宪法》第45条规定：“中华人民共和国公民在年老、疾病或者丧失劳动能力的情况下，有从国家和社会获得物质帮助的权利。”这是对于公民社会保障权利的根本性规定，是乡村居民享有法治保障权利的来源。在宪法的规制和社会迫切的需求下，全国人大常委会于2010年制定并出台了有关社会保障的专门法律——《社会保险法》，社会保障法律建设实现了里程碑式的跨越。国务院据此修订了《工伤保险条例》，并颁布《实施〈社会保险法〉若干规定》《关于深化企业职工养老保险制度改革的通知》《企业职工生育保险试行办法》。《劳动法》中也加入了社会保险与福利专章。各部门、省、市也制定了大量的地方性法规、行政法规、部门规章等规范社会保障运行。截至目前，虽然社会保障法律规范众多，但都倾向于大篇幅的设计城市社保制度。有关农村社会保障制度的法律仅有《农村五保工作供养工作条例》《关于实施农村医疗救助的意见》等。寥寥数语难以概全庞大的农村社会保障问题，更谈不上保障乡村社会保障的实施落实等。其次，有关农村社会保障的法律规定模糊不清，未能形成完整有序的法治体系链，部门职责分配不明确，难以落实现有乡村社会保障法律规范。以《社会保险法》中的农村社会养老保险规定为例，其仅在第20条、第21条规定了农村社会养老保险制度。其中第20条规定：“国家建立和完善新型农村社会养老保险制度。新型农村社会养老保险实行个人缴费、集体补助和政府补贴相结合。”仅对农村养老保险的基金来源作出了笼统的规定，而相关的缴费比例、参与补助之具体机构与职责等却未明确说明，也并未有其他的条例、政府文件作出明确的规定，导致目前农村社保参保率低、农村社保资金的可持续性差，农村社保未能发挥其应有之效用。

（四）农村社保基金监管不到位，基层廉洁机制有待完善

财政管理一直是政府的一大职能之一。社保是民生保障的基石，社保基金更是政府财政管理的一块巨大蛋糕，法治保障农村基层社会保障资金财政监督措施显得格外重要。因此如何保证社保基金收支明确、给付到位是社会

⑨ 中国人大网：《中共中央关于全面推进依法治国若干重大问题的决定》，http://www.npc.gov.cn/npc/c10134/201410/b42193cde6354bdc9bc0768c9bf4bc04.shtml，2019年91月1日访问。

保障体系建设的重要一环。十八大以来,国家紧抓严惩贪污腐败,一些长期蚕食于农村基层的腐败分子在一定程度上得到了清除,农村的基层廉洁水平日益提高。然而,由于农村的法治建设尚不完善,在现阶段农村仍然存在一些廉洁问题。目前,农村政府透明度不高,许多暗箱操作仍然存在,社保基金收支不明,农村廉洁法治建设仍面临着一定的挑战。国家的许多有关社保的惠农、便农政策得不到落实,用于支持农村社会保障发展的款项亦大多被逐级稀释,农民实际上受到的政策扶助力度不强,极大地阻碍了我国农村建设的发展。造成这一现象的原因是多方面的:一方面,基层法治监管不到位。农村的许多行政程序不严谨,基层工作乱象时而发生。在一些与村民利益社会保障事务上,部分行政人员以权谋私,滥用手中的行政权力,在社保基金上做手脚。例如将社保基金挪为他用,延迟发放,或直接侵占社保基金,或不为农民和农村基层工作人员缴纳、延迟缴纳社保;或者以政府资金有限、负债等原因让农村基层职工和农民自行垫付欠缴的社保费用等,导致乡村居民应到手的社保资金减少或者应当缴纳而无法缴纳社保基本费用的情形频频发生。这些皆是造成农民社会保障权益受损的原因。另一方面,农民法治维权意识不高。当下,"关系主义""拿来主义"在农村仍然盛行,受"等靠要"思想的影响,一些农民认为只要跟官员搞好关系,就能得到更多的好处,甚至合法权益才不至于被扣减。这也就在一定程度上助长了乡村的腐败风气。基层廉洁水平关系着一个社会的法治根基,唯有从底层抓起,中国的法治大厦才能屹立不倒。社会保障作为保护农民权益,提高农民生活质量的兜底权益,它是丰富农民生活,维护国家长治久安的法宝。因此,国家要建设美丽乡村,振兴农村的发展,就必须提高农村廉洁水平,重视农民的社会保障权益,完善乡村廉洁机制,将其视作一项长期性的任务进行。

三、完善乡村社会保障体系的法治进路

法治是社会有序运行的基石,是推进乡村社会保障体系稳步构建的关键。要促进乡村社保体系良性发展,就必须以完善的法治切实保障农民社会保障权益,具体可从以下几个方面切入,以破除乡村社会保障体系建设的困局。

(一)优化城乡社保资源配置,提高农村社保覆盖率

有学者对农村社会保障支出和农民收入的关系进行了定量收敛回归分析,结果指出,以 1994 年国家财政体制改革为起点,以 2003 年新农合医疗改革为节点,1994 年至 2002 年农民收入主要依靠自给自足,社会保障对农民收

入主要起到的是逆向分配的作用。而自2003年至2016年，农村社保对于农民收入则主要起到的是正向调节的作用。[10] 由此可见，社会保障对于调节农民收入稳定起着重要作用。但是，目前农村社保制度仍存在着许多短板，影响着农村居民的社会生活水平。对于农村社会保障存在的诸多问题，须有进一步的改革方能为农民的生活发展提供坚实的后盾。党的十九大报告指出："要建立全国统一的社会保险公共服务平台。统筹城乡社会救助体系，完善最低生活保障制度。"针对城乡社保体制差距大的问题，要加快城乡社保并轨的建设步伐，统筹城乡发展，保证农民能与城镇居民享受同等的社保待遇。一方面，要加大对农村社保建设的财政投入，减少农民的个人负担，才能使农民更加有动力参与到社会保障中，实现社会保障的风险共担功能。政府在财政支出中需对农民之社保需求作更为深入的考虑，合理增配农村社保基金，缩小城乡社保差距，让农民真正感受到当家作主的力量。完善农村基础设施，建立随手可即的社保体系。以医疗为例，城镇中医疗配置明显多于农村，在城镇三甲医院、二甲医院等普遍分布的情况下，农村医疗设施却仍然以村卫生所、"赤脚医生"为主，农村医疗资源有限，大病医疗往往需要长途跋涉至城市寻求医疗资源。这也直接导致农民社会保障无处可寻，社会保障范围与理想脱节。另一方面，农村社保的覆盖率不高。造成这一局面的原因不仅仅是因为对经济负担的顾虑，对社保政策宣传力度不大也是其主要原因之一。许多农民对社保政策的认知不敷，没有意识到社保的价值，因此不愿意支出费用购买社保。故国家仍需通过多种方式鼓励农民参与社保，加强农民对社保知识的认识，如可通过电视栏目、村务宣传栏、印发宣传手册等方式，普及社保知识，拓宽农民了解社保政策及信息的渠道。

(二)拓宽农村社保资金来源渠道，提高农民参保积极性

由于社保基金池的筹资渠道单一，一味强求政府为农村社保提供充足的资金保障，亦会使国家财政不堪重负。因此，在强调增加财政投入的同时，亦要寻求更多的渠道来拓宽社保资金的筹资渠道。首先，政府可以通过发行福利彩票、债券、理财基金等方式，通过大数法则吸引更多的资金流入，然后将所得的部分款项用于投入农村社保，以此弥补农村社保资金来源渠道单一的漏洞。其次，对于农村社保基金的融资还可通过开放市场的方式实现。例如，政

---

[10] 仇晓洁、李玥：《农村社会保障支出缩小了农民收入差距吗?》，《金融与经济》2019年第1期。

府可允许部分有实力的企业参与到农村社保基金的投资与管理中来，开放一定比例的社保基金允许这些企业在社会投资运营，所得收益回流农村社保基金池，激发农村社保基金活力。此外，对不同的社保部门诸如医疗保险、养老保险、低保补助等，要分门别类地设置责任机构，明确其职责，并且要求其将社保基金财务状况定时公开，以接受村民的监督，避免在筹集过程中出现贪赃枉法的现象。特别是对于集体组织的职责，亟待作出明确规定，例如集体组织对于农村社保的补助份额、集体组织在农村社保体系中的机构职能等都应以法律或者规范文件的形式作出规定。由此方能真正发挥集体组织在农村社会保障中的作用，多方位支持农村社保的发展。最后，公共服务作为社会保障制度的重要组成部分，却一直未被得到重视，许多乡村公共服务都徒有虚名。乡村公共服务应当是贯穿于社会保障的全过程的，提高农村公共服务的质量，为农民提供更多便利，切实地体会社会保障制度的优越性。只有农民享受了完善的社会保障政策，才会无后顾之忧为乡村振兴发展贡献力量。

（三）加强农村社会保障立法，完善农村社保法治链

法律是社会秩序的调节器，唯有在良法善治之下，社会才能实现长治久安，人民的权益才能得到稳固保障。当下，农村法治建设仍然较为薄弱，特别是在社会保障领域更是鲜被关注。在乡村振兴战略的深化改革与全面依法治国的要求下，完善乡村社保法律势在必行。首先，从法律规范内容的角度出发，乡村社会保障的法律规定还有待明晰。原则性的规定固然有利于增强法律实施的弹性以灵活应对各类社会问题，但是全然的原则也必然使得法律规范模糊，以致法律落实出现“上有政策、下有对策”的尴尬局面。责任模糊导致各部门推诿扯皮的现象严重，办事效率低下，责任意识缺失，不利于农民的社会保障权益得到落实。因此对于农村社会保障的法律规范内容，可以保留一部分的原则性规定，但是对于一些具体的问题，还须作出具体的规定以规范各主体的行为，营造有序的法治环境。其次，从法律规范的结构体系角度出发，农村社保亟需建立起一套层级分明、衔接顺畅的法律体系，例如《宪法》和《社会保险法》都对农村社会保障作出了一些规定，但相应的部门规章、行政法规以及地方性法规等法律却仍未全面，导致农村社保法律体系断层。在重大改革于法有据的思想指导下，法律是全面推进新农村建设的必要支撑。因此，立法者应从完善农村社保法律规范的层级衔接入手，填补农村社保立法空白，建立全面的农村社会保障法律体系。最后，从农村社保的重要程度来讲，农村社保在法律体系中的比重还有待提升，无论是对于社会保障的条文规定

还是立法数量，立法者都对城市社会保障情有独钟，而忽视了农村社保法律体系的建设。有鉴于此，立法者可以从提高农村社保法律规范在整个法治体系中的比重出发，可以在现有的条文中增加有关农村社会保障的法律规范，也可以就农村社保增加单独立法。

(四)健全农村廉洁机制，释放农村社保法治活力

廉洁公正是农村社保的现实保障。针对我国农村的廉洁水平仍不高的现状，可以从以下几个方面进行改进：一是从廉政理念的教育入手。意识对人的行为有能动的反作用，只有村干部树立了牢固的廉政观念，才能更好地规制其行为，为村民提供更为高质的服务。一方面，要改进以前照本宣科的廉政宣传方式，降低喊口号、排文字的方式在廉政建设工作的使用比例，创新廉政宣传模式，如与各大高校合作，安排教师、学者下乡给村干部集中普及廉政知识，以实际案例为教材，对重点、普遍的政务乱象进行针对性的教育警示。值得关注的是，《国家监察法》自2018年3月21日公布后正式实施。有关部门可在农村大力宣传《国家监察法》的基本精神及其有关实践情况，为农民及农村基层干部树立与时俱进的廉洁意识。另一方面，家庭对于个人的影响都是巨大的，不仅要加强对农村基层干部的宣传教育，亦必须注重干部亲属的廉政理念的形成，不让“贤内助”变成“贪内助”，利用家庭时刻警醒和约束干部的个人行为。二是在基层廉洁建设中，对村干部的人文关怀亦十分重要，但在现实中往往被忽视。村干部作为基层管理人员，村务繁多，日益累计下来的工作压力、生活压力使人不堪重负，若不重视村干部的心理建设，则其容易在高压下对现实产生厌倦的心理，从而对工作不上心甚至是违法乱纪滋以寻求心理安慰。因此亦要注重村干部的心理疏导，成立心理咨询室定期与村干部交流沟通，了解村干部的困难，助其建立健康的从政心态。三是要建立合理的政务制度，对村干部要赏罚结合，对其绩效定期进行考评，评选优秀村干部，对其予以奖赏，以鼓励村干部向优秀政务看齐。建立便捷可行的民主监督机制，如可通过网上民意调查、政务信箱等模式收集村民对村干部的意见与建议，支持村民举报官员的不法行为等，对村干部廉政进行有效监督。四是人虽不应以物质为人生的唯一追求，但是物质利益对于维持生活是不可缺少的，村干部也不例外。农村经济尚欠发展，在许多农村，村干部的工资薪酬仍不足以支持其正常的生活开支，捉襟见肘的生活使其不得不通过其他渠道捞取利益。在廉政建设中不能一味地要求村干部漠视物质，亦要给村干部提供充足的物质保障，拓宽晋升渠道，对未来有所期，方能有利于基层廉政建设。

四、结语

党的十八大以来,党中央便高度重视“三农”问题,把“三农”问题视作全党工作的重中之重。2018 年政府工作报告明确指出我国要大力实施乡村振兴战略。2019 年政府工作报告中更是表明,乡村振兴战略已经取得了明显进展,城乡区域的良性互动格局正在加快形成。以人民为中心发展的乡村振兴战略是一项庞大而艰巨的工程,需要战略设计者苦心孤诣的毅力方能有成效。经过十几年的努力,乡村社会保障已取得良好成效,2014 年至 2018 年间,农村贫困人口从 7017 万人降低至 1660 万人,但乡村中威胁农民合法权益的因素仍然存在,乡村社会保障制度仍不健全。为确保乡村社会保障落实到位,同样需要法治建设者苦心经营。法治是推进和保障乡村振兴战略实施的有效法宝。因此在今后仍需加强农村社会保障投入,建设廉洁乡村,完善社会保障立法,方能以法治保障乡村振兴战略实施。通过乡村社会保障体系的完善营造良好的乡村建设环境,避免“三农”问题固有的“非法”因素影响整个国家发展大局。质言之,乡村社会保障是新时代乡村振兴战略的一个重要链条,是实现中华民族伟大复兴中国梦的重要环节,须以法治维护农民的社会保障权益,美好新农村的未来方指日可待。

The Guarantee of the Rule of Law in the Strategy of Rural Revitalization

——From the Perspective of Perfecting the Rule of Law System of Rural Social Security

Abstract: Promoting the construction of rural social security system by the rule of law is not only an important issue in China's rural construction, but also the foundation of social stability and balanced development of urban and rural areas. However, at present, there are still some problems in the rural social security system, such as the serious binary division of urban and rural social security resources, the single source of social security funds, the imperfect rural social security legal system and the imperfect rural grass - roots integrity mechanism. It restricts the specific deployment of rural revitalization strategy. The rule of law is a sharp weapon to regulate the orderly operation of the society, and the improvement of the rural social security system can be promoted by means of the rule of law. On the one hand, China could remove some obstacles in the form of the rule of law by optimizing the allocation of urban and rural resources, broadening the sources of rural social security funds, and building a clear rural social security legal system. On the other hand, by improving the rural integrity mechanism, in order to enhance the maintenance of rural social security rights and interests and lay a good social foundation for the implementation of rural revitalization strategy.

Key Words: Rural Revitalization; Rural Social Security; Farmers' Rights and Interests; Rule of Law System

(责任校对:张 硕)

论我国生前预嘱制度的构建

唐　丹*

摘　要：生前预嘱制度起源于美国，依据这一制度，患者可以在特定的情形下选择放弃治疗，行使医疗自主权。时至今日，生前预嘱制度已经在全世界大部分国家或地区发展起来，德国《民法典》、新加坡《预先医疗指示法令》以及我国台湾地区“安宁缓和医疗条例”等对生前预嘱制度作出了规定。生前预嘱行为人须具备完全民事行为能力，采用书面形式和口头形式均可，但须有两名以上无利害关系的完全民事行为能力人见证，登记不是生前预嘱的有效要件。当出现行为人指定的情形时，生前预嘱生效，对患者的近亲属、医疗机构及其医护人员均具有拘束力，即便患者为孕妇，也不应完全排除生前预嘱的效力，违背生前预嘱的行为人须承担侵权损害赔偿责任。

关键词：生前预嘱　医疗自主权　制度构建

生前预嘱（Living Will），即生前预立医嘱，是指当事人在健康或意识清楚的前提下，指明其在特定情形或无民事行为能力时所希望得到或不得到哪些医疗手段的指示性文件。生前预嘱这一概念来源于美国，为一名来自伊利诺斯州的人权律师 Luis Kutner 在 1969 年发表的一篇文章中所首次使用。他指出，法律规定患者具有知情同意权，但是当患者处于无法表达自己意愿的情形下，医生便会默认患者想要继续活下去而接受维生治疗。他认为这种默认并不妥当，法律应当赋予人们提前选择将来是否接受或接受何种医疗措施的权利，使患者自主决定是否要继续接受维生治疗，这也能够使医生从必须维持患

* **作者简介：**唐丹（1996—），女，江西赣州人，广州大学法学院法律硕士。

者生命的义务中解脱出来。①

1972 年,美国安乐死协会接受了 Kutner 的建议,并打印出了第一个版本的生前预嘱,但此时的生前预嘱并不具有法律效力,而仅仅是在道德层面上对人们进行约束。1976 年,美国加利福尼亚州通过了世界上第一部关于生前预嘱的法律——《自然死亡法》(Natural Death Act)②,使生前预嘱制度开始在美国各州发展起来。③ 时至今日,美国的每一个州都通过立法设立了预先医疗指示制度④,除了个别州以外,大部分州是以"生前预嘱"的形式确立的。⑤ 不仅美国,目前世界上许多国家和地区都对生前预嘱作出了规定,如德国、英国、奥地利、新加坡等。

仅就目前而言,我国实务界和理论界对生前预嘱或预先医疗指示制度的研究并不多⑥,作者选取了关键词"生前预嘱"以及与生前预嘱联系密切的两组关键词"尊严死"和"预先指示"在中国知网(CNKI)资源总库搜索⑦:搜索关键词"生前预嘱",涉及法学的搜索结果有 25 条,其中关于制度构建的有 8 条,正当性问题 5 条,域外制度研究 6 条;搜索关键词"尊严死",涉及法学的搜索结果 46 条,其中关于制度构建的 7 条,正当性问题 17 条,域外制度研究 5 条;搜索关键词"预先指示",涉及法学的搜索结果 29 条,其中制度构建 6 条,

---

① Kutner, L. Due process of euthanasia: The living will, a proposal [J]. Indiana Law Journal,1969,(44):539—554.

② 这是通说观点,但是也有学者否定生前预嘱与《自然死亡法》的关系,认为该法并没有确定生前预嘱的合法性,其理由在于:生前预嘱(Living Will)充其量不过是对病人愿望的表达,不涉及法律问题,该法所使用的"Directive to Physicians"才是具有法律效力的文件。

③ Simon, A. Advance Directives [M]. Springer, Dordrecht 2014:3—7.

④ 预先指示制度是由生前预嘱制度发展而来的上位概念。预先指示(Advance Directive)包括指令型预先指示和代理型预先指示,指令型预先指示是通过签署意愿书的形式来表达当事人的意愿,而代理型预先指示则是通过医疗授权(Power of attorney for health care),指定医疗代理人代当事人做出医疗决定的制度。显然,生前预嘱属于指令型预先指示,但由于预先指示又可以包括积极指示和消极指示,生前预嘱是指向尊严死或自然死亡,其只包含消极指示的内容,因而其外延小于指令型预先指示。

⑤ https://www.uniformlaws.org/shared/docs/health%20care%20decisions/uhcda_final_93.pdf,2018 年 5 月 5 日访问。

⑥ 崔媛媛:《构建我国预先医疗指示制度研究》,北京中医药大学 2017 年硕士学位论文。

⑦ 统计时间为 2018 年 5 月 21 日。

正当性问题 12 条,域外制度研究 13 条。根据以上数据可知,在为数不多的理论研究中,大部分学者的研究目标都停留在了域外制度研究以及正当性问题上,较少有人谈及相关的制度构建。作者将以此为突破口,通过对域外立法经验的考察以及对现有立法和国情的分析,结合民法的相关理论,从生前预嘱的有效要件、生效、效力及登记等角度讨论我国生前预嘱制度的构建。

一、生前预嘱的有效要件

《民法总则》第 143 条规定:“具备下列条件的民事法律行为有效:(一)行为人具有相应的民事行为能力;(二)意思表示真实;(三)不违反法律、行政法规的强制性规定,不违背公序良俗。”而生前预嘱作为一种较为特殊的民事法律行为,其有效要件不仅涉及以上三者,还涉及形式及见证人等问题。

(一)主体条件

由于生前预嘱涉及放弃治疗,关乎人的生命,绝大多数的国家或地区的立法都对生前预嘱的作成主体进行了限制。美国加利福尼亚州《自然死亡法》规定,尽管任何成年人都可以签署医疗指示,但是只有当意愿人“心智健康”“能够充分理解指示的意义”且有“意思能力”时,该医疗指示才有效。[⑧] 美国《统一医疗决定法》则要求医疗指示的作出主体为成年人或脱离父母而独立生活的未成年人。我国台湾地区“安宁缓和医疗条例”规定:“二十岁以上具有完全民事行为能力之人,得预立第四条之意愿书。”由此可知,该法对主体的要求为成年且具有完全民事行为能力,而排除了拟制为完全民事行为能力人的未成年人。[⑨] 德国与新加坡对于生前预嘱作成主体的限制与我国台湾一致,同样为成年且具有意思能力。

笔者认为可以参照德国、我国台湾地区、新加坡等国家和地区的立法,从年龄和行为能力两方面对主体进行限制,生前预嘱的行为人必须成年且具有完全行为能力。《民法总则》第 18 条第 2 款规定:“十六周岁以上,以自己的劳动收入为主要生活来源的,视为完全民事行为能力人,能够独立进行民事活动”,因而也有权订立生前预嘱。

对于主体的限制,有学者提出了“医疗决定能力”的概念,指出“从制度逻

---

⑧ Winslade, WJ. Though on Technology and Death: An Appraisal of California's Natural Death Act [J]. DePaul Law Review, 1977, (26):717—742.

⑨ 王泽鉴:《民法总论(第二版)》,北京大学出版社 2009 年版,第 110—111 页。

辑角度出发,正如监护是以自然人民事行为能力制度为前提所构建的那样,预先医疗指示也是建立在患者这一特殊民事主体的某种能力基础上的,这一能力被称为'医疗决定能力'"。"医疗决定能力"具有双重作用,具备医疗决定能力的人享有充分的医疗自主决定权,能够排除医生、近亲属的替代决定,是预先医疗指示制度的有效要件。同时,当患者丧失医疗决定能力时,其所预立的生前预嘱才得以产生效力,因此,丧失医疗决定能力则成为了预先医疗指示制度的生效要件。尽管在通常的司法实践中,有无医疗自主决定能力通常会"借用"行为能力进行判断,而且该做法能够在很大程度上节约司法成本,促进交易的扩大,但是在医疗决定权的语境下,"行为能力与支持患者作出决定的意思能力之'不对等'被放大了",医疗决定所涉及的是当事人自己的生命健康等人格利益,而通常不会损害他人的利益,因此将行为能力作为限制患者是否拥有医疗自主决定能力的做法会限制一部分人行使其医疗自主决定权。"医疗决定能力"包括三个基本要素:年龄、体力、心智。[⑩] 也有学者从民事行为能力的起源开始探寻,分析了行为能力在医疗领域并不能够发挥应有的作用,主张将"患者同意行为"与民事行为相分离。[⑪] 法律终究是为了服务于人民,构建一个完整的定型化的医疗决定能力制度对于生前预嘱甚至是整个医疗领域而言无疑是有益的,其可以排除更多来自医生、家属对病人的干预,从而更大限度地尊重患者的自主决定权。然而,如此做法也将不可避免地存在增加立法、司法的难度,增加司法成本等弊端,并且替代制度在理论上尚需进一步论证。因此,笔者认为应当借鉴比较法上的一般做法,将行为能力作为生前预嘱行为人方面的要件。

(二)形式

各国对生前预嘱的形式要求并不一致。我国台湾地区"安宁缓和医疗条例"要求采用意愿书的形式,且规定了必须载明的事项,新加坡设立了医疗指示的登记制度,医疗指示在有关部门登记注册才能有效,因而可以推知其也必须以书面形式作出,德国《民法典》同样要求书面形式,但美国《统一医疗决定法》规定,预先医疗指示既可以采用书面形式,也可以以口头形式作出。

---

⑩ 孙遥:《预先医疗指示制度研究》,山东大学 2017 年博士学位论文。

⑪ 刘京、张祥志:《患者同意能力与民事行为能力之分离研究》,《北京化工大学学报(社会科学版)》,2013 年第 2 期。

采用书面形式的理由在于，生前预嘱所涉及的是当事人的生命、健康等人格利益，与书面形式相比，口头形式较为随意，且内容易于模糊，不仅不利于证明生前预嘱存在的真实性，也不利于其内容的确定，从而造成许多不确定性。但书面形式所产生的弊端也显而易见。首先，对形式的严格限制会增加生前预嘱实际的操作难度并提高制作成本，从而不利于生前预嘱的普及和发展；其次，就我国的文化普及程度以及生前预嘱在国内的发展现状而言，愿意郑重其事地写下生前预嘱的人并不多；再者，在医疗决定的背景下，作出生前预嘱的主体不仅包括了身体健全的自然人，还应当考虑已经患病、行动不便但拥有医疗自主权的患者，因此，排除以口头形式订立生前预嘱将会产生很大的局限性。不仅如此，生前预嘱制度构建的出发点本就是为了尊重患者的自主决定权，使患者能够自主决定其所希望得到或放弃某些医疗措施，因而，借鉴美国的做法，允许书面和口头两种形式订立生前预嘱更有利于尊重行为人的意愿，实现行为人的愿望。

在生前预嘱的制作过程中，尤其是口头形式的生前预嘱，为了确保生前预嘱的内容符合当事人的真实意思，还应当设立见证程序。见证程序的优势在于，能够有效地防止权利滥用、体现对生命的尊重，确保当事人在订立预嘱时，能够充分且自由地表达自己的真实意思，而不受任何人的强制或欺骗。新加坡《预先医疗指示法令》（Advance Medical Directive Act）第 4 条的内容就印证了这一观点——“作为医生的见证人有义务采用合理步骤，确保患者在作出的医疗指示时不受引诱或强制”。

奥地利《生前预嘱法》规定生前预嘱的作成，需要有一名律师、公证员或受过法律训练的患者团体助理人员见证。新加坡《预先医疗指示法令》第 3 条第 2 款明确规定，医疗指示的作出必须有两名见证人同时在场，其中一名见证人须为当事人的家庭医生或由其选择的其他执业医师，另一名见证人也须为年满 21 周岁的成年人。我国台湾地区“安宁缓和医疗条例”第 4 条也规定，当事人签署意愿书时，应当有两名以上的完全民事行为能力人在场见证，且见证人不能是实施安宁缓和医疗或执行意愿书的医疗机构所属人。但是，由于见证制度的存在会增加生前预嘱的操作难度并提高其制作成本，因而美国《统一医疗决定法》、德国《民法典》均未要求生前预嘱的作出需要有见证人在场。

因此，为了在保证当事人作出的生前预嘱符合其真实意思表示的前提下，同时尽可能降低其操作难度及其成本，我们可以借鉴台湾地区的做法，既规定见证人制度,又不对见证人做过多的限制,只要求见证人是完全民事行为能力人且与当事人无利害关系即可。

二、生前预嘱的实现

在民法理论上,生前预嘱属于民事法律行为中的单方法律行为,且无需受领人之意思表示。根据《民法总则》第138条规定:“无相对人的意思表示,表示完成时生效。法律另有规定的,依照其规定。”也就是说,单方法律行为通常仅需单方作出意思表示即可成立并生效。⑫ 但显然,生前预嘱的成立和生效并不同时发生,生前预嘱订立时行为人具有完全民事行为能力,而生前预嘱一般在行为人行为能力欠缺时生效。因而,从民法上来说,生前预嘱属于附生效条件的民事法律行为,仅当所附条件成就时,该民事法律行为生效。

(一)生效要件

作为附生效条件的民事法律行为,美国《统一医疗决定法》第1条规定,只有当指定的情形发生时,医疗指示才能生效。德国《民法典》第1901a条第1款规定,当出现当事人允许之不能的情形时,照管人在审查完其书面意愿的内容是否合乎实际的生命情势和治疗情势后,才能使当事人的意思得以表达和适用。⑬ 新加坡《预先医疗指示法令》第9条,要求患者须患有“终末期疾病”,其中包含以下两种情形:其一,无论使用任何手段,死亡都即将到来;其二,特殊的维生措施只能延缓患者的死亡时间。因而该法明确排除了能够通过医疗措施维持生命的情形,例如能够进行透析治疗的肾衰竭患者。

我国台湾地区的“安宁缓和医疗条例”的规定与新加坡的规定类似,只有当患者被两位医师诊断为“末期病人”,且存在意愿书,才能够按照患者的意愿“不实施心肺复苏术或维生医疗”,也即只有当患者被认定为“末期病人”,其所签署的生前预嘱才能生效。至于何为“末期病人”,该法对其进行了解释:“罹患严重伤病,经医师诊断认为不可治愈,且有医学上之证据,近期内病程进行至死亡已不可避免者”。

但该法律条文遭到了部分学者的质疑。有学者认为,对适用主体的规定

---

⑫ 朱庆育:《民法总论》,北京大学出版社2016年版,第213页。

⑬ 陈卫佐:《德国民法典(第4版)》,法律出版社2015年版,第555—557页。

并不明确。首先，何为“近期”？对此法律并没有给出明确的时间限制，因而只能交由医生根据实际情况作出具体裁量。⑭ 其次，“不可治愈”也同样是极为模糊且饱受争议的概念。该学者指出，对于“不可治愈”存在三种情形：(1)无论使用何种医疗手段，病人都将在近期内死亡；(2)使用医疗手段并不能够使患者的病情得以缓解，只能延缓其死亡时间，如果不使用该医疗措施，病人将在近期死亡，如对脑死亡的病人使用呼吸机；(3)医疗措施能够缓解患者的病情，使其继续生活下去，但放弃该医疗措施，其在近期内不可避免地死亡，如对肾脏衰竭患者进行透析治疗。从逻辑上看，第三种情形可以包容评价第二种情形，那么“末期病人”到底应该包括哪些情形还是全部包括是存在争议的，而且对于不同的案情，民众对于同一种情形的可接纳程度也是不同的，因此该学者认为对于“不可治愈”的认定，仍应当交由医生根据具体情形作具体的判断。也有学者主张，“末期病人”的定义过于狭窄，诸如渐冻人、植物人，又或是健康的高龄老人在濒死或无生命迹象的情形都无法纳入其中，那么这些人所订立的生前预嘱是否能够生效便存在疑问。该学者进一步指出，拒绝维生医疗的法源并不是“安宁缓和医疗条例”，而是台湾地区的“宪法”，因而即使不是被定义为“末期病人”的患者在出现特定情形时，其生前预嘱也能够生效。⑮

鉴于上述弊端，我国台湾地区 2016 年出台的“病人自主权利法”扩张了生前预嘱的适用对象，包括以下五种情形：(1)末期病人；(2)处于不可逆转之昏迷情况；(3)永久植物人状态；(4)极重度失智；(5)其他经中央主管机关公告之病人疾病状况或痛苦难以忍受、疾病无法治愈且依当时医疗水准无其他合适解决方法之情形。尽管该法目前还尚未付诸实施⑯，但其无疑在很大程度上推动了医疗自主决定权的发展。

主张构建“医疗决定能力”制度的学者则主张，当患者失去与医疗决定能力之时，则该预先医疗指示即生效。而影响医疗决定能力的通常包括三个方面：年龄、体力、心智。年龄主要是由于人体自然老化而出现的精神和心理方面的功能障碍，如阿兹海默症等；体力是“由于身体状态无法支撑其

⑭ 孙效智：《安宁缓和医疗条例中的末期病患与病人自主权》，《政治与社会哲学评论》2012 年第 41 期。

⑮ 杨秀仪：《论病人之拒绝维生医疗权：法律理论与临床实践》，《生命教育研究》2013 年第 1 期。

⑯ 《病人自主权利法》自 2016 年 1 月 6 日公布，但其明确规定，自公布后三年实施。

对决定过程之负担导致的”;心智是指其在年龄和体力上无任何消极因素,而是单纯的精神或心理状态存在障碍。此种分类尽管科学,但也同时存在边界模糊、难以操作的弊端,因而又不可避免地回归到了依托专业人士进行个别判断。

结合上述立法例及学者的观点,笔者认为将生前预嘱的生效条件限制于某些特定的或具体情形之做法实则并不明智,因为立法本身就具有滞后性,立法者也无法预测未来国民的可接受程度以及社会的发展,因而也就无法详尽可能发生的情形。尽管由患者自行决定生效条件的做法可能将因为国民可接受度尚未到达一定程度而面临种种阻碍,但为了尽可能地实现病患的自主决定权,尊重其自主决定,而避免立法者对此作出过多的限制似乎更为明智。因此,在未来构建生前预嘱制度时,可以同时借鉴美国、德国以及我国台湾地区的做法,区分两种情况对待:若行为人在生前预嘱中指定了情形,则当行为人指定之情形成就时,生前预嘱即生效;若行为人未指定情形,而概括表述为当自己无法作出医疗决定之时,那么此生前预嘱的生效条件则可规定为当意愿人属于末期病人、处于不可逆转之昏迷情况、永久植物人状态、极重度失智及其他无民事行为能力之情形,生前预嘱即生效。也即若当事人未指定情形,则当其处于无民事行为能力之时,生前预嘱所附条件成就,列举情形并非为了限制成就条件,而是便于理解与适用。

(二)效力

关于生前预嘱的效力,主要探讨的是,发生法律效力的生前预嘱,对谁产生拘束力以及产生何种拘束力的问题。其中主要涉及的对象是患者的近亲属与医疗机构及其医护人员。

美国《统一医疗决定法》、我国台湾地区、新加坡的立法对此之规定类似,均要求除非存在法定情形,医疗机构及其医护人员应当遵从患者所立医疗指示行事。至于不予执行的法定情形,各国规定均不相同,但大致可以归纳为:违背医生道德、因情势变更不符合有效要件、生前预嘱并非患者真实意思等等。因此,可以看出,生前预嘱对医护人员或医疗机构作出医疗决定具有约束力。不同于其他国家的立法,德国《民法典》中的生前预嘱制度是建立在照管制度之上的,因而照管人在该制度中扮演了极其重要的角色。虽然我国并无照管制度,但是在我国的医疗实践中,患者近亲属的地位与照管人的地位存在一定的相似之处。根据我国的《侵权责任法》《医疗机构管理条例》[17],医护人员负有告知义务,而当患者无法作出医疗决定时,主要由患者的近亲属做决定。因此,参照各国立法例,并结合我国的现有立法,生前预嘱的存在对医护人员及患者的近亲属均产生了约束力。但在临床上,最让医生感到为难是,在依据患者本人的意愿执行生前预嘱时,其在实际操作中一旦把控不好,容易造成患者近亲属把医生行为误解为工作消极怠慢,从而导致不必要的医疗纠纷,因而其执行过程需要患者近亲属的充分参与。[18] 也就是说,医护人员应当根据患者本人的意愿与患者近亲属进行充分沟通,再作出医疗决定。[19]

当然也有学者认为,我国未来的立法可以参照奥地利的立法模式,区分有法律拘束力和无法律拘束力的预先医疗指示,即未满足所有法律要件的预先医疗指示并不是没有任何价值,仍可以在作出决定时作为一种参照,满足的要件越多参照的程度越高,而不是简单的"一刀切"。[20] 在我国现有立法中规定应当尊重病患本人的意思,但实际的医疗实践中,在医生的说明或建议下最终作出医疗决定的往往是患者的家属而非患者本人,陕西榆林产妇自杀案所引发的争议则反映了这样一种现状。这种构想看似科学,而且能够很好地改变这一现状,但实施起来并不容易。理由在于,从立法技术层面上说,其既不符合现行立法,同时操作难度也较大,而且无论是参照程度还是拘束力的大小,都是难以清楚地界定的。因此,仅就目前而言,我们只能在立法或政策层面上倡议近亲属应尊重患者本人的意愿作出决定,而无法作出强制性的规定。

---

⑰ 《侵权责任法》第55条规定:"医务人员在诊疗活动中应当向患者说明病情和医疗措施。需要实施手术、特殊检查、特殊治疗的,医务人员应当及时向患者说明医疗风险、替代医疗方案等情况,并取得其书面同意;不宜向患者说明的,应当向患者的近亲属说明,并取得其书面同意。"《医疗机构管理条例》第33条规定:"医疗机构施行手术、特殊检查或者特殊治疗时,必须征得患者同意,并应当取得其家属或者关系人同意并签字;无法取得患者意见时,应当取得家属或者关系人同意并签字;无法取得患者意见又无家属或者关系人在场,或者遇到其他特殊情况时,经治医师应当提出医疗处置方案,在取得医疗机构负责人或者被授权负责人员的批准后实施。"

⑱ 于佳佳:《刑法视野下临终患者的自主决定权及限制》,《当代法学》2015年第6期。

⑲ 杨秀仪:《论病人之拒绝维生医疗权:法律理论与临床实践》,《生命教育研究》2013年第1期。

⑳ 孙也龙:《论预先指示制度及其在我国的构建》,华东政法大学2014年硕士学位论文。

关于生前预嘱的效力,还有一个值得研究的问题便是孕妇排除条款,也即当患者怀孕时,生前预嘱是否产生拘束力的问题。在美国、英国等国家,都有过关于妇女怀孕期间生前预嘱失效的类似规定。当胎儿权利与妇女自主决定权发生冲突时,立法者必须从中作出选择。有学者将各国的孕妇排除条款进行总结,归纳为以下几种立法模式:自动失效模式、活产可能性模式、存活能力模式以及默示排除模式。自动失效模式即当妇女怀孕,其先前所立下的生前预嘱即失效。活产可能性模式与存活能力模式类似,即当胎儿达到活产点或具有存活能力时,妇女所立下的生前预嘱即失效,默示排除模式是尚未有法律明确规定是否失效,而交由法官通过个案进行判断。[21] 孙也龙指出,胎儿不具有独立自然人的法律地位,而医疗自主权是自然人的基本权利,因此法律不能强制孕妇为了胎儿的利益而牺牲自主决定权,如此做法只能使无意思能力的孕妇沦为生殖机器。因此,建议在立法的过程中,适当考虑妇女怀孕状态,允许妇女预先决定在处于怀孕状态时是否接受治疗。若无相关的预先决定,当患者处于未预见的怀孕状态时,将怀孕视为重大情势变更的中止情形,交由医生在权衡患者的实际情况后作出适当的医疗决定,因为如果当事人在订立预嘱时考虑过怀孕状态,极有可能作出不同的决定。[22] 笔者十分赞同这一观点。尽管就目前的社会现状而言,政府逐步放开二胎政策并鼓励生育,同时,新出台的《民法总则》也增加了对胎儿权利的保护。但正如妇女的堕胎权与胎儿权利冲突时,各国法律更偏向于保护妇女的选择权,而且我国更是对堕胎没有任何立法上的限制,那么同样在生前预嘱的情形下,也应当充分地保障妇女的自主决定权。

三、生前预嘱的登记

已经订立的生前预嘱如何保存以及如何才能被人及时发现,是各国立法均应当考虑的问题,对此各国均有不同的解决办法。我国台湾地区"安宁缓和医疗条例"规定,医师应当将患者的有关情况记载于病例之中,行为人订立的意愿书或近亲属出具的安宁缓和医疗同意书连同病历一起保存。瑞士《民

---

[21] 孙也龙:《生前预嘱法中的孕妇条款及其法理分析》,《中华女子学院学报》2017年第5期。

[22] 孙也龙:《生前预嘱法中的孕妇条款及其法理分析》,《中华女子学院学报》2017年第5期。

法典》规定，当事人可以将立下的预先指示的放置于其健康保险卡中。㉓ 又例如规定，交由行为人自行保存或要求医师保存。为了规范生前预嘱的保存与适用，便于近亲属及医护人员及时发现并掌握生前预嘱的信息，有些国家或地区制定生前预嘱的登记制度。台湾地区尚未实施的“病人自主权利法”与瑞士的规定类似，生前预嘱须注记于全民健康保险凭证。而新加坡的《预先医疗指示法令》更是建立了完善的登记制度。该法第 5 条规定，任何订立预先医疗指示之人进行登记，未登记的预先医疗指示任何人不得实施。同时还规定，负责人需按照规定建立并保存预先医疗指示登记册，登记册的内容需要保密，不得随意披露，未经授权而故意破坏、毁坏或更改的行为构成犯罪，一经定罪，当事人将面临罚款或者监禁。再者，若患者存在合法有效的生前预嘱而医护人员并未实施者，将会受到一定的行政处罚。作出指示之人想要变更或者撤销预先医疗指示，须到登记机构进行变更或撤销。如此严格的登记制度便于行政机关对生前预嘱的管理，便于患者的近亲属及医疗机构能够及时掌握预嘱的内容，同时还能够有效地保护意愿人的隐私及其真实意愿。但这一做法就意味着登记成为了生前预嘱的有效要件，未注册登记的生前预嘱不产生任何约束力。

在笔者看来，生前预嘱的登记制度更多是为有效地保存生前预嘱，并防止其被他人任意篡改，同时也能够使患者的近亲属及医疗机构能够及时发现其存在，以便最大限度地保护并实现医疗自主决定权。在此种理念之下，将依法登记作为生前预嘱有效性的排除条件并不适宜。笔者认为，我们可以同时吸收上述国家和地区的经验，规定当事人可以自主选择是否将生前预嘱进行登记，有权的行政机关将生前预嘱登记后，同时注记于患者的医疗保险信息以及病历之中，便于患者家属、医疗机构及医护人员及时知晓生前预嘱的存在并掌握其内容。生前预嘱并不因未登记而无效。

四、生前预嘱的救济

生前预嘱的实施过程中，当出现强迫、欺诈、隐匿、伪造以及其他侵犯患者自主决定权的情形时，通常可以通过公法保护和私法保护两种方式保障生前预嘱的有效实施。公法保护主要是通过行政处罚甚至刑罚来完成，如新加坡

㉓ 孙也龙：《生前预嘱法中的孕妇条款及其法理分析》，《中华女子学院学报》2017 年第 5 期。

《预先医疗指示法令》规定，如果医护人员违反合法有效的生前预嘱或存在欺诈、隐匿或伪造之行为者，将承担罚款或监禁等刑事责任。台湾“安宁缓和医疗条例”中规定，若医护人员违反法律规定的程序帮助制定生前预嘱或近亲属同意书，或是没有按照规定进行病历记载及保存的，将受到一定的行政处罚。

私法保护主要是通过追究行为人的侵权责任来实现。违背患者生前预嘱中的意愿，对其施与积极的医疗救助而使患者延缓生命虽然并没有对患者的身体及生命造成任何损害，但这侵犯了患者的医疗自主决定权。有学者指出，患者因为医护人员违背其预先指示所产生的诉讼可称为“不当生存之诉”。[24]也就是说，患者本可以根据自己的意愿有尊严地死去，但他人的侵权行为使患者仍痛苦地存活于世界。通说认为，人们订立生前预嘱的权利基础是“医疗自主权”[25]，而医疗自主权最终来源于各国（地区）的宪法。正如我国台湾地区学者杨秀义指出，拒绝维生医疗的法源并不是“安宁缓和医疗条例”，而是“宪法”；[26]而在美国，医疗自主权一开始被认为是来源于美国宪法中的隐私权[27]，但在随后，新的司法判例又将自主权引向了自由权，最终联邦最高法院将自由的定义进行了扩张，甚至将隐私权也纳入其中。[28] 在德国，患者自治权来源于德国《基本法》，且该权利居于《基本法》所保护的人的尊严和自由的核心领域。[29] 我国《宪法》并没有明文规定医疗自主权，也未明文规定与之相关的生命权，但是学者认为，生命权、自由权是不证自明的宪法上的基本权利[30]，

---

[24] 孙也龙：《生前预嘱法中的孕妇条款及其法理分析》，《中华女子学院学报》2017年第5期。

[25] 李大平在《预立医疗指示的正当性诠释》中阐述道：“预立医疗指示是人的自我决定权利的延伸”；孙也龙在《安乐死、尊严死和医师协助自杀的世界立法趋势与我国选择》中也提到：“本质上，尊严死观念的出现是学界从安乐死概念的桎梏中解脱出来而回到患者的基本权利——拒绝治疗权的结果。”

[26] 杨秀仪：《论病人之拒绝维生医疗权：法律理论与临床实践》，《生命教育研究》2013 年第 1 期。

[27] Kutner, L. Due process of euthanasia: The living will, a proposal [J]. Indiana Law Journal, 1969, (44):539—554.

[28] 杨月珠：《医疗自主权的法律研究》，华东政法大学 2004 年硕士学位论文。

[29] 张文婷：《论患者临终阶段的自决权——无同意能力患者消极安乐死之检讨》，《中德法学论坛》2009 年。

[30] 孙彦文：《生前预嘱视角下病患医疗自主权的宪法权利渊源与立法规制》，南京师范大学 2016 年硕士学位论文。

在民法上属于一般人格权。因此,侵犯医疗自主权的行为受侵权责任法的调整,属于一般侵权责任。依据侵权责任法的基本原理,侵权责任的构成包括四个要件:损害行为、损害结果、行为与结果之间的因果关系以及过错。医疗结构及医护人员在善意或尽了应尽之注意义务等无过错情形下,侵犯患者的医疗自主权,并不因此而承担侵权责任。

值得注意的是,在生前预嘱生效的情形下,患者通常已经处于无民事行为能力,甚至是生命垂危的情形,不具有诉讼行为能力,因而依法只能由其法定代理人代为提出侵权之诉。由此便容易造成患者的监护人与医护人员恶意串通损害患者的医疗自主权。因此笔者认为,在构建生前预嘱制度时,应当考虑其实施的特殊背景,不仅仅依靠侵权责任法保护患者的医疗自主权,同时也可以借鉴我国台湾的做法,建立公法上的保护制度,医护人员或近亲属若存在恶意损害患者医疗自主权的行为,将面临一定程度的行政处罚。

五、结语

生前预嘱的制度构建绝不是引进生前预嘱概念这样一件简单的事情,它是一项庞大而又繁杂的工程。我们不仅要了解生前预嘱,更要从中国的国情出发,在借鉴外国优秀立法例的基础上构建起属于我国的生前预嘱制度。在有效要件中,对主体作出有特殊要求,同时要求意思表示无瑕疵且内容合法,形式上允许口头与书面形式,但要求具有见证人。对于生前预嘱的实现,需要规定有效要件时,将生前预嘱具体区分成两种情况来处理,同时规定生前预嘱对谁产生拘束力以及产生何种拘束力,当发生行为人怀孕之情形时还应当特殊考虑。同时,为了保证生前预嘱的有效实施,其必不可少地涉及登记制度与救济手段。但值得注意的是,尊重人的医疗自主决定权既是构建生前预嘱制度的出发点也是其基本宗旨,因而无论是从宏观层面还是微观层面,都应当将患者的意愿放于核心位置。同时,基于中国的文化背景,我们应当加强对医疗自主决定权和生前预嘱的宣传力度,让更多的人认识到他们能够自己决定生命的走向,也使更多的患者家属能够转变传统思想,尊重患者的意愿。

The Construction of Living Will in China

Abstract: The system of living will originated in the United States. Through this system, patients can choose to give up treatment and exercise medical autonomy under certain circumstances. Today, the living will has been developed in most countries in the world. Such as BGB, Advance Medical Directive Act in Singapore and the Hospice Palliative Care Act in Taiwan of China. An actor who has made a living will have full capacity for civil conduct, both in written form and orally, but must have witnessed by two or more persons with full capacity who are not interested. Registration is not a valid element of a living will. When the situation which the actor has designated happens, the living will will take effect, also it will be binding on patients' close relatives, medical institutions and their medical staff. Even if the patient is pregnant, the effect of a living will should not be completely ruled out. The person who violates the living will shall be liable for damages for tort.

Key Words: Living Will; Health - Care Autonomy; the Construction

（责任校对：罗　帅）

刑事辩护冲突的解决模式研究

何保飞*

摘　要：律师帮助是被追诉人实现辩护权、保障自身诉讼利益的基石，然而在司法实践中，辩护律师与被追诉人的冲突却经常发生，具体表现在律师独立辩护模式与被追诉人自主性辩护模式之间的矛盾，导致出现大量的无效辩护，违背了律师帮助的初衷。本文从辩护律师与被追诉人的关系出发，通过对比分析独立辩护模式与自主性辩护模式的理论基础、域内外适用现状以及适用的困境，明确了被追诉人应当是自己案件的主人，律师再专业也只能扮演助手的观点，从而在这两种模式的基础上提出将协同性辩护模式作为解决刑事辩护冲突的第三种模式。

关键词：律师帮助　独立辩护　自主性辩护　协同性辩护

一、问题的提出

律师帮助是公平审判的前提，对于被追诉人而言，如果不赋予其获得律师帮助的权利，在很多情况下，被追诉人在接受审判中的权利将会变得毫无意义，因此律师帮助权是每一位被控刑事犯罪之人最珍贵、最基本的权利。然而随着律师帮助权的不断发展，辩护律师与被追诉人之间关于辩护主导权的冲突也随之增多。最近上诉到美国联邦最高法院的麦考伊案①针对辩护律师与被追诉人之间的辩护冲突提出了两个非常重要的问题：(1)辩护律师不顾被追诉人明确反对而承认被追诉人有罪是否违背了宪法规定的律师帮助权？(2)被追诉人是否有选择辩护目标的权利？最终联邦最高法院对该问题作出

* **作者简介：**何保飞(1994—)，男，安徽安庆人，中国政法大学硕士研究生。

① 参见 McCoy v. Louisiana(2018).

了肯定性的回答并赞成自主性辩护模式作为解决辩护冲突的积极意义。麦考伊案中的问题在我国刑事领域也经常出现,然而由于律师独立辩护模式一直在我国刑事辩护实践中占据主流地位,辩护律师被赋予独立的身份并且承担着维护法律实施和实现司法正义的义务,从而使得辩护律师在角色定位上出现严重的偏差,给被追诉人与辩护律师关系的发展造成混乱。② 如李庄案二审庭审期间,被追诉人李庄当庭认罪,但其辩护律师却为李庄做无罪辩护,尽管有学者批评辩护律师无权做与被追诉人意见相反的辩护,但李庄的辩护律师认为在中国现有的刑事司法体制之下,辩护律师的地位是独立的,因此辩护律师有权发表和被追诉人意见不同的观点。当被追诉人与其辩护律师就辩护主导权发生冲突时,是采取律师独立辩护模式还是被追诉人自主性辩护模式?抑或对这两种模式进行总结反思,从而在这两种模式的基础上提出一种新的解决模式?这是当前我国刑事司法体制改革背景下急需解决的问题。

二、刑事辩护冲突的两种解决模式

当前刑事领域的辩护冲突主要有两种解决模式,即律师独立辩护模式与被追诉人自主性辩护模式。每个国家适用哪种解决模式取决于各自的司法体制,综合来看,采用职权主义、追求客观真实的国家大多选择律师独立辩护模式,采用当事人主义、主张保护当事人诉讼权利的国家大多选择自主性辩护模式。而且各个国家也并不是采取绝对的单一模式,在不同时期对这两种解决模式的态度也不同,如美国最开始是采用自主性辩护模式,后来在很长的一段时期内采用独立辩护模式,麦考伊案后才再一次肯定了自主性辩护模式的价值,随着刑事诉讼的发展变革以及人权保障观念的普及,这两种模式逐渐有互相融合的趋势,接下来本文将对两种解决模式的理论基础以及在国内外的适用情况进行对比分析。

(一)律师独立辩护模式

独立辩护模式是指辩护律师有自己独立的人格,不是被追诉人的代言人,其核心观点是辩护律师只以事实和法律为依据,不受被追诉人意志的约束。

1. 独立辩护模式的理论基础

首先,是辩护律师的专业性。相比于辩护律师而言,被追诉人在法律方面

---

② 刘译矾:《论委托人与辩护律师的关系——以美国律师职业行为规范为切入的分析》,《浙江工商大学学报》2018 年第 3 期。

的技能是非常有限的，其与掌握高度专业化法律知识的辩护律师之间是一场力量非常不均衡的博弈。③ 尽管法律赋予了被追诉人诸如申请调取实物证据、申请证人鉴定人出庭作证、申请重新勘验和鉴定、对控方证人当庭发问、对控方证据发表质证意见的权利，但是由于诉讼程序和法律制度的复杂性，被追诉人通常无法具备充分行使这些权利的知识和技能。假如没有辩护律师的有效协助，即使被追诉人有一个完美的辩护理由，也很难为自己争取到最大的诉讼利益，发现实体真实和实现审判公正的目标也无法实现。因此被追诉人一般会放弃亲自行使这些权利，而委托辩护律师代为实施。

其次，是辩护律师对法庭的真实义务。追求客观真实是刑事诉讼永恒的目标，作为诉讼参与者，辩护律师同样负有真实性义务。如果辩护律师不履行对法院的真实性义务，则会阻碍法官对事实真相的发现，这与刑事诉讼发现真实的目标相违背，也与刑事辩护制度的的哲学基础——对立统一规律相矛盾。④

最后，是辩护律师的职业尊严。辩护律师有其职业尊严而不仅仅是借助法律谋生的法律人。辩护律师有自己的独立人格，有独立的职业伦理，不是被追诉人的“传声筒”，而是运用执业经验和专业知识来帮助被追诉人实现辩护目标、实现利益最大化的专业人士。因此辩护律师有权利根据自己的专业技能进行独立辩护。

2. 独立辩护模式的域外适用

律师独立辩护模式的典范是德国，德国《刑事诉讼法》第 81 条规定：“即使被追诉人不愿让证人曝光，但辩护人仍然可以违背被追诉人的意志，为被追诉人利益而自行申请传唤证人。”辩护律师在辩护技术性问题上享有独立的决定权，其在很大程度上被赋予一种公法角色，对国家和法庭负有查明案件事实的义务，因此在德国辩护律师享有独立的诉讼地位。

在英国，律师分为事务律师和出庭律师，事务律师负责将其了解的案情和核实的证据交给出庭律师，这样出庭律师就无法直接接触案件当事人，只能根据事务律师对案情的描述以及自身的执业经验，以一种客观的态度对案情进行陈述和分析，有效地防止出庭律师的个人情感因素影响辩护过程，被追诉人无权控制司法程序，避免了辩护律师“当事人化”。

---

③ 宋远升：《律师独立辩护的有限适用》，《法学》2014 年第 8 期。

④ 李宝岳、陈学权：《辩护律师对法庭的真实义务》，《中国司法》2005 年第 9 期。

在美国，由于在制定宪法时只允许被控轻罪和严重叛国罪的被追诉人聘请律师，因此最开始在刑事诉讼中被追诉人自我辩护的情况普遍存在，律师的作用主要是交叉询问证人和辩论法律问题。立法者起草宪法第六修正案的整个历史都将被追诉人作为案件的主要决策者，然而自 1963 年吉迪恩案后，联邦法院开始以一种微妙的方式将案件的控制权由被追诉人转移给律师，如法院判决认为辩护律师有权承认被追诉人有罪从而做罪轻辩护，即使被追诉人反对。[⑤] 过去四十年间，自主性辩护的价值一直没有得到联邦最高法院的认同。

3. 独立辩护模式的国内适用

我国刑事辩护领域长期受律师独立辩护模式的影响，采取独立辩护理论，律师被要求“依法独立履行辩护职责”。辩护律师的辩护不受被追诉人意志的约束，在庭审过程中，辩护律师可以以维护被追诉人利益为由不顾被追诉人反对提出与被追诉人不一致甚至相反的辩护观点，被追诉人的意见至多只能作为律师辩护的参考而不能成为唯一依据。辩护律师有自己的独立人格并且需要遵循职业伦理道德，被追诉人的权益主张是辩护律师分析判断的起点，但辩护律师必须考虑被追诉人诉求的合法性。对于被追诉人的意见和选择，辩护律师认为合法、合理的，可以予以采纳；认为不合法、不合理的，可以拒绝采纳并有权根据自己的选择进行辩护。

独立辩护模式在我国司法实践中长期占据主流地位有其制度背景。1980 年通过的《律师暂行条例》规定：“律师是国家的法律工作者，其任务是对国家机关、企业事业单位、社会团体、人民公社和公民提供法律帮助，以维护法律的正确实施，维护国家、集体的利益和公民的合法权益。”对于辩护律师而言，“维护国家利益和法律的正确实施”的优先性大于“维护公民的合法权益”。1996 年通过的《律师法》规定“律师是为社会提供法律服务的执业人员”，“维护当事人的合法权益”首次优先于“维护法律的正确实施”。2007 年修订的《律师法》规定“律师是为当事人提供法律服务的执业人员”“律师应当维护当事人合法权益，维护法律正确实施，维护社会公平和正义”。然而受 1980 年《律师暂行条例》对律师是“国家法律工作者”定位的影响，辩护律师一直被视为“不受当事人意志左右的独立辩护人”而不被看作是诉讼代理人[⑥]，从而导

⑤ 参见 Haynes v. Cain (2002).

⑥ 陈瑞华：《论辩护律师的忠诚义务》，《吉林大学社会科学学报》2016 年第 3 期。

致有些辩护律师没有把为被追诉人争取最大利益放在首要位置,在庭审中经常作出“表演性辩护”[7],被追诉人尽管形式上有辩护律师的协助,但是实质上辩护律师所做的辩护是无效辩护,甚至辩护效果不如被追诉人自我辩护,对律师职业群体的整体形象造成了恶劣的形象,同时也损害了司法的公平正义。

(二)被追诉人自主性辩护模式

被追诉人自主性辩护模式是指被追诉人应当是自己案件的主人,辩护律师再专业也只能扮演助手的角色,其核心观点是辩护律师不能发表与被追诉人意见不一致的辩护。

1. 自主性辩护模式的理论基础

首先,被追诉人的辩护权属于原始权利,但被追诉人常常由于一些外界和自身的原因导致难以亲自实施辩护权,外界的原因包括被羁押导致丧失人身自由,自身原因包括不熟悉法律知识,不具备充分准备辩护所要求的基本能力和技巧。辩护律师只是协助被追诉人行使该权利,说服审判人员接受辩护方的辩护意见,从而确保被追诉人获得更为有效的辩护。因此辩护律师的辩护权属于继受权利,辩护律师的参与,不应当也不可能替代被追诉人行使辩护权的活动。[8]

其次,辩护律师与被追诉人之间属于契约关系。不管是接受委托从事辩护,还是被法院指定辩护[9],辩护律师与被追诉人之间最本质的关系都是私法上的契约和代理关系,辩护律师最基本的义务是合同义务,应当遵守代理人的职业伦理道德,这也是被追诉人与辩护律师委托关系赖以存续的基础。因此辩护律师应当将合同义务排在第一位,尽自己最大努力为委托人争取最大利益,并排除其他利益的干扰。正如英国法官布鲁厄姆所言:一个诉辩者,在履行其职责的时候,在整个世界只知道一个人,那个人就是他的委托人。为了挽救委托人,使用所有方式和手段,不顾对他人的危险和耗费,这些人也包括他自己,这是他首要的和唯一的职责。[10] 从这个角度考虑,辩护人并不承担公法

---

⑦ 李奋飞:《论“表演性辩护——中国律师法庭辩护功能的异化及其矫正”》,《政法论坛》2015 年第 2 期。

⑧ 陈瑞华:《论被告人的阅卷权》,《当代法学》2013 年第 3 期。

⑨ 在法律援助辩护中,被指定的辩护律师仍然需要经犯罪嫌疑人、被告人确认并签字的法律援助公函。

⑩ [美]德肖维茨:《合理的怀疑——从辛普森案批判美国司法体系》,高忠义、侯荷婷译,法律出版社 2010 年版,第 168 页。

角色和公法责任。[11] 辩护律师应当忠实履行合同中的义务条款，只有对于委托人授予的权利，辩护律师才拥有独立的处分权，应当发挥自己的专业优势，全力协助辩护人行使诉讼权利；对于委托人没有授予的权利，辩护律师不能以独立辩护为由越权行使，否则就属于违约，应当承担违约的法律责任。

在刑事辩护领域，辩护律师之所以会作出与被追诉人不一致甚至相反的辩护，或者为了博得被追诉人近亲属的信任而进行表演性辩护，或者为了讨好法律援助机构，不会卷、不阅卷、不调查，在庭审前不进行任何的实质性的准备活动，这都是因为他们并没有将被追诉人作为委托人，而是将代为聘请自己的被追诉人的近亲属或者法律援助机构作为自己的服务对象，辩护律师自然很难做到忠诚于被追诉人。因此忽视了被追诉人与辩护律师的契约关系，不确立起被追诉人的"被代理人"身份或者"客户"地位，整个诉讼代理关系将发生混乱，也无法督促辩护律师提供尽职尽责的法律服务。[12]

最后，被追诉人是案件结果的最终承受者。被追诉人是刑事诉讼过程直接受影响者和最终判决结果的承受者，考虑到通过刑事审判被确定有罪之后，被追诉人的自由将受到极大的限制，有时候面临的甚至是被剥夺生命，这对于任何一个人来说都是极大的风险，而这样的风险最终是由被追诉人而不是被追诉人的辩护律师承担，因此被追诉人应当掌握辩护的主导权。如果关涉被追诉人基本参与权的事项都由辩护律师强行代为决定和掌控的话，则律师将不再是提供帮助的人，而变成了主导者，结果是辩护律师的帮助成了剥夺被追诉人辩护权的一种方式。[13] 确保被追诉人接受的刑罚都是由于自己的选择所导致，包括是否认罪，是否上诉，选择怎样的辩护目标等，让被追诉人而不是其辩护律师成为自己案件的主人，如此加之于被追诉人的刑罚才具有正当性。

2. 自主性辩护模式的域外适用

在赋予被追诉人律师帮助权之前，被追诉人自我辩护是常态，由律师协助辩护是例外。18 世纪中期，英国法庭在重罪案件中禁止被追诉人聘请律师进行辩护，只有被控轻罪的被追诉人才可以有律师辩护，律师的帮助被视为国家生存的威胁。[14] 被追诉人选择自我辩护主要基于三点，首先，在当时缺乏高水

---

⑪ 林钰雄：《刑事诉讼法》（上），中国人民大学出版社 2005 年版，第 161 页。

⑫ 田文昌、陈瑞华：《刑事辩护的中国经验》，北京大学出版社 2012 年版，第 12 页。

⑬ Faretta v. California(1975).

⑭ Stephen, A History of the Criminal Law of England, p. 397.

平的律师,导致公民对律师普遍的不信任;其次,律师属于上层社会,穷人很难负担起高昂的律师费;最后,在当时的刑事诉讼中,被追诉人的对手往往也是未经专业法律训练的个人,而非职业律师⑮,因此控辩双方基本上势均力敌,中立的法官可以有效保障被追诉人的合法利益。然而随着检察官的专业化和职业化,控辩双方的力量逐渐失衡,尤其涉及被追诉人自由甚至生命的重罪案件,禁止被追诉人获得辩护律师的帮助显然与司法的公平正义背道而驰,英国开始逐渐解除对重罪案件的被追诉人聘请律师的限制。作为英国殖民地的美国,其法律体制深受英国影响,律师帮助权更是直接作为宪法权利规定在宪法第六修正案中。随着律师帮助权的不断发展壮大,辩护律师逐渐在辩护中占据主导地位,然而被追诉人和辩护律师不断发生的辩护冲突,被追诉人对掌握辩护主导权日益增长的诉求,迫使立法者开始反思赋予被追诉人律师帮助权的初衷。

对当事人自治权相对优先的理论思考起源于医学和临床生物学,在知情同意原则的发展中尤为突出。在过去,只要医生认为是对病人有利的医疗措施,可以不用获得患者的同意而直接实施,在这样的医学伦理基础下,患者很容易由于不知情而遭到医生的医疗侵害,经历二战法西斯对集中营的囚犯进行的医学实验之后,人们开始反思医生的定位与存在的价值。《纽伦堡法典》首次提出知情同意的概念,1981 年通过的《里斯本宣言》规定任何患者在获知医生的充分说明后,享有接受或者拒绝的权利。⑯ 这一原则的实质是尊重个人的自治权,因此也有学者认为知情同意原则是当事人自我决定权在医疗领域的体现。告知患方诊断结果,建议何种治疗或手术,有何种替代措施,以及相关的医疗风险(包括拒绝治疗或手术的后果)和相关费用,并获得患者对建议方案的同意,从来不是可有可无的手续,它是治疗的重要组成部分,是其正当性和合法性的基础。⑰

医患关系中的知情同意原则很快体现在调整律师与被追诉人关系的规范上。《德国基本法》第 2 条第 1 款规定:“只要未侵犯他人的权利,未抵触宪法规定以及未违背善良风俗,那么任何人都有权使其人格自由地形成和发展。”

---

⑮ Langbein,"The Criminal Trial Before the Lawyers",p. 282.

⑯ 杨丹:《医疗刑法研究》,中国人民大学出版社 2010 年版,第 175 页。

⑰ 苏力:《医疗的知情同意与个人自由和责任——从肖志军拒签事件切入》,《中国法学》2008 年第 2 期。

由该条当然推导出尊重被追诉人在刑事诉讼中的自治权。随着美国20世纪60年代民权运动和正当程序革命的兴起，自由派法律理论开始占据上风，社会也开始日益重视当事人的个体权利和自我决策权。⑱ 1969年全美律师协会颁布的《律师职业责任准则》规定："在最后的分析中，律师应该始终记住，在是否因为非法律的问题而放弃法律上允许和可行的法律目的或者方式，是由他的当事人，而不是由律师自己来做出这个决定。"1975年联邦最高法院在法雷塔案中判定美国宪法第六修正案不仅赋予被追诉人获得律师帮助的权利，还包括自我辩护的权利，即被追诉人有解雇律师，放弃律师帮助从而代表自己进行辩护的宪法权利。⑲ 1983年全美律师协会采用的《律师职业行为示范规则》规定："在代理的目标上，律师应当听从当事人的决定，并且就实现这些目标的方式征求当事人的意见。"⑳2018年麦考伊案中，联邦最高法院认定被追诉人的辩护自治利益优先于律师帮助权，被追诉人选择律师代理并不意味着将所有与辩护相关的事项的决定权都让渡给律师，被追诉人仍可根据自己的价值排序保留关键事项的决定权，被追诉人的个人自由、个体尊严和独立自主的价值要高于公平审判中被追诉人的利益。

3. 自主性辩护模式的国内适用

在我国，近年来地方司法实践中逐渐意识到被追诉人应当在辩护中占据主导地位，被追诉人的主体地位也逐渐被重视起来。山东省律师协会2010年发布的《死刑案件辩护指导意见（试行）》规定，开庭前律师与被追诉人达成无罪辩护意见，开庭后被追诉人当庭认罪的，律师应当申请法庭休庭。休庭后，律师应当与被追诉人协商，以达成一致的辩护意见。无法达成一致意见的，律师可以与被追诉人解除委托关系，并向法庭申请退出本庭的辩护工作。㉑ 河南省律师协会2011年通过的《死刑案件辩护指引（试行）》规定，在法庭审理中，律师应当申请法庭休庭；休庭后，律师应当与被追诉人协商，由被追诉人选

⑱ 陈虎：《律师与当事人决策权的分配——以英美法为中心的分析》，《中外法学》2016年第2期。

⑲ 田文昌、陈瑞华：《刑事辩护的中国经验》，北京大学出版社2012年版，第155—157页。

⑳ 田文昌、陈瑞华：《刑事辩护的中国经验》，北京大学出版社2012年版，第69页。

㉑ 参见http://www.sdlawyer.org.cn/004/004/2012222549679.htm，2019年7月2日访问。

择辩护意见;对于被追诉人选择的辩护意见,律师都应服从。[22] 贵州省律师协会 2011 年通过的《关于死刑案件辩护规范指导意见》规定,律师在开庭前会见被追诉人时,应向其告知最终辩护思路,并听取被追诉人的意见。[23] 2017 年新出台的《律师办理刑事案件规范》第 5 条第 3 款规定:“律师在辩护活动中,应当在法律和事实的基础上尊重当事人意见,按照有利于当事人的原则开展工作,不得违背当事人的意愿提出不利于当事人的辩护意见。”

三、两种解决模式的困境

随着各国对保障被追诉人权利的重视,单一的律师独立辩护模式已逐渐被摒弃,目前在美国几乎所有的法学院都放弃了独立辩护论,麦考伊案也表明联邦最高法院更倾向于以被追诉人为中心的辩护主义。在德国有学者认为“原则上辩护人应受当事人约束,但是不合理的或者非法的要求除外”。[24] 在日本,越来越多的学者主张采取被追诉人中心主义辩护观。[25] 然而过于强调被追诉人的辩护主导地位同样也会导致很多的问题,在某种程度上会导致律师制度形同虚设,同样不利于被追诉人行使辩护权。因此,在提出第三种解决模式之前,有必要对这两种解决模式的适用困境进行梳理总结。

(一)独立辩护模式的困境

首先,独立辩护模式与律师制度设立的初衷相悖。设立律师制度的初衷是让律师以其专业的知识和技能来协助被追诉人行使辩护权,为被追诉人争取最大利益,实现控辩平等对抗,实现司法的公平正义,从而达到保障人权的目的,而不是让辩护律师代替检察官或者法官来扮演控诉或者审判的角色。然而根据独立辩护模式理论,辩护律师可以在不征求被追诉人意见的情况下,当庭同意公诉方指控的罪名,或者提出一个新的罪名,这相当于辩护律师“公诉人化”,在客观上起到了支持公诉的作用。[26] 如此一来,传统的控、辩、审三

---

[22] 参见 http://www.hnlawyer.org/index.php/Index-article-cctid-107-id-2013,2019 年 7 月 2 日访问。

[23] 参见 http://wenku.baidu.com/view/4a02ee3331126edb6fla100e.html,2019 年 7 月 2 日访问。

[24] [德]托马斯.魏根特:《德国刑事诉讼程序》,岳礼玲等译,中国政法大学出版社 2004 年版,第 61 页。

[25] 彭勃:《刑事辩护中律师与委托人的关系》,《北京科技大学学报》2001 年第 2 期。

[26] 陈瑞华:《独立辩护人理论的反思与重构》,《政法论坛》2013 年第 6 期。

角结构之平衡将被打破，更为严重的是，在辩护律师单方面认同公诉方指控意见的情况下，辩护律师与公诉人实际上组成一个“公诉联盟”，被追诉人需要同时对抗公诉人与其辩护律师，想要完成自己的辩护目标简直是天方夜谭。

其次，独立辩护模式与律师的忠诚义务不符。基于与被追诉人签订的委托合同关系，辩护律师对被追诉人负有忠诚义务，因此辩护律师应将维护被追诉人的利益作为辩护的目标，尽一切可能选择有利于实现这一目标的辩护手段和辩护方法。[27] 对律师而言，忠诚义务是律师职业伦理的核心，其他一切职业伦理都以忠诚义务为核心，辩护律师与被追诉人的关系应当是忠诚与信任的关系，否则辩护律师的辩护工作将无法开展。《美国律师执业行为标准规则》规定律师应当将被追诉人视为委托人，应当将维护委托人利益作为自己辩护的出发点。我国《律师办理刑事案件指引》也规定：律师参与刑事诉讼必须坚持依法维护委托人的合法利益，维护法律正确实施的原则，忠于职守，认真负责，不得损害委托人的合法权益。如果辩护律师不将忠于被追诉人作为自己的职业准则，反以独立辩护为由，擅自提出与被追诉人意见不一致甚至相反的辩护意见，到最后造成对被追诉人不利的法律后果，这就构成了无效辩护。无效辩护是对忠诚义务的严重背离，是辩护律师违反职业伦理的典型表现。[28]

最后，独立辩护模式对最好诉讼结果存在误解。传统观点认为相对于被追诉人自己辩护而言，辩护律师更有能力为被追诉人争取更大的诉讼利益，然而该观点缺乏证据支持。由于被追诉人的经济情况、社会地位、道德观念、宗教信仰不同，实际上对于价值偏好、风险承受能力以及对相关价值的重要性排序也是各不相同的，因此对“最好诉讼结果”的界定应当从被追诉人的角度出发。在麦考伊案中，麦考伊的辩护律师基于其辩护经验认为认罪是避免死刑的最好办法，而避免死刑对麦考伊来说是最好的诉讼结果，尽管麦考伊不同意认罪。然而正如金斯伯格大法官所言：“被追诉人的辩护目标有时候不是简单的避免死刑，他可能希望避免承认杀害家庭成员所带来的耻辱感，或者相比于余生在监狱中无价值地度过，他宁可冒着被判死刑的风险去追求无罪，不管该希望多么渺茫。在辩护过程中，有些律师还可能起到反作用，辩护律师以独立辩护为由，其辩护不受被追诉人的制约，导致其漠视被追诉人的诉讼利益，

[27] 陈瑞华：《刑事辩护的理念》，北京大学出版社 2017 年版，第 120 页。

[28] 田文昌、陈瑞华：《刑事辩护的中国经验》，北京大学出版社 2012 年版，第 7 页。

配合司法机关走程序，不会见、不阅卷、不调查，在法庭上辩护也只是照本宣科完成任务，结果造成实质上的无效辩护。”㉙现实中如“死磕派”律师，完全不遵守律师职业道德，利用自媒体引导舆论，不惜牺牲被追诉人的隐私，企图利用民意绑架法官，结果引起法官的反感，律师达到了出名的目的，而被追诉人可能会获得相比没有辩护律师代理辩护更加严重的刑罚。因此，辩护律师比被追诉人更有能力争取更好的诉讼利益的观点根本站不住脚。

（二）自主性辩护模式的困境

首先，自主性辩护模式会导致律师“工具化”。在代理被追诉人进行刑事辩护的过程中，辩护律师不仅是被追诉人的代理人，而且还扮演着多重角色。作为法律共同体的一员，辩护律师需要维护法律共同体的职业声誉；作为诉讼参与者，辩护律师要积极维护法律实施，不能听从被追诉人的指挥向法庭作出明知是虚假的陈述，也不得向法庭提供明知是不可靠的证据，不能引导法官作出错误裁判。辩护律师应当在职业身份和专业判断上保持一定的独立性，否则就会沦为被追诉人的传声筒，这也跟设立律师制度的初衷不符。

其次，自主性辩护模式忽略了患有精神病的被追诉人。被追诉人辩护自治模式是以被追诉人为完全民事行为能力人作为前提的，然而对于不具有完全民事行为能力或者无民事行为能力的患有精神病的被追诉人，赋予其在刑事辩护中的主导权很有可能会导致其作出灾难性的选择。对于犯杀人罪的精神病被追诉人而言，其辩护律师可能根据辩护经验和辩护技巧选择认罪并以被追诉人患有精神病为由请求免除刑罚或者减轻刑罚，但被追诉人自己可能坚持做无罪辩护，却意识不到这将会极大增加被判死刑的风险，在某种程度上几乎是一定会被判死刑，但是被追诉人自己却并不想接受死刑，因此一味坚持被追诉人辩护自治可能会对被追诉人造成真正的伤害，而该伤害并不在被追

㉙ 从辩护律师在死刑案件指定辩护中提供的辩护意见来看，部分律师的辩护意见公式化问题严重，不仅无效，甚至还可能会起到反作用。如“原审判决认定事实清楚，证据充分，定罪准确，量刑适当，请法院依法核准”之类的辩护意见就是完全无用的废话，因为根据“上诉不加刑”的诉讼原则，在检察院没有提起抗诉的情况下，对于一审判处死刑缓期二年执行的案件，二审中即使不付出任何的努力，最差的结果也不过是“依法核准”，又何必指定律师。更有甚者，竟然在被追诉人本人不认罪的情况下发表辩护意见说“对一审法院认定的犯罪事实没有异议”。参见吴宏耀：《死刑复核程序中被告人的律师帮助权——基于255份死刑复核刑事裁定书的实证研究》，《法律适用》2017年第4期。

诉人的接受范围内。[30]

四、解决刑事辩护冲突的第三条进路——协同性辩护模式

独立辩护模式一直在我国刑事辩护中占据重要地位，至今仍对辩护律师与被追诉人的关系产生巨大影响。然而随着我国刑事诉讼制度的不断变革，以及对被追诉人权利保障的不断完善，法学界已经趋向这样一个共识：对于辩护律师，忠于被追诉人并为其争取最大利益是每个辩护律师的最高职责，辩护律师应当在法律允许的范围内尽全力帮助被追诉人对抗国家控诉机关，充当维护被追诉人诉讼权利最有力的助手。独立辩护模式越来越难以适应我国刑事司法实践，但鉴于自主性辩护模式在实践中同样会出现很多的问题，一味地采取被追诉人至上模式也不可取且不现实。因此，应当结合两种解决模式的可取之处，摒弃两者的弊端，有必要在两者模式的基础上提出一种新的解决模式，即协同性辩护模式，具体理由如下：

首先，是律师角色定位的改变。随着我国辩护制度的不断发展与完善，律师的角色定位从“国家法律工作者”到“社会法律工作者”，再到如今的“为当事人提供法律服务的执业人员”。“法律顾问处”也已经成为合伙私有制的律师事务所，律师服务也已经商品化和市场化，辩护律师与被追诉人实际上是委托与被委托的关系，辩护律师以独立辩护为由，越过被追诉人所授予的权限进行辩护显然不再合适。

其次，是有效辩护的要求。无论案件最终结果的好坏，由辩护律师协助被追诉人进行辩护活动所产生的全部法律后果最终都由被追诉人承担，因此没有任何人比被追诉人更加关心案件的结局，也没有任何人比被追诉人更加清楚自己的诉求以及对辩护律师的辩护抱有更大的期待，只有被追诉人掌握辩护的主导权，律师的辩护活动才能最大程度上得到监督和制约，才能督促律师为被追诉人提供更加全面的专业意见，作出最符合被追诉人自身利益诉求的辩护。辩护律师与被追诉人进行沟通协商，在尊重被追诉人意见的基础上决

---

[30] 密尔在《论自由》举了一个典型的例子：有一个游客在不知情的情况下通过一座有危险的、即将坍塌的桥，如果其他人看见了又来不及告知他这个危险，那么可以将他强行拉回，而这不会对他的自由造成真正的侵犯，因为自由在于做自己真正想要做的事，而这个游客并不想要掉进河里。

定最终的辩护策略，是实现有效辩护的必要条件。[31]

最后，是刑事诉讼制度的变革。我国的刑事诉讼构造由强调国家利益的职权主义逐渐发展为强调当事人利益的当事人主义，在当事人主义的诉讼构造下，更为强调辩护律师与被追诉人之间的紧密关系，以保证其能够形成强大的辩方力量和控方对抗。[32] 被追诉人对辩护律师的有效配合和支持，以及辩护律师与被追诉人的沟通与协商，成为中国刑事诉讼制度所要面对的基本事实。[33] 此外，以庭审为中心的诉讼制度改革对审判实质化提出进一步要求，而审判实质化以辩护实质化为前提条件，因此，辩护律师对于实质审判具有重要作用，而尊重被追诉人的主体地位将对辩护律师的辩护形成有效制约，督促辩护律师尽职尽责为被追诉人争取更大的诉讼利益。

综合上述客观事实，有必要在独立辩护模式与自主性辩护模式的基础上提出解决刑事辩护冲突的第三种解决模式，即协同性辩护模式。协同性辩护模式的核心内容是辩护律师应当是被追诉人行使辩护权的协助者，辩护律师应当在尊重被追诉人的基础上，与被追诉人就辩护的相关问题进行充分协商和沟通，从而形成协调一致的辩护思路，两者分工合作，最终实现较为理想的辩护效果。[34] 协同性辩护模式包括类型化决策机制、辩护律师的合理说服义务、协商退出机制以及无效辩护的救济四个方面。

（一）类型化决策机制

刑事辩护冲突包括辩护目标冲突、辩护策略冲突与辩护技术性问题冲突。辩护目标冲突是指被追诉人与其辩护律师就辩护目标意见不一致，具体表现为被追诉人不认罪或者翻供而辩护律师为其做罪轻辩护；被追诉人对公诉书中指控的罪名没有异议，辩护律师以其他罪名做罪轻辩护；被追诉人认罪，辩护律师做无罪辩护。辩护策略冲突是指被追诉人与其辩护律师就辩护策略产生矛盾，表现为被追诉人主张程序性辩护或者实体性辩护，而辩护律师根据自己的执业经验认为该辩护策略对于为被追诉人争取最大利益不是一个好的选择甚至是糟糕的选择从而拒绝该种辩护。而辩护技术性问题冲突是指被追诉人与其辩护律师就辩护技术性问题发生冲突，表现为两者对是否选择简易程

---

[31] 田文昌、陈瑞华：《刑事辩护的中国经验》，北京大学出版社 2012 年版，第 155—157 页。

[32] 田文昌、陈瑞华：《刑事辩护的中国经验》，北京大学出版社 2012 年版，第 452 页。

[33] 田文昌、陈瑞华：《刑事辩护的中国经验》，北京大学出版社 2012 年版，第 136 页。

[34] 陈瑞华：《论协同性辩护理论》，《浙江工商大学学报》2018 年第 3 期。

序或者速裁程序、是否需要通知新的证人到庭、是否需要调取新的物证、是否申请解除或者变更强制措施、是否对鉴定意见有异议、是否申请重新鉴定或者勘验、是否出示某一证据、是否申请回避等问题无法达成统一意见。

在美国,《美国律师职业行为示范规则》规定:辩护目标原则上由当事人决定,而实现该辩护目标的方式和途径则由辩护律师决定。在辩护过程中,辩护律师与被追诉人可类比出租车司机与乘客,司机具有丰富的驾驶经验,对当地的交通状况和行驶路线了然于胸,而被追诉人则是初到该地的乘客,乘客告诉司机目的地,司机应当忠诚于乘客的指示,以适宜的速度选择最合适最安全的路线将乘客送达目的地。[35] 由于辩护目标直接决定诉讼结果,而刑事诉讼结果无论好坏都将由被追诉人承担,因此根据协同性辩护模式,被追诉人对辩护目标理应享有最终决定权。辩护律师应当在被追诉人决定辩护目标之前,提供专业的建议和帮助,并告知被追诉人所做选择可能导致的诉讼后果。尽管辩护策略和辩护技术性问题属于辩护律师自主决定的事项范围,但是辩护律师在作出决定前应当与被追诉人协商并征求其意见,以保障被追诉人的知情同意权,并且辩护律师所做的决定不能损害被追诉人的合法利益。考虑到现实中很难将辩护策略和辩护技术性问题与辩护目标划清界限,对某些被追诉人来说,选择何种辩护策略也是辩护目标的一部分,此时不能拘泥于辩护目标和辩护策略的区分,应当遵从这样的判断标准:只要该项权利不涉及被追诉人深层次的道德选择,并且该项权利的行使对被追诉人的实体性权益没有直接影响,则该项权利的行使属于辩护律师自主决定的范围。[36] 换言之,只要该选择涉及被追诉人的道德信仰和实体性权益,则该选择属于辩护目标的范畴,其最后决定权属于被追诉人。

(二)辩护律师的合理说服义务

当被追诉人就辩护目标作出决定,但辩护律师根据自己的专业知识和执业经验认为该决定会对当事人的利益造成实质上的不利影响时,应当告知被追诉人该决定导致的后果并确认被追诉人对该结果已经做好充分的心理准备。因为在现实中被追诉人并不总是理智且能实现自主性辩护的强者,更多的时候是“弱而愚”的个体,往往会由于能力不足、粗心大意或者懒惰、冲动对

---

[35] 田文昌、陈瑞华:《刑事辩护的中国经验》,北京大学出版社2012年版,第454页。

[36] 方柏兴:《论辩护冲突中的保留原则——一种协调被告人与辩护律师关系的新思路》,《当代法学》2016年第6期。

可能的辩护结果没有足够的调查和充分的思考而产生错误的预估，又或者是由于被周围的人所诱骗或被强制而作出对自己有毁灭性的选择，这种选择所导致的后果并不是被追诉人想要的。因此辩护律师应当通过相关背景调查了解被追诉人的选择是否因为外界因素的干扰，并根据自己的执业经验和职业理性说服被追诉人改变决定。

（三）协商退出机制

根据2017年全国律协颁布的《律师办理刑事案件规范》，辩护律师应当在法律和事实的基础上尊重当事人的意见，按照有利于当事人的原则开展工作，不得违背当事人的意愿提出不利于当事人的辩护意见。辩护律师与被追诉人就辩护方案产生严重分歧不能达成一致的，可以代表律师事务所与委托人协商解除委托关系。因此，在辩护律师尽到说服义务之后，双方就辩护目标仍不能达成一致意见时，辩护律师应当有权退出代理，但应给与被追诉人必要的准备时间委托新的辩护人，并采取合理的措施避免被追诉人的合法利益受到侵害。

（四）无效辩护的救济

无救济则无权利，当辩护律师违反了忠诚义务发表了与被追诉人意见不一致甚至相反的辩护，实质上造成无效辩护，严重损害了被追诉人的合法利益时，应当赋予被追诉人提起救济的权利。除了对辩护律师进行惩罚外，还应当在诉讼程序上设置程序性救济措施，二审法院应当根据被追诉人的请求作出撤销原判、发回重新审判的裁定。

五、结语

在对独立辩护模式和自主性辩护模式进行总结与反思的基础上，结合我国刑事辩护的实践状况，提出了将协同性辩护模式作为解决刑事辩护冲突的第三种模式，主张被追诉人应当是案件的主人，辩护律师应当遵守忠诚义务，尊重被追诉人的意见，在辩护的过程中充分保障被追诉人的知情权并尽到合理说服义务，如此辩护律师才能最大限度协助被追诉人行使辩护权，才能达到理想的辩护效果。辩护律师与被追诉人就辩护目标意见不一致，应当允许辩护律师退出代理。此外，应当尽快引入无效辩护制度，对于辩护律师违反忠诚义务，作出与被追诉人意见不一致的辩护且对被追诉人的合法权益造成侵害时，应当追究该辩护律师的法律责任并赋予被追诉人提出救济的权利。

Research on the Solution Model of Criminal Defense Conflict

Abstract: Lawyer' s assistance is the cornerstone of defendant' s realization of the right to defense and protection of his own litigation interests. However, in judicial practice, conflicts between defender and defendant often occur, which are manifested in the contradiction between lawyer' s independent defense mode and defendant' s independent defense mode, resulting in a large number of invalid defenses and violations. The original intention of the lawyer' s help was achieved. Starting from the relationship between the defense lawyer and the accused, this paper makes a comparative analysis of the theoretical basis, the current situation of application and the dilemma of application of the independent defense model and the independent defense model, and clarifies that the accused should be the master of his own case, and that the lawyer can only act as an assistant in his own profession. On the basis of the model, it is proposed that the collaborative defense model be the third model to solve the conflict of criminal defense.

Key Words: Lawyer' s Assistance; Independent Defence; Autonomous Defense; Collaborative Defense

(责任校对:何保飞)

忠诚协议裁判路径探析

彭　叶*

摘　要:忠诚协议在我国理论界争论较大,导致《婚姻法司法解释(三)》最终回避这一问题,但法官在司法裁判中经常遇到忠诚协议纠纷的案件。有鉴于此,本文以实践中夫妻忠诚协议纠纷解决为着眼点,拟在界定忠诚协议性质的基础上分析法律效力,并引入民法公平原则来分析我国现行情况下忠诚协议纠纷解决中的法律适用以及利益平衡。最终认为忠诚协议的法律处理应当排除《合同法》适用,直接依据《民法总则》和《民法通则》的相关规定作出裁判,并在双方约定违约金过于不合理的情况下适当行使裁量权予以调整。

关键词:忠诚协议　身份属性　财产属性　公平原则

一、问题的提出

忠诚协议来源于《婚姻法》第4条规定的夫妻忠实义务,我国学界普遍将婚外性行为作为违反忠实义务的主要表现①,这也得到实务界的认可。② 故夫妻忠诚协议一般是指夫妻双方就互守贞操达成合意并约定具体违约责任的协议。"鉴于忠诚协议担责形式的复杂性和多样性,导致司法裁判很难处理,故可考虑在认定互守贞操的基础上按照责任承担形式的不同将忠实义务予以

---

* **作者简介**:彭叶(1995—),男,重庆云阳人,厦门大学法学院硕士研究生。

① 蒋月:《配偶身份权的内涵与类型界定》,《法商研究》1999年第4期;李忠芳:《夫妻忠实义务与配偶权问题述略——兼评"法律道德主义"的批评》,《国家检察官学院学报》2000年第4期;张忠民:《夫妻相互忠实义务法律保护的反思与完善》,《重庆大学学报(社会科学版)》2010年第2期;马忆南:《论夫妻人身权利义务的发展和我国〈婚姻法〉的完善》,《法学杂志》2014年第11期。

② 熊英:《婚姻家庭继承法判例与制度研究》,法律出版社2015年版,第32页。

类型化探究。”[③]本文所关注的忠诚协议系指以承担违约金、赔偿金等金钱给付责任的财产型的忠诚协议,其概念为夫妻双方就忠于对方而不发生婚外性关系,以及一方违反该义务时无过错配偶可在离婚时请求支付违约金等事项达成的一致约定。涉及赔礼道歉或其他非财产责任的忠诚协议不在本文讨论范围。

2002 年上海市闵行区人民法院认定曾某和贾某婚内忠诚协议有效,并据此判令曾某支付给对方违约金 30 万元[④],这一案件被视为是我国支持婚内忠诚协议有效第一案,由此引发学界关于忠诚协议效力的激烈讨论,但分歧较大争论不休。此后又陆续出现了有关忠诚协议的案件,在司法裁判中,部分法院认定协议有效[⑤],部分法院认定协议无效[⑥],还有的法院认为不属于法律干预的范围。[⑦] 忠诚协议同案不同判的裁判处理不仅不能定纷止争,而且还严重影响着司法公正,亟待解决。立法上曾对忠诚协议纠纷的处理作出过尝试,后来因为争议过大而最终选择回避。[⑧] 由于理论界对忠诚协议的处理未形成统一定论,立法界又对忠诚协议的处理持观望态度,司法裁判中对于忠诚协议同

---

③ 童航:《夫妻忠诚协议的效力认定》,《甘肃政法学院学报》2014 年第 6 期。

④ 案情详见徐寿松:《法律能干预婚外情吗——一起“夫妻不忠赔偿案”引发的思考》,《人民法院报》2003 年 1 月 11 日,转引自 http://www.people.com.cn/GB/news/8410/20021230/898536.html,2019 年 6 月 20 日访问。

⑤ 参见河南省平顶山市新华区人民法院(2008)新民初 395 号民事判决书、浙江省金华市中级人民法院(2014)浙金民终 723 号民事判决书、江苏省无锡市中级人民法院(2014)锡民终 0681 号民事判决书、广东省中山市中级人民法院(2016)粤 20 民再 15 号民事判决书。

⑥ 参见河北省宁晋县人民法院(2013)宁民初 2000 号民事判决书、山东省日照市中级人民法院(2014)日民终 835 号民事判决书、江苏省南京市鼓楼区人民法院(2015)鼓民初 7654 号民事判决书。

⑦ 参见黑龙江省哈尔滨市南岗区人民法院(2015)南民初 1776 号民事判决书、黑龙江省牡丹江市西安区人民法院(2016)黑 1005 民初 564 号民事判决书、江苏省扬州市江都区人民法院(2015)扬江民初 00195 号民事判决书。

⑧ 《婚姻法司法解释(三)》(2008 年 12 月中国法学会婚姻家庭法学研究会征求意见稿)第 6 条规定:“离婚时夫妻一方以婚前或婚后双方签订的‘忠诚协议’主张权利的,人民法院经审查认为该协议系自愿签订且不违反法律、法规的禁止性规定的,应当予以支持。”《婚姻法司法解释(三)》(2010 年 5 月专家征求意见稿)第 4 条规定:“夫妻一方以婚前或婚后双方所签订的相互忠实、违反予以赔偿的财产性协议主张权利的,人民法院不予受理;已经受理的,裁定驳回起诉。”最终出台的《婚姻法〉司法解释(三)》删去了有关忠诚协议的条文。

案不同判的现象日益突出。基于此,本文拟从忠诚协议的性质出发探究其内含的法律行为属性,并在确立身份主体之间财产行为的裁判路径基础上结合忠诚协议自身特点探究其司法裁判的出路。

二、忠诚协议性质探析

学界和实务界对如何认定忠诚协议性质一直争论不休,而性质决定该种协议的属性,并会在很大程度影响纠纷解决时适用的法律选择。故下文将从性质入手探究忠诚协议内含的法律属性并由此揭开忠诚协议法律效力的谜底。

(一)忠诚协议性质难以认定的原因

男女双方具备结婚条件并履行法定程序后便成为合法夫妻,建立起婚姻家庭关系,这种关系是身份关系和财产关系并存的综合体,其中身份关系是基础。两性法律上的结合使两个独立的个体组成一个整体,双方之间建立起相互扶养、相互继承的家庭关系。这种转变包含着人伦道德的价值理念,既是整个人类生存发展之需要,也是个体获得精神满足和情感需要之追求。故就关系内部而言,作出相应法律行为的各主体,很难被完全按照市场交易中的理性人来对待,在适用法律调整主体的内部行为时,应当慎重。就关系外部而言,身份关系应当排除《合同法》的调整,即身份关系的产生、变更和消灭不能依据《合同法》的约定来予以适用,避免当事人通过合同之约定强制个体进入某种身份关系或者从某种身份关系中脱离出来,造成人格、身份商品化。

财产关系是人身关系形成后的产物,夫妻关系的成立也会引起诸多财产关系的变动。首先,随着身份关系的建立,双方在婚姻存续期间获得的财产在没有约定的情况下按照共同共有认定;其次,双方还可能会约定婚前财产如何处理;再次,双方在共同生活期间还涉及处理共同债权和共同债务问题;复次,婚内双方还可能存在个人财产相互赠与等问题;最后,如果婚姻关系解除,也需要面临如何处理双方个人财务以及夫妻共同财务的问题。这些财产关系的变动又似乎满足了一般财产法特别是《合同法》之行为要件,因而一般财产法似乎也存在适用的可能性。总而言之,夫妻关系既包含了法律需要予以特殊考量的身份关系,同时又包含了与一般财产法密切相关的财产关系,这导致夫妻在婚姻存续期间内达成的忠诚协议的性质认定成为一个难题。

(二)学界关于忠诚协议性质的几种争论

忠诚协议正是夫妻双方就婚内忠实义务达成合意的结果,关于该协议的

性质,我国学界观点错综复杂,经梳理列举如下:

1. 广义契约说

这种观点认为该协议属于广义契约,即一般民事法律行为。虽然《合同法》第 2 条明确排除其适用,但并不否认其民事法律行为的性质,故应受到《民法通则》和《民法总则》调整。⑨ 这种观点可以解读出两层含义:(1)协议本身具有“合同”的本质属性,但因为《合同法》第 2 条调整范围的限制不可直接承认该种性质;(2)协议仍属于民事法律行为乃为广义的合同,在婚姻法未作规定时应遵照一般民事法规范。

2. 财产协议说

这种观点认为忠诚协议属于以财产变动为内容的协议,即财产协议,属于一般合同行为。代表性观点为“《合同法》第 2 条第 2 款排除的身份合同仅指没有财产内容的身份合同,夫妻关于财产问题的约定以财产关系为内容,属于《合同法》的调整范围,不过应当优先适用《婚姻法》等有关法律,这些法律没有规定时才可适用《合同法》和《民法通则》”。⑩ 虽然这种学说内部仍对忠诚协议究竟是附延缓条件的财产合同还是承诺即生效的财产合同存在争议⑪,但从整体来讲,他们都普遍赞同夫妻忠诚协议约定的给付系财产的变动,故应视为与身份关系无直接关系的财产协议。

3. 身份协议说

这种观点认为忠诚协议是一种身份协议⑫,即身份行为。它也包括两层含义:(1)忠诚协议属于广义的民事契约,不受合同调整;(2)该种协议具有强烈的身份性,协议双方为具有特定身份关系的夫妻且该协议的目的是维系夫妻关系,故在婚姻家庭法未作专门规定时不应受其他法律的调整,故《民法总则》和《民法同则》也应排除适用。

---

⑨ 参见马忆南:《论夫妻人身权利义务的发展和我国〈婚姻法〉的完善》,《法学杂志》2014 年第 11 期;孙书灵、高魁、潘龙峰:《夫妻忠诚协议的效力》,《人民司法》2009 年 22 期;王利明:《民法》,中国人民大学出版社 2008 年版,第 431 页。

⑩ 吴晓芳:《当前婚姻家庭案件的疑难问题探析》,《人民司法》2010 年第 1 期。

⑪ 参见赵敏:《“忠诚协议”效力问题的法律分析——以现行法为视角》,《广西政法管理干部学院学报》2010 年第 3 期;闵卫国:《论夫妻忠诚协议与离婚损害赔偿》,《法律适用》2013 年第 5 期。

⑫ 参见何晓航、何志:《夫妻忠诚协议的法律思考》,《法律适用》2012 第 3 期;韩彧博:《自然之债视域下夫妻忠诚协议的效力判断》,《学习与探索》2017 年第 6 期。

4. 非典型契约说

这种观点综合了第二种和第三种观点，认为忠诚协议是一种兼具身份性和财产性的协议[13]，即非典型契约或称之为混合行为。一方面作出协议之对象带有特定的身份，具有身份属性；另一方面协议的内容为一定条件下财产的给付。

5. 情谊行为说

这种观点认为该行为系情谊行为。[14] 持此观点学者普遍认为，《婚姻法》第4条规定的忠实义务为宣示性义务，具有道德性而非法律性。而夫妻之间签订的忠诚协议乃为增进夫妻之情感，该空间系私人之生活，不应受法律调整。

（三）忠诚协议性质的认定

上述观点中，除第五种观点将忠诚协议排除在民事法律行为之外，其余四种观点不同程度上承认其民事行为性质，但内部又针对该行为的具体性质而作出不同区分，从而才有了一般民事行为、合同行为、身份行为和混合行为等说法。笔者总体上倾向于第四种观点，即非典型契约说。

纵观婚姻家庭法相关论著，学界基本就夫妻忠实义务系倡导性道德义务达成共识，故忠实义务并非夫妻之法定义务，这一点值得肯定。但这并不代表法律无法介入该种关系，由于夫妻双方已经对应遵守之义务及相应的违约责任作出了明确约定，相应的意思表示已经超越了情谊行为，与情谊行为所称意欲加深彼此感情而不愿进入法律调整范围的法外空间不同，忠诚协议已实际地踏入民法的领地。

前四种观点的区分主要围绕身份行为和财产行为展开。财产契约说的学者从反面指出，支持身份协议的人实际上混淆了家庭身份关系之间的财产行为和身份行为的概念，这一理由确实值得思考。身份行为与身份关系主体之间的财产行为是两个不同概念。“亲属身份行为乃系自然人以形成或解消亲

---

⑬ 参见隋彭生：《夫妻忠诚协议分析——以法律关系为重心》，《法学杂志》2011年第2期；童航：《夫妻忠诚协议的效力认定》，《甘肃政法学院学报》2014年第6期；王歌雅：《夫妻忠诚协议：价值认知与效力判断》，载《婚姻家庭法前沿——聚焦司法解释》，社会科学文献出版社2010年版，第41页。

⑭ 参见王雷：《论身份情谊行为》，《北方法学》第2014年第4期；郭站红：《夫妻忠诚协议的法学思考》，《宁波大学学报（人文科学版）》2010年第2期；余延满：《亲属法原论》，法律出版社2007年版，第10—14页。

属身份关系为目的的意思表示行为”[15],法律行为只有在能引起亲属身份关系的产生、变更、消灭等法律效果时才属于身份行为之列。[16] 简而言之,身份行为是指能引起身份关系变动的行为。而基于身份的财产行为又被称为纯粹身份行为,“所谓纯粹身份行为,系指直接以发生或丧失身份关系为目的之法律行为,如结婚、协议离婚、任意认领、收养及协议终止收养;而所谓身份财产行为,则是指基于身份而发生,但以发生财产关系为目的之行为,如夫妻日常家事代理行为、夫妻财产契约行为、遗产分割行为、抛弃继承行为”。[17] 由此可见,身份行为强调身份关系的变动,而基于身份的财产行为仅发生财产转移,并不引起身份关系的直接变动。

忠诚协议仅约定双方具体的忠实义务,在一方违约且离婚时另外一方才可请求支付赔偿金。可见,该协议并不会直接导致双方夫妻关系直接解除,其约定内容具有财产属性,故身份协议说应排除。同理,《合同法》第 2 条所规定的应由其他法律调整的婚姻、收养、监护等有关身份关系的协议,同样是指能引起婚姻、收养、监护等关系变动的协议,即纯粹身份行为。由于忠诚协议并不引起身份关系变动,因而在法律适用时可以从其财产属性出发来分析适用《合同法》的可能性(具体适用将在本文第四章进行详细论述),而非一刀切地简单予以摒弃,故广义契约说应当排除。

财产契约说和非典型契约说都认可忠诚协议中的财产属性,但非典型契约同时强调该行为主体的身份属性。笔者认为,尽管忠诚协议不直接引起身份关系变动,但鉴于达成协议的主体具有特殊身份关系,身份属性也应当纳入考虑范围。具体而言,由于这种财产行为的双方具有身份关系,其考量并非一般《合同法》上理性人所期待的个人利益最大化,夫妻双方也并非用金钱来交易情感或者牟取利益,况且这种义务约定时也难以像市场交易那样衡量计算。从反面来讲,如果不考虑身份财产行为的身份属性,则婚姻家庭法的人伦核心价值则会完全丧失。“婚姻家庭法规则财产法化导致‘中国家庭资本主义

---

[15] 卢学希、张作华:《亲属身份行为的特征探讨——以财产行为为参照》,《时代法学》2012 年第 2 期。

[16] 参见杨立新:《论亲属法律行为》,《南阳师范学院学报社会科学版》2005 年第 5 期。

[17] 陈棋炎:《亲属继承法基本问题》,台湾三民书局 1980 年版,第 124 页。转引自张作华:《亲属身份行为基本理论研究》,法律出版社 2011 年版,第 23 页。

化'，并进而摧毁了家庭。"⑱故财产契约说完全忽视忠诚协议主体的特殊性，容易出现婚姻家庭规则完全财产法化的问题，不可取。相比而言，非典型契约说同时考虑身份的特殊性和意思自治下财产转让的本质，平衡协调了婚姻家庭法价值理念和一般财产法价值理念，较为合理。综上，笔者支持非典型契约说。

与此同时，忠诚协议基于双方自愿在夫妻之间就婚外性关系之不作为达成一致约定，是平等主体意思自治的体现。意思自治作为私法的核心内容，如不违反法律强制性规定和公序良俗的情况下应当予以支持和保护。如前所述，忠诚协议并不会引起身份关系的直接变动，这表明该行为并不排除在《合同法》可能的调整范围之外，同时由于双方合意没有破坏身份关系的人伦性，故约定不为法律所禁止。此外，忠诚协议给付内容主要为离婚后的财产给付，并不违反既存的公序良俗。故夫妻忠诚协议符合《民法总则》第143条⑲所规定之法律行为有效要件。

三、基于身份的财产行为的裁判路径

以法律为准绳是法官审判案件的本质要求，也是实现司法公正的重要环节，故正确处理这一类纠纷面临的首要问题是如何寻找法律依据。就基于身份的财产行为而言，由于财产关系日益丰富加之亲属间人身独立性不断加强，亲属法规则财产法化成为一个不可避免的趋势。故在处理这类问题时，对于具有相同伦理基础的亲属法规则可以直接转化而适用财产法，对于具有鲜明亲属法伦理性质的规则应该要保持特性和原貌。简而言之，在亲属法中为财产法规则的适用限定条件和范围，以达到区分适用的目的。⑳ 故属于亲属法伦理的规则由亲属法进行规制，而与财产法规则重合部分可由财产法调整。换言之，基于身份的财产行为首先由《婚姻法》《继承法》等法律调整，在婚姻家庭法未作规定时再考虑适用《合同法》。但"考虑适用"并不等同于"直接适用"，并非所有现行婚姻家庭法未作规定的身份关系间的财产行为都可适用《合同法》，故在这一过程里面需要运用公平原则来衡量《合同法》的适用对该

---

⑱ 肖新喜：《论民法典婚姻家庭编的社会化》，《中国法学》2019年第3期。

⑲ 《民法总则》第143条规定："具备下列条件的民事法律行为有效：(一)行为人具有相应的民事行为能力；(二)意思表示真实；(三)不违反法律、行政法规的强制性规定，不违背公序良俗。"

⑳ 参见李洪祥：《亲属法规则财产法化趋向论》，《求是学刊》2016年第4期。

行为蕴含的婚姻家庭特殊伦理价值的影响,以确定究竟是直接适用《合同法》还是排除《合同法》而直接适用《民法总则》及《民法通则》的一般规定。

在找到适用的法律依据之后,法官仍然需要考虑法律适用过程中双方利益之平衡,如果自由约定带来了双方利益的极度失衡,法官应在必要的情况下行使法律赋予的自由裁量权,对双方利益进行适当调整。

(一)可供适用的法律规则考察

基于身份的财产行为是身份关系中极为重要的组成部分。现今社会,基于夫妻身份的财产处分实在太过常见,小到夫妻之间就家庭日常生活需要而进行的小额财产处分,大到夫妻之间涉及不动产的大额财产处分等。这些行为具有身份性和财产性的双重属性,但从维护人伦价值出发,应当首先适用婚姻家庭法等相关规定。我国现行有效的《婚姻法》和相关司法解释已经就诸多基于身份的财产行为制定了明确的法律规则。比如2001年12月27日施行的《婚姻法司法解释(一)》第17条第1款[21]和2018年1月18日起施行的《夫妻债务纠纷解释》中第2条[22]都确立了夫妻双方之间的家事代理权规则;2011年8月13日施行的《婚姻法司法解释(三)》第6条[23]确立了夫妻之间房产赠与的行为的适用规则;《婚姻法》第19条第1款[24]对夫妻婚内财产及婚前财产约定制作出了具体规定。

法律规则并不缺位,但问题在于:婚姻家庭法并不能完全应对这类行为在现实生活中可能出现的难题。首先,立法往往具有滞后性,《婚姻法》很难及时对现实生活中存在的基于身份的财产行为一一作出回应。其次,由于财产行为本身纷繁复杂,基于身份关系的财产行为也同样存在诸多情形,故婚姻家庭法不可能逐一进行规定。比如前述《婚姻法司法解释(三)》第6条虽然确

---

[21] 《婚姻法司法解释(一)》第17条第1款规定:"夫或妻在处理夫妻共同财产上的权利是平等的。因日常生活需要而处理夫妻共同财产的,任何一方均有权决定。"

[22] 《夫妻债务纠纷解释》第2条规定:"夫妻一方在婚姻关系存续期间以个人名义为家庭日常生活需要所负的债务,债权人以属于夫妻共同债务为由主张权利的,人民法院应予支持。"

[23] 《婚姻法司法解释(三)》第6条规定:"婚前或者婚姻关系存续期间,当事人约定将一方所有的房产赠与另一方,赠与方在赠与房产变更登记之前撤销赠与,另一方请求判令继续履行的,人民法院可以按照合同法第一百八十六条的规定处理。"

[24] 《婚姻法》第19条规定:"夫妻可以约定婚姻关系存续期间所得的财产以及婚前财产归各自所有、共同所有或部分各自所有、部分共同所有。约定应当采用书面形式。没有约定或约定不明确的,适用本法第17条、第18条的规定。"

立了夫妻之间房产赠与行为的适用规则,但是当夫妻双方赠与的物品非房产而是其他贵重物品时如何处理以及若承诺赠与物品为一般物品是否又要区分对待等问题,该解释仍然无法解答。“由于立法本身的局限性,仍然可能出现民法对基本价值体系贯彻不彻底的情形,此时,基本权利对第三人产生效力主要是通过法官对民法一般条款(基本原则)的解释将基本权利这一客观价值秩序注入民法体系。”㉕

在诸多基本原则中,公平原则应当发挥作用以引导法律适用进而平衡双方利益。从司法角度上讲,民法中的公平原则主要是指法官在判案过程中应当注意平衡双方之利益,在利益过度失衡的情况下进行调整。㉖ 故民法中的公平原则更多体现为一种分配正义,是从结果上对双方的利益进行衡量。鉴于双方意思完全自治可能会引起权利义务过度失衡,故自《民法通则》以来,公平原则便被立法和司法所采纳和使用以协调双方利益,从而发挥其特有之价值。㉗ 故在婚姻家庭法无特别规定时,法院应当运用公平原则来帮助寻找可供适用的法律,具体而言可分以下步骤进行:

第一步,寻找一般财产法中的相关规定作为适用依据。有学者对基于身份的财产行为适用财产法存在很多反对意见。“尽管一般财产法规则会因此而进入婚姻关系,并对婚姻财产法之规则发生作用,但‘作用’和‘直接适用’的含义并不相同,充其量只能说一般财产规则为婚姻财产规则的形成提供了‘素材’和‘蓝本’,此‘素材’还必须在婚姻关系本质方面的作用下改变其构成,并最终形成婚姻财产法自身的独特规则。”㉘笔者认为这种评价本身无可争议,但正如前一段所述,立法之滞后及现实变化之纷繁导致婚姻家庭立法规则难以完全应对现实之问题,而此时适用财产法正是为了平衡双方之利益,达到调整之公平,是对于既有法律问题的积极应对。同时考虑到基于身份的财产行为本身也具有财产属性,而财产属性的财产法规则和身份属性的亲属法规则的主体均独立、平等而且都遵循意思自治,在一定的重合范围内存在重叠

㉕ 姚辉:《民法适用中的价值判断》,《中国法律评论》2019 年第 3 期。

㉖ 参见王轶:《论民法诸项基本原则及其关系》,《杭州师范大学学报(社会科学版)》2013 年第 3 期。

㉗ 参见邹海林:《民法总则》,法律出版社 2018 年版,第 51 页。

㉘ 夏吟兰、薛宁兰:《民法典之婚姻家庭编立法研究》,北京大学出版社 2016 年版,第 63 页。

适用的可能。[29] 故基于身份的财产行为纠纷可从一般财产规则中寻找解决方案,比如该法律行为是否有效,另一方是否构成违约等。

第二步,运用公平原则对经财产法调整后的结果进行二次评判并确定所应适用的法律。虽然基于身份的财产行为和一般财产行为具有部分共同的伦理基础,但是如果将所有的身份间财产行为全部归于财产法的调整则忽视了家庭伦理整体价值理念从而导致了家庭规则完全财产法化并带来结果上的不平衡。只有当基于身份的财产行为的财产属性足够充分时,《合同法》才具有适用的空间。故需要运用公平原则再次评判其适用的效果,此时的评判标准是考虑这种法律的适用是否有忽略身份属性所内含的价值理念本身对财产行为发生的作用以及实际适用的可能性。有学者将这种身份属性所内含的价值理念对财产发生的作用称之为婚姻共同利益原则,"它意指:一方面,夫妻任何一方都应该在超越'对己有利性'的基础上为对方的利益贡献自己的力量;另一方面,夫妻任何一方都不得采取不正当的手段为自己攫取利益而有害于婚姻生活。"因此即评判《合同法》适用后的结果有无体现婚姻共同利益原则。如果《合同法》适用的法律效果符合婚姻共同利益原则,同时又满足《合同法》相关条文的构成要件,说明此时直接适用《合同法》是符合价值判断而可取,则法律适用在此处便可停止。如果该行为缺少身份属性之特殊考虑则《合同法》的适用有失偏颇,或者该身份财产行为的财产属性成分不足,未能满足《合同法》条文规定的具体要件此时基于双方利益之协调应当否定财产法的法律适用,此时需要继续往前寻求其他可能的法律规制。

第三步,适用兜底的《民法总则》和《民法通则》作为裁判依据。《民法总则》和《民法通则》调整平等主体之间的身份关系和财产关系,在婚姻家庭编入典的大趋势下,自然可以将婚姻关系纳入其中,故此时可以适用《民法总则》和《民法通则》的相应规定作为法律适用的依据。

(二)法律适用过程中的法官裁量

对婚姻家庭法未作出明确规定的特殊身份主体之间的财产行为,基于公平原则的调整可尝试适用《合同法》或者其他法律。一部分基于身份的财产行为在适用财产法时未背离婚姻共同利益原则,并且它的财产属性较强,故其具有适用《合同法》相关规则的基础。这意味着在此类行为中,亲属法所含有的部分伦理与市场伦理价值是基本一致的,此时通过适用《合同法》可以使双

[29] 参见李洪祥:《亲属法规则财产法化趋向论》,《求是学刊》2016 年第 4 期。

方利益在整体上趋向于平衡。这种平衡说明财产法的适用基本解决了双方协议所要解决的问题,但该种意思自由对双方的约定从实质上并不一定达到最终分配之公平,正因如此,《合同法》第5条才规定“当事人应当遵循公平原则确定各方的权利和义务”。“合同自由不是无限和绝对的,不能把合同自由解释为自由放任主义。”㉚“对违约金这种私力救济方式,自然不能完全自由放任。公平原则(等价有偿)、诚信原则和公序良俗原则构成对违约金自由的必要限制。”㉛当双方的约定导致利益明显倾斜时,为保护双方权利义务之对等,应当运用公平原则予以适当调整。如《合同法司法解释(二)》第26条确立的情势变更原则是对合同履行过程中显失公平情形的调整。《合同法》第114条和《合同法司法解释(二)》第27条、第28条及第29条确立的违约金调整规则体现了法院在一方申请后以损失为基础的公平衡量。在司法实践中,若合同违约金过高或低于实际损失,法官可根据一方的请求予以酌定调整。㉜因此,基于身份的财产行为在适用《合同法》调整之时,仍需要法官在法律允许的范围内根据实际情况行使酌定裁量权,以凸显公平理念。

另一部分基于身份的财产行为在适用财产法时,违背婚姻共同利益原则或者虽不违反该原则但财产属性较弱,导致难以实际适用《合同法》规则,故只能适用《民法总则》和《民法通则》的规定。《民法总则》和《民法通则》在民

㉚ 隋彭生:《合同法要义》,中国人民大学出版社2018年版,第7页。

㉛ 王雷:《违约金酌减中的利益动态衡量》,《暨南学报(哲学社会科学版)》2018年第11期。

㉜ 如(2018)最高法民终1199号案件中最高人民法院审议认为,案涉违约金的设立是为保证转让项目的顺利实施完成,现该项目尚不能确认根本无法履行,继而合同目的不能实现。而且,除了因资金占用而给旭延公司造成的利息损失之外,因高红公司违约给旭延公司造成的其他损失在本案中尚无充分证据证明。如果每一次违约行为均须承担全部5000万元的违约责任,确实有失公平。综合全部事实,结合各方当事人具体情况,考虑公平原则,酌情将高红公司向旭延公司承担的违约金数额调整为1500万元。(2018)最高法民再326号案件中最高人民法院审议认为,根据双方的约定,南通二建公司未按约定移交竣工备案资料,每逾期一日,应当按工程结算总价0.5%向中安公司支付赔偿金。该约定产生的违约金明显高于中安公司因未获取竣工备案资料产生的损失,予以酌定减少。(2019)最高法民终108号案件中最高人民法院审议认为,违约金是否过高应当以可能遭受的损失为基础进行衡量,而建筑行业属于劳动密集性行业,发包人迟延支付建设工程价款可能会导致建筑企业流动资金紧张,甚至需要到各类金融市场上融资。而同期同类银行贷款利率并不能充分反映建筑企业在各类金融市场融资的全部成本。因此,按同期同类银行贷款利率的2倍支付工程款利息,并无不当。

事法律行为的效力认定以及相应权利保护和责任承担做了一般规定,虽然对具体民事行为的定性及责任划分有总体的引导作用,但并能完全考虑具体民事行为中的特殊情况,故在排除了《合同法》等予以调整的情况下,仍需要结合民法原则来进行平衡。其中公平原则的适用非常重要,通过衡量该财产行为的发生主体关系和行为目的,并结合双方的违约情况以及由此给配偶带来的损失等来综合判断该种协议项下损失的具体赔偿数额,并对约定中所存在的显失公平的情形予以调整。

四、忠诚协议的裁判路径

(一)忠诚协议的法律适用具体规则考察

忠诚协议属于基于身份的财产行为,同时包含有身份属性和财产属性,基于身份属性的特殊性而适用婚姻家庭法为应有之义。但《婚姻法司法解释(三)》在此问题上采取回避态度,导致忠诚协议在婚姻家庭领域难以找到适用依据。而在实践中,通过忠诚协议约定双方互守贞操的行为并不少见,法院在审判时不可避免要对其效力作出认定。此时则需要遵守基于身份的财产行为的法律适用规则,寻找忠诚协议适用的法律。

第一步,适用《合同法》相关规定,由于忠诚协议为非典型契约,既具有身份属性,又包含财产属性。从财产属性来讲,可以将忠诚协议看作是合同行为,身份关系的双方通过自由意思表示就互守贞操不发生婚外性关系达成一致意见,并约定相应违约责任,如果一方违反约定,则应承担违约责任。故婚姻中的一方在离婚时依据合同约定请求配偶支付违约金时,法院应当予以支持。

第二步,判断《合同法》的适用是否会影响忠诚协议内含的夫妻婚姻关系维系之目的实现,以及法律的适用是否满足《合同法》条文的所有要素。性的忠实既是婚姻一夫一妻制的重要体现,也是夫妻关系稳定的重要保障。“自人类进入一夫一妻制的个体婚时代以来,夫妻相互忠实,是维护一夫一妻制,保证夫妻共同生活圆满幸福的基本要求”㉝,夫妻双方之间就忠实义务的具体要求和违约责任作出协定,旨在维护夫妻关系的和谐,表现出对另一半配偶利益以及婚姻家庭整体利益的关切,促使双方更加谨慎和全面地履行义务从而符合了婚姻共同利益原则的精神理念。但是由于它的财产属性较弱导致在

㉝ 陈苇:《亲属法与继承法专论》,法律出版社2009年版,第174页。

适用具有市场属性的《合同法》时难以对号入座。具体而言,《合同法》的立法宗旨是:保护合同当事人的合法权益,维护社会经济秩序,促进社会主义现代化建设,故其违约金的设置均以市场交往为背景。比如《合同法司法解释(二)》第28条规定当事人请求增加违约金的,增加的违约金不得超过实际损失额。第29条规定当事人一方请求减少违约金时,需要考虑另一方的可得利益。无论是实际损失额还是可得利益,在市场交易中都可以通过金钱的方式进行衡量计算。而婚姻忠诚协议约定违约金并不以牟利为目的,并且忠诚协议的违约责任以补偿配偶的精神损害为主,一方违背忠诚协议发生婚外性关系究竟给配偶带来多大的精神损害难以认定,因而忠诚协议并不能按照《合同法》所称的实际损失或者可得利益来计算损失,故《合同法》不能作为忠诚协议的适用对象。

因此,往下进行第三步,将目光投向《民法总则》和《民法通则》。尤其《民法总则》规定了民事活动的基本原则和一般规定,忠诚协议基于双方意思自治达成的一致意见,属于广义的契约,归属于一般的民事法律行为,故应当接受《民法总则》的调整。改革开放以来,《民法通则》在我国民法体系中一直居于核心地位,规定了民法基本原则和基本规则 ㉞,因此在不与《民法总则》相违背的情况下,《民法通则》仍具有法律效力,司法裁判中可依据《民法总则》和《民法通则》的相关规定对忠诚协议的纠纷作出处理。

(二)忠诚协议在法律适用过程中的法官裁量

《民法总则》第118条规定:“民事主体依法享有债权。债权是因合同、侵权行为、无因管理、不当得利以及法律的其他规定,权利人请求特定义务人为或者不为一定行为的权利。”第119条规定:“依法成立的合同,对当事人具有法律约束力。”夫妻忠诚协议属于广义的合同,因而在双方之间仍然具有约束力。第176条规定:“民事主体依照法律规定和当事人约定,履行民事义务,承担民事责任。”第179条罗列了包括违约金在内的十一种民事责任。故一方违反忠诚协议的约定,另一方可以在离婚后要求一方承担违约金,这是法律适用的结果。

如果直接依据《民法总则》及《民法通则》的相关规定,则违约一方应当承担约定数额的违约金。但双方约定的违约金数额可能很高也可能很低,司法

㉞ 参见杨立新:《从民法通则到民法总则:中国当代民法的历史性跨越》,《中国社会科学》2018年第2期。

裁判如果一味地强调双方的意思自治,而不对双方利益明显不对等的情形予以适当协调,则会导致实质的不公平,违背公平原则理念。

正因如此,在法律适用的过程中仍然需要适当进行裁量以协调双方之利益。同《合同法》违约金调整的价值理念一样,忠诚协议违约金的确定也应当对数额进行考虑。违约金按照性质可分为惩罚性违约金和赔偿性违约金,由于《民法总则》第179条确立了惩罚性赔偿法定的理念,故双方基于自由约定的违约金应属于赔偿性违约金一类,金额约定应当以一方的实际损失为基础。但忠诚协议的违约金调整又需要与《合同法》违约金调整规则区分开来。市场属性的《合同法》确立的违约金调整规则是以商业交易为背景,因而违约造成的损失主要是物质损失,可以实际物质损失和可得利益为计算标准评价双方利益是否明显失衡。而忠诚协议中一方违约给另一方造成的损失主要表现为精神损害,这种损害并不能精确计算。加之协议签订本身系自由意思的结果,因此一般情形下应以双方约定金额为准予以支持,只有在违约金数额明显不合理时,法院才能适用公平原则进行调整。违约金数额明显不合理的认定应综合考虑以下因素:忠诚协议约定数额的大小;夫妻双方财产状况;一方违反忠诚协议的具体程度;违约对婚姻破裂的影响程度及对配偶造成的损害程度;一方支付约定违约金是否会影响孩子抚养费、父母赡养费以及自身基本生活费用。

五、结语

忠诚协议以不发生婚外性关系为实质内容并以违约赔偿为担责方式,性质上应为兼具身份属性和财产属性的非典型契约,属于基于身份关系的财产行为,并不直接引起身份关系的变动,因而忠诚协议在不违反法律、行政法规强制性规定和公序良俗的情况下具有法律效力。由于婚姻家庭法并无忠诚协议处理的专门规定,法官应当充分发挥民法中公平原则的价值作用来协调双方的利益,避免利益的过度失衡。这种作用的发挥具体而言表现为两大方面:一是寻找忠诚协议适用的法律依据。二是在适用法律过程中适当行使自由裁量权以避免两方利益的过度倾斜。虽然忠诚协议在适用《合同法》规定时并不违反婚姻共同利益原则,但本身的财产属性成分不足,难以与《合同法》条文直接衔接,故应当排除《合同法》的适用而直接依据《民法总则》和《民法通则》的规定,认定忠诚协议的效力以及一方在违约情况下应承担违约金责任。同时,当双方约定的违约金明显不合理时,法官应当在当事人一方请求的前提下依据公平原则之理念对金额进行适当调整。具体而言,法官应综合考虑忠诚协议约定数额、夫妻双方财产状况、一方违反忠诚协议的具体程度、违约对婚姻破裂的影响程度及对配偶造成的损害程度、一方支付约定违约金是否会影响孩子抚养费、父母赡养费以及自身基本生活费用等因素,对忠诚协议约定违约金是否明显不合理以及明显不合理下的具体调整作出评判,以确保双方利益不至于因为意思自治而显著失衡。

Research on Judgment Path of Loyalty Agreement

Abstract: Loyalty agreement is controversial in the academic circle of our country, which leads to the Interpretation (III) of the Marriage Law evading this issue, while judges often encounter cases of loyalty agreement disputes in judicial decisions. Considering this situation, this article focuses on the settlement of loyalty agreement disputes in practice. Specifically, analyzing the legal effect on the basis of defining the nature of loyalty agreement, and introducing fair principle in civil law to analyze the application of law and the balance of interests in the settlement of loyalty agreement disputes under the current situation in our country. Finally, it is concluded that the legal treatment of loyalty agreement should exclude the application of Contract Law, make judgment directly according to the relevant provisions of General Rules of the Civil Law and General Principles of Civil Law, and properly exercise discretion to adjust the liquidated damages if they are too unreasonable.

Key Words: Loyalty Agreement; Identity Attribute; Property Attribute; Fair Principle

（责任校对:朱正远）

法学茶座

Teahouse of Law

来华英美法政人士与近代中国宪政变革*

——以古德诺、莫理循、庞德为考察

张小虎　赵　倩**

摘　要:北洋政府时期以来,一批英美国家法政人士受聘来华指导近代中国的宪政与司法改革,其中,美国政治家古德诺、英籍澳大利亚人莫理循以及美国著名法社会学家罗斯科·庞德等人先后来到中国,担任袁世凯政府与南京国民政府的政治和法律顾问。他们来华指导宪法编纂和司法改革,对近代中国宪政探索的理论与实践作出了一定贡献,也成为了中西法律文化交流和法律人才培养的沟通桥梁。

关键词:北洋时期　宪政探索　司法改革　罗斯科·庞德

1912年至1928年的北洋政府时期是中国历史上第一个解除党禁、报禁的时期,尽管内战不断,但已出现宪政探索与司法改革的基本雏形。北洋政府初期始,一些外国法政人士应邀来华指导近代中国的宪政与司法改革活动。在袁世凯执政时期,除了聘请邻国日本的法学家有贺长雄作为法律顾问之外,经卡内基国际和平基金会引荐,美国政治家古德诺在1912年至1914年间开始担任袁世凯政府的宪法顾问。而出生在澳大利亚的英国人莫理循则在1912年至1920年间受聘担任中华民国总统的政治顾问。此外,美国著名法理学家、法社会学家罗斯科·庞德也曾在1946年至1948年间担任中华民国

* **基金项目**:教育部规划项目"借鉴与移植:外国宪政文化对中国的影响"(项目编号:11YJA820086)

** **作者简介**:张小虎(1986—),男,湖南衡阳人,法学博士,湘潭大学法学院讲师,法治湖南建设与区域社会治理协调创新中心研究人员;赵倩(1994—),女,新疆乌鲁木齐人,湘潭大学法学院硕士研究生。

南京国民政府的司法行政部顾问,同时他在担任哈佛大学法学院院长期间,通过学术交流的方式,为杨兆龙等一批中国法学家赴美学习深造牵线搭桥,还亲自赴中国高校为他们讲学。这些英美籍的法政人士为西方的民主宪政文化在近代中国的传播搭建了桥梁,为更好地推动近代宪政变革、完善中国司法制度贡献出特殊力量,具有一定的历史意义。

一、古德诺与北洋初期的宪法编纂

弗兰克·古德诺(Frank Johnson Goodnow,1859—1939),出生于纽约的布鲁克新区,1879 年至 1887 年间曾就读于美国阿姆斯特学院,以优异的成绩毕业并获得文学学士学位和文学硕士学位,在此期间,于 1882 年在哥伦比亚大学获得法学学士学位。此后还曾在德国柏林、法国巴黎等地学习。是美国著名的政治学家和教育家。从 1883 至 1914 年间,他在哥伦比亚大学讲授法律,1914 年至 1929 年间,他开始担任约翰·霍普金斯大学的校长,并兼职教授行政法、历史学和政治学。作为美国政治学会的主要发起人之一,古德诺被选为该学会的第一任主席,并在任职期间参与起草了 1900 年的《纽约市宪章》。在行政理论和市政学研究方面,其中 1893 年的《比较行政法》和 1905 年的《美国行政法原理》都是行政学著作里的权威,于 1900 年出版的《政治与行政》,被评为是当时美国行政学领域中研究的最成熟、深入的著作,也是他的主要代表作之一。同时,他在市政学研究方面的成果也颇丰富,著有《市政问题》等大量优秀文章。此外,1916 年的《立宪政府原理》和 1911 年的《社会改革的宪法》是他在宪法和宪政领域的主要研究成果。他于 1913 年至 1914 年间在中国担任北洋政府的法律顾问,对中国的历史政治与宪政法律阐述了独到观点,在 1913 年《中华民国宪法之评议》、1915 年《共和与君主论》和 1926 年《解析中国》等文章中,古氏多次表达了行政集权思想,他认为:“然中国如用君主制,较共和制为宜,此殆无可疑者也。”①以此为袁世凯立宪独裁做理论铺垫,但作为一名美籍学者,古德诺对中国历史、政治、法律与国民的分析具有一定的客观性,值得考究。

(一)结缘袁世凯

袁世凯正式出任中华民国大总统后,多次向美国政府请求派专家来华协

---

① 张岂之、陈振江、江沛:《中国历史:晚清民国卷》,高等教育出版社 2001 年版,第 266—268 页。

助制定宪法,1913年2月美国政府以“卡内基基金会”的援助名义,派遣著名行政学专家古德诺博士出任中国北洋政府顾问一职。在袁世凯的政治顾问莫理循以及卡内基国际和平基金会的作用下,1913年3月美国政府以“卡内基基金会”的援助名义,派遣著名行政学专家古德诺博士出任中国北洋政府顾问一职。于是,古德诺来华受命于立法院并兼任内阁宪法顾问,在华的两年间,古德诺将其推崇的集权政治思想与袁世凯的“皇帝梦”一唱一和,回国后的古氏得知袁世凯准备称帝后专程返华,并积极地撰文演说,为袁世凯称帝做前期的造势工作。如1915年8月,古德诺在《亚细亚日报》发表了著名的《共和与君主论》一文,研究中国近代史的学者们称该文“拉开了洪宪帝制的序幕”,其中提出了“其民智卑下之国,最难于建立共和,勉强奉行,终无善果”的著名论断,并在分析了共和制与君主制的优劣后,劝导中国宜采用君主专制而非共和制,其实际目的在于为袁世凯复辟帝制作理论上的辩护和准备。《共和与君主论》一文的发表,在当时立即引发了轩然大波。文章在英国、日本等君主立宪制国家纷纷转载,而在中国该文也成为帝制派人士的理论经典。虽然,古德诺没有将美国三权分立的宪政思想传播至中国,却反而将专制集权理论在中国发展为实践,但是此举并未受到美国政府的干预,在英国、日本等积极干涉阻止袁世凯称帝的同时,美国却以“不干涉内政”为由,放任古德诺与袁世凯在中国实行集权帝制。从古氏的政治哲学观来看,他一直幻想着由袁世凯的强人统治来引领中国的政局发展,因此用自己独特的学术观点,即《政治与行政》中的“政治与行政二分法”和“适度集权思想”来为袁世凯的强权政治辩护。首先,古氏坚持用“政治与行政二分法”来分析问题,他阐述了:“作为有机体的国家只可能设想存在两种功能,即表达和执行的功能。政治是国家意志的表达,行政是国家意志的执行。”②在政治与行政的二分法基础上,提出了他的行政集权思想。其次,他认为政治之所以要控制行政,取决于国家意志的表达与执行之间的协调要一致。在舍弃掉执行的独立性后,二者才能平衡与协调。③ 古德诺之所以作出这种选择,主要是基于以下两方面的考虑:一方面,是基于人民主权考虑。“民治的政府要求执行机构必须服从表达机构,

---

② [美]弗兰克·J·古德诺:《政治与行政:一个对政府的研究》,王元译,复旦大学出版社2011年版,第8页。

③ [美]弗兰克·J·古德诺:《政治与行政:一个对政府的研究》,王元译,复旦大学出版社2011年版,第25页。

因为后者理所当然地比执行机构更能够代表人民。”④另一方面，是基于行政特性的考虑。“执行表达国家意志的法律，在很大程度上有赖于行政机构活跃的首创精神。由于它们的这种创议性，应当把它们始终置于政治的控制之下。”⑤综上，古德诺表达的对行政集权的愿景是：要实现民治政府，就必须做到人民由政党负责，政党领袖对政党负责。这种宪政思想，正好与北洋时期中国的立宪探索不谋而合，最终被袁世凯政府所采用。

（二）宪法顾问与修宪争论

古德诺受聘于北洋政府，作为宪法顾问，他在新闻杂志和学术刊物上阐述了其对民国宪法的修改建议，在接受《宪法新闻》杂志专访时指出：在形式上，民国宪法要具有可更改性，在设计之初就需要保留一定的删减空间，亦即宪法原则具有弹性，以便于日后修正；在内容上，由于君主制的传统和议院制的阙如，民国宪法不宜采用内阁制，而应采用美国式的总统制，这样的目的在提高总统地位，强化袁世凯的独裁。于是，古德诺发表了名为《中华民国宪法案之评议》的文章，致力于为北洋政府的宪政探索提供思路与想法，“民国成立，规定宪法为根本问题，海内政客纂拟草案者，固不乏人，或以党派关系持论，不无异同。”⑥之后，在《宪法新闻》上又独立发表了他草拟的《拟中华民国宪法草案》，但这是一部不完整的宪法草案稿，它只是作为当时北洋政府时期国内局势的一个立宪纲要，草案稿没有照搬西方宪政和美国宪法，而是在古氏集权政治的理论下所构建的一个强大政府，对于立法权和行政权的关系讨论所占比例较大，而只字未提对于公民的权利与义务等内容。由此可见，“古氏宪稿”仅仅是行政权力的宪法赋予，以期构建一个强大有力的、统一受制于袁世凯的中央政府。所以，“古氏宪稿”规定由国会而非民众来普选大总统，一直以来古德诺不赞成在中国实行普选制，他认为“中国人的国民智力水平不能够满足实行民主共和的要求，况且中国以前就是实行专制的国家，人民从来没有选举的惯例，还是适宜实行国会”。并强调中国立宪的首要目标是建立一个有效的政府，维持社会稳定，随之改善配套的国家机制。综上，古德诺根据对中

④ ［美］弗兰克·J·古德诺：《政治与行政：一个对政府的研究》，王元译，复旦大学出版社2011年版，第46页。

⑤ ［美］弗兰克·J·古德诺：《政治与行政：一个对政府的研究》，王元译，复旦大学出版社2011年版，第47页。

⑥ 王健：《西法东渐——外国人与中国法的近代变革》，中国政法大学出版社2001年版，第117—122页。

国政府与政治的实地考察,提出了一些有宪法编纂和政治制度的构想,“第一,此案可先就内阁制上观察之,就此点观察者,可先设二问题如下:此案之用意是否欲使民国大总统与法国总统处一同等之地位?此案是否欲使操行政实权这必长有议院之信用?第二,此案可就内阁制是否适宜于今日之中国观察之。此外,吾对于草案更有三事宜加讨论者:一为国会委员会;二为审计院之选举;三为大总统对于宪法制定之权。”⑦但是,这部“天坛宪草”并没有过于放宽总统职权,总统仍处于较为被动的状态。此举让袁世凯有所不满,也与古德诺行政集权思想所冲突,他甚至认为,宪草规定对总统的权力进行制约,这是“极其危险的”。于是,在10月31日即“天坛宪草”通过之日,他撰写的《中华民国宪法案之评议》在《北京时报》刊载发表,该文指出:“今日中国所最要者在有一强固之政府,政府之政策必使之见诸施行,国会仅可为普遍之监督,不宜严重干涉,使政府不能为远大之计划”。⑧ 但采取内阁制的宪草过多地挤压了总统权利,使其不能有所大的作为,这将会给政府日后的稳定带来某些政治上的影响和弊端。此外,古氏还极力鼓吹总统理应有制宪权和否决权,希望国会相信袁世凯的“聪明才智”和“丰富经验”,摒弃立法上的文字争议,维护袁世凯的强权统治。可见,古德诺的宪政思想在民国初年得到了切实的实践,虽然声援袁世凯复辟称帝是历史的倒退,但古德诺的许多建议还是对北洋时期的中国宪政探索起到了一丝积极的意义。

二、莫理循与袁世凯时期的政权建设

乔治·厄内斯特·莫理循(George Ernest Morrison, 1862—1920)一位出身于澳大利亚维多利亚季隆城的苏格兰人。1879年在墨尔本大学攻读医学,在1885年转入苏格兰爱丁堡大学继续学医,1887年他毕业于英国爱丁堡大学医科。曾于1897年至1912年间任英国《泰晤士报》驻华首席记者。莫理循一生嗜爱旅游,也曾在1893年大学毕业后就游历来到中国,他的后半生大都在中国度过。他于1912年至1920年间担任中华民国总统的政治顾问,与近代中国的政界关系密切,对近代中国的影响十分深远。他也与另一位宪法顾问美国人古德诺私交甚好,古氏许多宪法评议和草案的发表均出自莫理循编

---

⑦ 参见王健:《西法东渐——外国人与中国法的近代变革》,中国政法大学出版社2001年版,第117—122页。

⑧ 李学继:《古德诺与民初宪政问题研究》,《近代史研究》2005年第2期。

辑的《北京时报》等报刊。莫理循在中国置业建房、办私人图书馆，著名的王府井大街在1916年至1949年间就称为“莫理循大街”，而存有两万余册有关中国和亚洲书籍的私人图书馆被称为“莫理循文库”，1919年莫理循以中国政府代表团顾问身份出席巴黎和会。[⑨] 此外，他利用《泰晤士报》驻华记者的身份将中国的“独家新闻”传播至西方世界。可见，他对中国的政治、经济和文化的发展起到了特殊的贡献，而在民国初年的宪法编纂与宪政探索上，莫理循的影响不可小视。

（一）分权制衡理念的实践

1912年，莫理循应中华民国政府的聘约，担任了中华民国总统袁世凯的政治顾问，开启了他在中国此后的二十多年的工作生涯，他与袁世凯的关系出现了交集。莫理循推崇的是与古诺德不同的美国和法国式的宪政分权体制。他认为，袁世凯具有促使中国实现稳定的能力与实力，且思想开放，能够以包容的心态接受西方先进外来文明，对于袁世凯担任中华民国总统一职，必能使中西关系越来越友好与融洽。所以，多次在国内外公开场合发表演讲声称袁世凯是“最适合当总统的人”。其一，1912年8月，作为总统政治顾问的莫理循在国内局势动荡不安的情况下，为袁世凯树立良好的国际形象操劳奔波。内阁总理唐绍仪的辞职让袁世凯政府陷入困境，各国媒体大做文章。因此，为了化解袁与唐之间的矛盾，莫理循特意前往英国伦敦为袁世凯塑造一个高尚且强有力的领导者形象，同时鼓吹中国的投资环境，呼吁欧洲各国“应当对中国的未来充满心”。虽然莫理循的演说与当时中国的形势相差甚远，但他仍然坚持袁世凯是唯一能使中国摆脱动荡的领导人，是“中国的未来”。因此，他本着树立总统绝对权威的信心，奔赴世界各国演说，号召他们支持袁世凯，并为中国的复兴提供投资和支持。其二，鉴于“天坛宪草”对大总统权力的限制，莫理循四处奔走，对宪草的限权做法进行批判并为袁世凯解散国会的行为进行诡辩。如“莫理循还应邀请到加拿大商会发言，介绍中国国会的情况，对宪法起草委员会进行评述，认为他们激进，很少保留总统袁世凯的权力，为袁世凯解散国会、公布《中华民国约法》寻找合理依据”。[⑩] 其三，在1913年3月

---

⑨ ［澳］骆惠敏：《清末民初政情内幕——〈泰晤士报〉驻北京记者袁世凯政治顾问乔·厄·莫理循书信集 上册：1895—1912》，刘桂梁等译，知识出版社1986年版，第765页。

⑩ 汤伏祥：《莫理循与袁世凯》，《粤海风》2006年第4期。

20日“宋教仁案”发生后，国民党公开指责是袁世凯指使洪述祖杀害了宋教仁，这场暗杀活动让占国会多数席位的国民党与袁世凯之间的矛盾爆发，黄兴甚至写下挽联：“前年杀吴禄贞，去年杀张振武，今年杀宋教仁；你说是应桂馨，他说是赵秉钧，我说是袁世凯”。[11] 国民党人将矛头直指袁世凯，莫理循为维护袁世凯的统治，竟然捏造了“为了国家的尊严和人民的声誉，在这种时候进行调查是不明智的……”这种毫无理性的谬论，在一定程度上导致了“宋教仁案”的调查就此搁浅，从而使袁世凯的统治得以维护。其四，由于袁世凯与国民党矛盾的激化，孙中山等人呼吁袁世凯辞职并改善与国会的关系，对此，莫理循辩护称“如果袁世凯辞职了，国家将陷入无政府状态。袁世凯政府的目的在于建立这样一个共和国，它融合了美、法两国制度的精华，瑞士的部分宪法，以及大不列颠诸多制度产生的自由”。[12] 除此之外，莫理循还从其他方面影响着民国初年的政治发展。例如，由于在他的劝导下，中国加入了第一次世界大战，希冀以胜利国的身份废除不平等条约。此外，把袁世凯与日本秘密签订的丧权辱国的“二十一条”密件公布于外界，让世界舆论谴责日本妄图灭亡中国的阴谋。

（二）极力反对集权与复辟

当然，由于莫理循反对古德诺的行政集权模式，因此他分权制衡的宪政思想与袁世凯的称帝复辟有本质上的出入，以至于在担任中国政府顾问的末期，他对袁世凯的一些做法颇感失望。一方面，对于无视并关闭国会，解散国民党并宣布其为非法团体，颁布《中华民国约法》等一些称帝前的准备，其目的在于将权力集于大总统一人之手。对此，莫理循表达了不悦，“有时我认为自己对总统有点儿影响，但我很失望。我看不出中华民国的国民与十五年前我们所知道的中国人有何不同”。“没人向我咨询有关财政方面的问题……也没有人向我询问过那些追逐国外特许权者的信誉问题。实际上，我只能在像总统帽子形状这样鸡毛蒜皮的小事上发表自己的看法。”[13]更让莫理循生气的是，经过自己多次赴欧美各国的演说，为袁世凯构建起的国际声誉，却被他的称帝独裁行为全部击碎，对此，莫理循极力反对袁世凯的皇帝梦，他在日记中

---

[11] 毛注青：《挽宋教仁联》，载《黄兴年谱》，湖南人民出版社1980年版，第225页。

[12] ［澳］西里尔·珀尔：《北京的莫理循》，檀东鍟、窦坤译，福建教育出版社2003年版，第426页。

[13] ［澳］骆惠敏：《清末民初政情内幕——〈泰晤士报〉驻北京记者袁世凯政治顾问乔·厄·莫理循书信集 下册：1912—1920》，陈霞飞译，知识出版社1986年版，第121页。

表述:“为中国政府服务。我担心自己正在一步步堕落……他这么做违背了他的所有誓言,将他的所有理念都抛到九霄云外。袁世凯自己原先并不想当皇帝,但在其子和被他冷落的原配夫人的影响下,他正为登上皇帝的宝座而调兵遣将。这与日本人和孙逸仙的预言一致。他使自己、他的国家和他的顾问成为笑柄。”⑭袁世凯称帝复辟让他心灰意冷,于是莫理循愤然离开北京前往南方进行调查,撰写游记并反省他曾对袁世凯的各种无私帮助:“袁世凯把事情搞得一塌糊涂,我比以往任何时候都更清楚地认识到,过去为他工作如此热情是犯了多大错误。”⑮最终,在袁世凯称帝的当天,面对逆举,莫理循终于忍不住愤怒斥责道:“袁世凯今天接受了帝位。真令人吃惊! 装模作样,愚蠢至极。”⑯

曾经,莫理循把用政治途径迫使清帝退位的袁世凯看成是中国宪政革命的未来,还曾在英国《泰晤士报》上刊文称赞袁世凯的政治智慧,在担任中华民国政治顾问的头四年里,他潜心辅佐袁世凯,为其执政奔走呼喊,出谋划策,争取欧洲的援助,但是这些努力并未保证共和政权的完整,反而让袁世凯将民主、法制、宪法和限权忘得一干二净,使好不容易建立的民主共和制度在一夜间退回到封建君主独裁政体,这也间接导致了莫理循对中国宪政的帮助只能以悲剧作为收场。即便如此,学界仍不会否定莫理循作为一名记者报道尊重客观事实,他留下了大量的文章和新闻通稿等材料,对近代中国宪政建设和文化传播作出了突出贡献。正是因为他的存在才使西方各国能够了解中国的政治现状,也使得中国逐渐有英美国家的宪政思想传入。

三、庞德论中国的宪法编纂与司法改革

罗斯科·庞德(Roscoe Pound,1870—1964),美国20世纪著名的法学家、法社会学家,也是社会法学派的主要代表学者。1870年他出生于内布拉斯加州的林肯市,曾在内布拉斯加大学研习植物学,并于1889年获得植物学硕士学位,1890年在西北大学法学院获得了法律学位。当时的罗斯科·庞德一边从事植物学研究,一边兼任内布拉斯加州的律师。在随后的工作调转中,庞德由内布拉斯加大学法学院转至哈佛大学法学院,并于1916年开始担任哈佛大

⑭ 窦坤:《莫理循与清末民初的中国》,福建人民出版社2005年版,第226页。

⑮ 窦坤:《莫理循与清末民初的中国》,福建人民出版社2005年版,第226页。

⑯ 窦坤:《莫理循与清末民初的中国》,福建人民出版社2005年版,第229页。

学法学院院长一职。罗斯科·庞德是美国“法社会学”运动的开创者，主张用社会学的理论和方法来认识和研究法律问题。同时也是美国法律现实主义运动的早期代表人物，他强调不应以私人利益为中心，主张以公共利益为核心，在明确公共利益的范围和价值的基础上，用实用主义来阐述法律，将法律的实际发生过程作为研究的重点，与当时盛行于美国法学界的法律实证主义相对抗。庞德的“社会利益理论”是他最著名的学术观点，这套理论甚至对1930年罗斯福新政产生过重要的影响。此外，庞德还对人类社会法律发展史进行了六个阶段的划分：《汉穆拉比法典》以法典为代表的“原始的法”；以罗马法、英国中世纪法为代表的“严格的法”；18世纪形成的“衡平法与自然法”；19世纪以英美法为代表的“成熟的法”；19世纪后西方各国“社会化的法”；未来可能形成的以普遍性法律原则和局部性立法为特征的“世界法”。他甚至呼吁全球性法律大融合，构建“新的万民法”或“世界范围的法律秩序”。综上，鉴于罗斯科·庞德深厚的法学功底和良好的学术友谊，中华民国南京国民政府曾在1946年至1948年间聘请他担任司法行政部的顾问。

（一）庞德与中国学者的往来

能够成功地邀请庞德来华，并担任司法行政部顾问，要得益于谢冠生、杨兆龙和吴经熊、倪征燠等几位中国法学家的牵线搭桥。1945年10月28日，时任中国司法行政部刑事司司长的杨兆龙⑰代表司法行政部给身在美国的庞德写了一封邀请信，他以当时中国司法行政部对司法体系的改革和立法事项为由，邀请庞德赴中国指导司法改革，杨兆龙在信中写道：“当前司法行政部面临的大事是立法和司法体系的重建和合理化。谢博士（指谢冠生）和我近年来经常谈起您，我们一致认为您最有能力帮助我们完成这件大事……考虑到您年事已高以及您在美国的重要地位，在做此邀请前我们当然也曾犹豫不

⑰ 杨兆龙（1904—1979），字一飞，江苏金坛人。早年就学燕京大学哲学系，两年内完成全部学业，经燕大校长推荐，于1922年赴上海东吴大学法学院学习法律。1934年，他由吴经熊博士推荐来到哈佛大学法学院攻读法律博士学位。回国后任教于上海，曾在复旦大学法学院担任教授兼任法学院院长。他通晓英、法、德、意等八国外语，对大陆、英美两大法系均有精深造诣，是《联合国宪章》的中文翻译者；曾任推事、律师、宪法起草委员会和资源委员会专员、代理最高检察长等职；曾草拟《国家总动员法》《战争罪犯审判条例》等法律；曾当选为中国比较法学会会长、刑法学会会长、国际刑法学会副会长等职；被荷兰海牙国际法学院评选为世界范围内50位杰出法学家之一；新中国成立后境遇凄惨，先后被打成“右派”分子以及“反革命分子”，遭到关押，1979年不幸离世，1980年平反昭雪，恢复名誉。

决。但您对中国以及中国学生的同情以及您过去对法律改革的执着让我们坚信:您一定会作出对我们最有利的决定。”⑱这是杨兆龙代表南京国民政府正式地向罗斯科·庞德发出邀请,希望他能够来华担任中国政府的法律顾问。事实上,杨兆龙得以直接向著名法学家庞德写信邀其来华指导司法改革,来源于另外一位著名法理学家吴经熊的引荐。在由庞德院长主持的毕业博士论文答辩中,杨兆龙获得了高度的赞扬,在场的庞德院长很是满意杨兆龙的学术研究,并将杨兆龙的论文等级评定为优秀。庞德表示杨兆龙是他考试的第一个中国人,由此,他十分好奇东方人的独特思维方法。得益于自身的优秀表现,杨兆龙在庞德的推荐下,又至德国柏林大学开始进行博士后的研究,跟随库洛什教授,主要研究欧陆法。综上,“这段哈佛师生缘,维系着庞德院长和杨兆龙的跨国通力合作的密切关系,也影响到了中国法制向美国学习曾经走过的道路。”⑲随着抗日战争接近尾声,中国的司法宪政建设恢复正常。1945 年杨兆龙学成归来,回国后开始担任司法行政部刑事司司长,为祖国效力。期间,他与司法部部长谢冠生商议,让国民政府授意他们邀请美国法学家罗斯科·庞德来华担任司法行政部的顾问,以协助中国的宪政建设和司法改革。于是,在 1946 年 1 月,东吴大学法学院倪征燠⑳教授赴美国考察司法并准备参与东京大审判时,他便受谢冠生和杨兆龙以及司法部的委托,特地奔赴哈佛大学法学院拜会庞德教授,向这位享誉世界的法理学家抛出橄榄枝。由于杨兆龙等人的信件沟通,让聘请庞德的事情进展顺利,司法部也获得了行政院批准聘任的文件,于是,在 1946 年 2 月 15 日,谢冠生再次给庞德发电报并确认其受聘为国民政府行政司法部顾问一职。随后,杨兆龙再一次致信庞德,并用“崇高的美德”和“伟大的人格”为渊源,为 Roscoe Pound 起了这个我们至今仍在沿用的中文名“庞德”,从他们的回信中看,显然庞德对这个中文名十分满意。最终,在 1946 年 6 月 28 日,庞德夫妇一行抵达上海,正式开始了他为期两年

⑱ 陈夏红:《师徒“二人转”——战后庞德、杨兆龙恢复和重建中国法制的尝试》,载《政法往事——你可能不知道的人与事》,北京大学出版社 2011 年版。

⑲ 孙笑侠:《庞德和三位中国法律家》,引自 http://blog.sina.com.cn/s/blog_7df5bf4d0100sxt8.html,2014 年 6 月 26 日访问。

⑳ 倪征燠,1906 年出生于江苏省吴江县,1928 年毕业于东吴大学法学院,之后留学美国斯坦福大学法学院,获得博士学位,回国后在大学教授法律课程,兼做律师。1946 年 3 月,他以中国检查官首席顾问的身份出席东京大审判。可能是倪征燠这次邀请的诚意打动了庞德,使他对中国之行动了心。

的顾问生涯。

(二)开设讲座献策司法改革

其实,早在1935年和1937年,罗斯科·庞德就以私人的身份造访中国进行学术活动,他曾在法官训练所和国立中央大学(今东南大学)发表了名为“司法之功能”和“法律的理想运动”的学术交流演讲。1946年来华后,庞德在杨兆龙的协助下,又对革命政府的民事与刑事诉讼法以及法院组织进行了考察,为司法体制改革寻找突破口,他还对当时中国的法典编纂活动与法律思想作出了肯定的评价,对中国未来的立法和改革进行了展望。随后,庞德开始草拟成立“中国法学中心”,使之成为中国法律研究的主要核心机构,为中国法典的草拟做前期准备。随后,庞德在各方邀请下,开展了《法律与法学家——法律与法学家在现代国家之地位》《法院组织与法律秩序》和《法学思想与法律秩序》等学术讲座。期间,主要由杨兆龙与倪征燠担任翻译。之后,为制定新宪法而开展调研工作,杨兆龙应要求搜集相关资料,主要包括宪法实施情况、各项法律法规、选举法等,以协助庞德展开司法体制的改革工作。到了1946年底,国民政府为制定新宪法,在各方势力的推进下,终于开始筹备国民代表大会。在此期间,杨兆龙再次向庞德征求宪法草案的修改意见,而庞德则针对这些疑问在美国《波士顿航讯》上发表文章一一解读。该文经翻译,以“庞德教授撰文论述中国宪法”为标题在1946年的《中央日报》上刊载,庞德对中国宪法和宪政发表了自己的看法:“世界法学权威美国哈佛大学庞德教授最近发表长约两万字余言之论文,对中国今后制宪应注意之基本原则以历史的、比较的方法及社会法的实用哲学的眼光详加论列,颇引起美国人士之注意。”庞德在文中对中华民国宪法展开了反思,他认为:“第一,中国需要一种具有中国性格,合乎中国国情之中国宪法,不必抄袭国外;第二,三权制并非民主或立宪政治之必要条件;第三,中国究应采责任内阁制、总统制抑及其他制度?第四,国因采单一政体,其中央与地方职权之划分宜采概括规定,而不宜详细例举;第五,人民权利之保障;第六,五权之分配;第六,国民大会。”㉑当时,庞德的论著一经刊载便引来了中国舆论各界的争相讨论。上述两篇论文激烈地反驳了庞德教授的观点,一方面反映了国人对宪法文本和宪政理论的关注与追求,另一方面也体现了民国时期的新闻言论的开放与自由。

㉑ 参见王健:《西法东渐——外国人与中国法的近代变革》,中国政法大学出版社2001年版,第123—130页。

在返回美国办理哈佛大学教学事务后,1947 年 9 月 22 日庞德再次携妻返华,这一次,他将工作的重点转向了中国司法行政体系的改革之中。回国后的庞德仍然积极地赴各地举办演讲,致力于介绍自己的研究成果,对当时中国的司法机关改革影响很大。如,1947 年 11 月 5 日下午,庞德作了《近代司法的问题》的演讲,主要是介绍司法机关最新任务的方式和理论,并提出了英美法与大陆法在中国各地按实际经济社会状况而分别适用的观点。杨兆龙和庞德两人一直奔走在为中国司法改革献言献策的前言,在由司法行政部负责组织召开的全国司法行政检讨会上,二人联名提交的三项议案均获大会通过并交付相关部门办理。1948 年 5 月,在庞德、杨兆龙、谢冠生等人的建议和协调下,由司法行政部专门牵头,其他相关机构配合成立了"法制研究委员会",以从事法制实务调查,改善法律实施状况,编纂译介重要的法学著作,为司法体制改革提供方案。法制研究委员组织机构完善,各部门分工合作。其下分设"司法调查团"及"法学著作编纂委员会",由杨兆龙和庞德主持相关工作。由五个组开展司法调查,分别开展调查任务,全团人员配备大约 20 至 25 人,首先法制研究委员会开展了调研工作,预计在一年内,主要考察京沪、沪杭、浙赣三路及其附近地区。以后调查区域,视实际情形逐渐扩充。[22] 调查工作如火如荼地展开,其中团长庞德和副团长杨兆龙等在南京、上海、杭州的全国各地开展工作并举办学术讲座。在结束为期一年的调研后,调研的记录和学术讲座的思想碰撞,都是十分珍贵的参考资料,对后期制定司法改革的相关政策很有裨益。在经过一番详细的分析整理后,该资料以调查报告的形式提交到司法行政部,作为日后法制改革的参考。但是,随着国共内战的全面爆发,出于安全的考虑,庞德不得不提前结束在华的工作。1948 年 9 月 10 日,庞德在律师公会全国联合会成立大会上发表了名为《美国律师公会对司法之贡献》的演讲,这也是他在中国的最后一次演讲。在美驻华大使司徒雷登的劝阻下,1948 年底罗斯科·庞德携妻离开中国,而司法调查和法制改革也因内战的爆发,已经取得的现有成绩也功亏一篑了。

除此之外,庞德在华期间曾赴各大高校发表了一系列的演讲。在讨论中国的宪法与法律的关系问题上,庞德发表了《统一法律解释与适用》《比较法学与历史作为中国法律之基础》和《中国宪法之发展》等主题演讲。他的中国

---

[22] 陈夏红:《师徒"二人转"——战后庞德、杨兆龙恢复和重建中国法制的尝试》,载《政法往事——你可能不知道的人与事》,北京大学出版社 2011 年版,第 130 页。

法研究成果是这些演讲报告所远不能承载的。《法律与法学家——法律与法学家在现代宪政政府中的地位》《法院组织与法律秩序》《创设中国法学中西刍议》和《以中国法为基础的比较法和历史》等都是他对中国法的分析与研究。毋庸置疑,这些讲座和论文著作对南京国民政府时期的宪政建设和司法改革提供了理论支持,也为民主宪政文化在中国的传播搭建了桥梁,完善了近代中国的司法体制,具有一定的理论和现实意义。

四、结　语

自辛亥革命以来,中国踏上了筚路蓝缕的宪政探索之路,清王朝的轰然倒塌让延续数千年的封建专制统治作古,被坚船利炮敲开的国门,既吹来了西方的民主宪政与司法观念,又充斥着死灰复燃的东方专制余孽。当社会各阶层陷入迷茫的宪政救国困局之时,一群来自英美国家的法政人士受聘来华指导宪政与司法改革实践。他们或通过创刊办报,著述评说;或通过政法顾问,贡献智慧;或通过学术讲学,沟通东西。由此,让中国近代的统治阶层得以全面认识到西式宪政理念之精髓,为中国的立宪活动提供理论支持。虽然,有些英美籍政法顾问有为统治者“做政治背书”之嫌,但是仍不可否认,古德诺、莫理循、庞德等人在最为困惑的社会动荡时期,为近代中国的宪法文本起草、政治体制创设、司法体制改革和东西学术交流等活动提供了充分的支持。一方面,使得国人进一步认识到分权制衡与民主宪政的积极作用,另一方面也全面推动了近代中国司法体制向西方学习的进程。然而,英美国家的法政人士来华充当政治法律顾问依然有一定的历史局限性,成为了西方列强趁社会混乱之机干预中国政治发展、制约中国社会经济的非常手段,通过影响中国统治阶层的政治决策,从而实现它们对中国的间接控制,甚至引发中国社会的再次动荡,其历史功过,自当有人评说。

Britain and America Legal Persons under Constitutional Reforms in Modern China

——Taking Goodnow, Morrison and Pound as an Investigation

Abstract: Since the period of Northern Warlords Government, a group of British and American legal persons have been hired to Modern China to guide the constitutional and judicial reforms. Among them, American politician Frank Johnson Goodnow, British Australian George Ernest Morrison and American famous sociologist Roscoe Pound and others have come to China. These people to serve as political and legal advisors to the Yuan Shih – Kai Regime and Nanjing National Government. They came to China to guide Constitutional drafting and Judicial reform, made a certain contribution to the theory and practice of Modern Chinese Constitutional exploration. And they also became the communication bridge between Chinese and Western legal culture exchange and legal personnel training.

Key Words: The Period of Northern Warlords Government; Constitutional Exploration; Judicial Reform; Roscoe Pound

（责任校对：吴玉姣）

寒门再难出贵子：远去的机会平等与停滞的社会流动

——兼评《我们的孩子：危机中的美国梦》

陈　阳*

摘　要:《我们的孩子:危机中的美国梦》一书主要是在平等权的范畴下,讨论美国社会在过去半世纪以来基于阶级分化导致的机会不平等。帕特南教授通过多年社会调查,用以点带面、点面结合的叙述方式,向我们展示了穷孩子和富孩子在成长过程中所经历的全方位差距。这种被称为"剪刀差"的贫富阶级间差距在家庭结构、父母教育方式、学校教育、邻里社区内都有生动的反映。为了避免该书所述的美国阶级鸿沟拉大、机会平等幻灭等现象发生在我国,就必须立足于中国与美国在根本国情上的本质差异,通过改革重塑国家、社会和个人三种力量的内部架构,重建三者之间的动态平衡关系。

关键词:平等权　阶级鸿沟　机会平等　社会流动　剪刀差

一、引言

罗伯特·帕特南是美国著名政治学家,曾任哈佛大学国际事务研究中心主任、肯尼迪政府管理学院院长、美国政治学协会主席。帕特南教授在其最新力作《我们的孩子:危机中的美国梦》(以下简称《我们的孩子》)中主要讨论来自于不同社会阶层的孩子们之间的机会平等及社会流动问题,该书中文译本由田雷教授、宋昕博士共同翻译,已于2017年出版。全书致力于回答如下问题:现如今,来自于不同社会经济背景的青少年,他们是否还能获得大致相

---

* **作者简介**:陈阳(1995—),男,四川成都人,西北政法大学行政法学院(纪检监察学院)研究生。

等的人生机会,而机会平等的状况在过去数十年中是否发生了改变?①

该书讨论的是平等权范畴下机会平等和社会流动的问题,具体着眼于下一代孩子的前景,即“出身不等的年轻人事实上能否自大致相等的起点踏入社会经济的阶梯?而生来能力相同的年轻人事实上是否可以平等地攀登这阶梯?”②该书所采取的研究方法,即我国社会科学(包括法学)曾经十分重视但现在热情不再的阶级分析法。关于阶级分层的标准,该书主要确定了两种标准:一种是基于社会经济地位的复合指标体系(综合考虑收入、教育和职业地位),一种是完全基于教育考量所形成的指标体系(大学学历及以上,还是高中文凭及以下),具体标准的适用取决于就某个主题或调查而言,哪些指标能说明问题且易于在现实中获取。③

帕特南教授在进行社会调查研究时通常从小处入手,用一种“显微镜”的视角进行深度聚焦,致力于观察和描绘单个孩子和家庭的生活经历。但其又不限于对个案的镜头聚焦和深度描绘,而又从大处着眼,转向一种“广角镜”的视角予以观察,从多种学科中获取智识资源以剖析当代美国社会。就在这样一个“显微镜”与“广角镜”来回穿梭的过程中,帕特南教授在“大历史”的视域下向我们清晰地展示了美国不断扩大的阶级鸿沟、年轻人中不断扩大的机会不平等与陷于停滞的社会流动的大趋势与渐变过程。

二、“一剪刀”与“两美国”:阶级鸿沟与历史变迁

美国社会不同阶级之间是否存在机会不平等现象?不同阶级之间的社会流动是否限于停滞?上层阶级和下层阶级之间的差距是否已经达到了不可逾越的所谓“阶级鸿沟”的地步?不同时期给出的答案可能会不一样。这个问

① [美]罗伯特·帕特南:《我们的孩子:危机中的美国梦》,田雷、宋昕译,中国政法大学出版社 2017 年版,第 36 页。

② 参见[美]罗伯特·帕特南:《我们的孩子:危机中的美国梦》,田雷、宋昕译,中国政法大学出版社 2017 年版,第 35 页。

③ 笔者认为,用收入标准来对社会阶级进行分层很常见,但该书选取教育作为衡量社会阶级的指标,却颇有特色。在作者看来,“教育,是当下知识经济时代的最重要资源。用教育来模拟社会阶级是可行的。”故书中如果采取的是教育标准时,作者说某个孩子来自“上层阶级”的家庭时,指的就是父母中至少有一方(通常是双方)是大学毕业生;说某个孩子来自“下层阶级”的时候,所指的是父母双方都止步于高中。详见[美]罗伯特·帕特南:《我们的孩子:危机中的美国梦》,田雷、宋昕译,中国政法大学出版社 2017 年版,第 51—52 页。

题的思考和回答，一定要结合特定的历史进程来看。故而，帕特南教授在通过“显微镜”手法聚焦个人生活经历之前，首先是在“广角镜”的视野下对美国近百年来的历史进程及变迁进行了宏观的梳理与介绍。

自1910年至1970年这半个多世纪，由于两次世界大战以及发生于其间的经济大萧条的冲击，所谓的“经济金字塔”已然倒塌，美国各阶级人士的收入分配处于平等化态势。19世纪50年代，随着杜鲁门政府“公平施政”口号的提出，美国政府相继开展了“扩大社会保障、推进民权立法、提高最低工资、建造廉价住房、增加教育援助、保护自然资源、强制健康保险”④等多方面措施。在此时期，小到作者的故乡克林顿港，大到整个美国，社会经济差距处在一个多世纪以来的历史最低点。其主要表现为：“经济和教育高速发展；收入平等程度较高；邻里和学校内的阶级隔离维持在低水平上；种族间通婚和社会交往的阶级壁垒也可以轻易打破；公民参与度高，社会凝聚力强；出身社会下层的孩子们有着充足的机会去攀登社会经济的上行阶梯”。⑤ 这种平等化的现象到二战结束后的三十年，在艾森豪威尔时期、肯尼迪和约翰逊政府时期都稳定持续着。

但自20世纪70年代初起，鉴于社会福利成为国家财政的沉重负担，1969年上任的尼克松政府启动所谓“修理政府机器”的政府改革，维持了数十年之久的平等化趋势开始逆转。刚开始是缓慢的，但随后的福特、卡特、里根政府时期，均是继续“借鉴供应学派和货币学派等保守经济学主张，大刀阔斧推进新自由主义改革，推出减少管制、简化税制、降低税率、平衡开支、严控货币供应等一系列措施”⑥，放任自由主义对“让国家缩水”的鼓吹，致使不平等化趋势以残酷的加速度继续进行。首当其冲的是处于金字塔之最底层的穷人，这场分化从一开始就表现为下层阶级被中产阶级和上层阶级甩开了距离。到了20世纪80年代，处于经济金字塔内的上层阶级开始领先，拉开了同所有其他人的距离。而进入21世纪后，金字塔内的上层阶级再次出现分化，最顶端的凤毛麟角更上一层楼。从1967年到2011年，收入不平等也在以相同的加速

---

④ 王鸿刚：《“21世纪的美国病”——美国的“现代国家治理难题”初析》，《现代国际关系》2015年第7期。

⑤ [美]罗伯特·帕特南：《我们的孩子：危机中的美国梦》，田雷、宋昕译，中国政法大学出版社2017年版，第1—2页。

⑥ 参见陈宝森：《美国经济与政府政策——从罗斯福到里根》，社会科学文献出版社2007年版，第47页。

度越演越烈,具体表现为有钱人更有钱,而穷人却每况愈下。⑦

“穷的更穷,富的更富”,这种正/负面效果的相互叠加导致差距被无限放大的现象在该书中有一个专业术语——“剪刀差”。20 世纪 50 年代到今天,美国社会处于不同阶级的孩子在人生机会方面的差距如同张开口子的剪刀一般,在急剧拉大。身在下层阶级的孩子们已经缺乏和上层孩子那样充足的机会获取成功,“一部分原因是,较之于 50 年代的富家子弟,今天的上层阶级孩子享受着更多的特权,但更主要的原因还在于,今天的穷孩子身处当年的工人阶级子弟想都想不到的恶劣境地”。⑧

一把剪刀,裁剪出了两个美国:“富人的美国”和“穷人的美国”。一剪刀,剪开了富人阶层与穷人阶层之间的差距;一剪刀,剪碎了美国人曾经引以为傲的美国梦。如果将社会流动比作正在运行的扶梯,上层阶级乘坐上行的扶梯,下层阶级乘坐的是下行的扶梯,社会底层的孩子们努力拼搏,“只是为了赶上一道不断下行的自动扶梯”⑨,并且这些孩子如果想要攀登社会经济向上流动的扶梯,就如同“在脚踝上绑着千斤巨石,越往上走,越步履艰难”。⑩ 富人现如今,无论是家庭结构和养儿育女,还是在学校教育,抑或是在邻里社区环境方面,都无不与穷人阶级之间产生了难以逾越的巨大鸿沟。

三、“富爸爸”与“穷爸爸”:家庭结构和为人父母

机会不平等之所以形成,一项重要的因素就在于上层阶级的家庭和下层阶级的家庭往往在家庭构成上大不相同,富家子和穷孩子成长于不同结构的家庭内,自然在人生赛跑中自一开始就站在了不同的起跑线上。

19 世纪 50、60 年代的美国,不论是哪个阶层的家庭,其家庭结构大多是“奥兹——哈莉特模式”⑪:父亲主外,赚钱养家,母亲主内,操持家务,共同养

---

⑦ [美]罗伯特·帕特南:《我们的孩子:危机中的美国梦》,田雷、宋昕译,中国政法大学出版社 2017 年版,第 39—40 页。

⑧ [美]罗伯特·帕特南:《我们的孩子:危机中的美国梦》,田雷、宋昕译,中国政法大学出版社 2017 年版,第 33 页。

⑨ [美]罗伯特·帕特南:《我们的孩子:危机中的美国梦》,田雷、宋昕译,中国政法大学出版社 2017 年版,第 47 页。

⑩ 田雷:《再见美国梦,警惕美国病——读帕特南〈我们的孩子〉》,《中央社会主义学院学报》2018 年第 3 期。

⑪ [美]罗伯特·帕特南:《我们的孩子:危机中的美国梦》,田雷、宋昕译,中国政法大学出版社 2017 年版,第 69 页。

育几个孩子。夫妻关系稳定,离婚并不常见,非婚生子女在各个社会阶层都是非常罕见的。但 20 世纪 70 年代之后,家庭结构开始分化为两种截然不同的家庭模式,帕特南教授在调查“意外怀孕”“非婚生育”“离婚率”“多伴侣生育”(组合家庭)等一系列涉及家庭构成的指标之中,均出现了典型的“剪刀差”图表,也充分告诉了我们:“上层阶级和下层阶级的家庭在发展趋势上存在着统计意义上的重大的分化”。[⑫] 这种与阶级身份绑定在一起的全新的“两阶家庭结构”已经形成。

当下美国,受过大学教育,经济收入在前三分之一的上层阶级家庭,一种所谓的“新传统”婚姻的模式已经出现。很多方面“新传统”模式都承继了奥兹——哈莉特模式,稍有不同的是现在夫妻双方通常都要外出工作,比较平均地分担起家务职责。如此以来,一则有了夫妻双方的两份收入,可以负担起更昂贵的家庭花销,二则这种模式的婚姻在性别分工方面更为平等,也要求父亲要比以往付出更多的时间照顾孩子。[⑬] 但将目光转向仅受过高中教育、经济收入落在后三分之一的下层家庭,则是一种新的、更杂乱多变的家庭模式:性伴侣之间的关系变得越来越短暂,孩子的养育也逐渐同婚姻脱钩。这种模式被称为“脆弱的家庭”(fragile families)。[⑭] 在这种家庭中,孩子的父母可能连婚都没有结,甚至连男女之间的稳定关系都尚未确定。于是,一副典型的“剪刀差”图景便出现了:“富裕可以让家庭更和睦,而和睦的家庭也更易生财;贫穷导致家无宁日,而家庭的不稳定又会加重贫困”。[⑮] 对于下层阶级的家庭而言,极可能陷入无限的恶性循环之中:上一代人的贫穷造成了家庭的解体,而家庭的解体又造成了下一代人的贫穷。

经济收入和受教育程度上形成的巨大鸿沟造成了家庭结构的不同,由此进一步影响到成长于这些家庭的孩子们。出生在不同阶层家庭中的孩子们,其父母的育人理念以及可用于养育孩子的经济收入占比上可谓是天差地别。

---

⑫ [美]罗伯特·帕特南:《我们的孩子:危机中的美国梦》,田雷、宋昕译,中国政法大学出版社 2017 年版,第 72 页。

⑬ [美]罗伯特·帕特南:《我们的孩子:危机中的美国梦》,田雷、宋昕译,中国政法大学出版社 2017 年版,第 70—71 页。

⑭ [美]罗伯特·帕特南:《我们的孩子:危机中的美国梦》,田雷、宋昕译,中国政法大学出版社 2017 年版,第 71 页。

⑮ [美]罗伯特·帕特南:《我们的孩子:危机中的美国梦》,田雷、宋昕译,中国政法大学出版社 2017 年版,第 84 页。

“含着金汤匙出生”[16]的孩子们,他们的“富爸爸”们会有意识地创造出各种机会,磨炼孩子们的工作精神和意志力。这些父母充分鼓励孩子进行广泛的阅读,支持他参加丰富的课余活动,并且在学校中如果受到某些同学不良影响(如逃课打游戏)时,他们也会立马介入,及时将这些“负能量”从孩子的成长历程中剔除。上层阶级家庭的家长,“他们的育儿理念就是致力于培养自主、独立、有自我反思能力的下一代,要让子女自尊自强,有能力作出积极向上的选择”。[17] 因此,成长在富裕且高知的家庭中的孩子,他们接触到的关键词往往是“培养”“慈爱”“温暖”“主动的关怀”。另外,上层阶级家庭会设立专项教育经费,专门用于孩子教育。“总之,在抚养下一代时,他们事无巨细,不计时间和金钱,无微不至地关心。”[18]而那些含着普通汤匙(甚至有些孩子还没有专门的汤匙)的孩子们就没有那么幸运了。对于他们的“穷爸爸”们而言,对子女的教育往往是心有余而力不足,像上层阶级家庭那样教育经费的“专款专用”更是可望不可及。“经济资源难免捉襟见肘时,成长环境又是如此艰难乃至恶劣,在这种情况下,即便做父母的怀有强烈的爱心和责任感,有时候也无济于事。”[19]如果父母的工作都岌岌可危,家庭居所也是朝不保夕,甚至有的家庭有了上顿没下顿,那显而易见的是父母很难抽出精力投放在对孩子的管教上。成长在贫穷且受教育程度低家庭的孩子,他们听到最多的往往是“命令”“服从”“防备”“成长就是摔打”。

当然,虽然社会阶级和家庭结构之间表现出强烈的正相关关系,但需注意该书调查所得数据与所形成理论框架之间的关系。基于大量具体的个案推导出的模型框架,很难说具备绝对意义上的普遍性。由于现实生活的复杂性,有些具体个案可能不符合模型,比如有些贫穷的家庭可能就其结构来说是“传统的”或“新传统的”,而有些富裕的家庭也可能是“脆弱的”;有些出生在上层家庭中的孩子最终也成了“败家子”,而有些身处底层家庭的孩子即便面对长

---

⑯ [美]罗伯特·帕特南:《我们的孩子:危机中的美国梦》,田雷、宋昕译,中国政法大学出版社2017年版,第29页。

⑰ [美]罗伯特·帕特南:《我们的孩子:危机中的美国梦》,田雷、宋昕译,中国政法大学出版社2017年版,第134页。

⑱ [美]罗伯特·帕特南:《我们的孩子:危机中的美国梦》,田雷、宋昕译,中国政法大学出版社2017年版,第103页。

⑲ [美]罗伯特·帕特南:《我们的孩子:危机中的美国梦》,田雷、宋昕译,中国政法大学出版社2017年版,第112页。

期高压且艰苦的生活,也能坚强地走下去获得成功。在以点带面、点面结合的社会调查所形成的理论模型中,我们强调的是一种“概率”。比如任何阶级的孩子都可能遭遇人生的恶性经历,“但不可否认的是,若是出生在低收入、低教育程度的家庭,孩子就面临着严重得多的风险”。[20] 故本文谈及的“寒门再难出贵子”,不是说穷人家的孩子就再也不能获得成功,只是相比于之前,他们成功的概率更低、机会更少。

四、“好师生”与“差师生”:教育资源与学校条件

在20世纪50年代的美国社会,无论何种肤色或着种族的孩子,只要成绩达标,都有平等的机会进入学校接受良好教育,“阶级”并未给底层孩子向上层流动划出一道不可逾越的巨大鸿沟。但自20世纪70年代起,情况就开始变得不容乐观,尤其到了21世纪,在教育水平名列前茅和处于垫底的学校之间,就其所汲取的教育资源和学校自身各方面条件而言,已经完全形成了坚固无比的阶级壁垒。

帕特南教授在进行社会调查时,专门选取了特洛伊学校(美国加利福尼亚州全州排名前10%)和圣安娜学校(全加州排名最末尾20%)进行比较。在观察最近几十年由政府教育系统所控制的指标,比如政府拨付的学生经费、招录教师及辅导员的数量和质量,特洛伊学校和圣安娜学校之间的差距还算勉强。但为何两所学校的“产出指标”——毕业率、全州成绩排名、SAT考分、逃课和休学比例,排名靠前的中学和靠后的中学差距却如此之大?[21]

原因很简单:好的学校老师好、学生好、条件好,差的学校各方面都逊色很多。上述两所学校在政府“投入”方面尽管相近,但我们应当清楚:在政府教育资源的投入之外,好的学校还不断从学生(主要是学生的家长)及其他私人和社会力量中汲取资源,这些资源的严重不平等才是不同学校之间差距的关键所在。其实,好的学校之所以能够高薪挖取其他学校的骨干教师,斥资新建校区,引进先进教学设备,招录优质生源,开设丰富的课外活动,靠的绝非政府的那些同普通学校相差无几的教育经费,而是“学生家长和社区居民的踊跃

---

[20] [美]罗伯特·帕特南:《我们的孩子:危机中的美国梦》,田雷、宋昕译,中国政法大学出版社2017年版,第128页。

[21] 详细的指标对比见[美]罗伯特·帕特南:《我们的孩子:危机中的美国梦》,田雷、宋昕译,中国政法大学出版社2017年版,第156页。

捐助”。学校的董事会,学生社团的外联部,都是学生家长重要的资金流向点和资源倾斜点。家长们会定期向学校捐款,还有的家长基于自己的社会地位或是职务关系也可以为学校的管理或建设提供便利,只要这笔钱或者资源可以对孩子的学习起到帮助,那么他们会毫不吝啬。而这些是差学校学生的家长们可望不可及的。学生如果来自于富裕、高知的家庭,则他们会把父母的财富及其他资源(如工作便利、文化观念、或者对学校事务的热情及责任感)带到学校。有的时候,经济拮据的父母也想参与到与学校共同管理孩子学习的事务中,抑或是为孩子所在学校的建设与发展贡献自己的绵薄之力,但往往受制于经济、文化等因素,导致“主观愿意却客观不能”。

富人所呆的“好学校”永远不缺“好老师”,而穷人所呆的“差学校”永远存在优质师资流失的问题。帕特南教授调查时发现,虽然在政府投入方面,好学校和差学校在数量和质量上的“第一次分配”是不相伯仲的,但令人感到难受的,是政府没有考虑到的老师自己作出的“二次选择”。[22]试想,假如你是一名朝气蓬勃的教师,胸怀教书育人的理想,但每天都要在这种教室如战场的环境里浪费宝贵的青春,理想主义的激情或许能支撑你一时,但熬过一两年后,如果有全州数一数二的学校向你抛出橄榄枝,校园宁静祥和,学生积极向上,那你还不赶紧逃出生天?[23] 在这样一种“二次选择”之上,经验丰富、认真负责的老师流向好的学校,能力不足、三心二意的老师流向差的学校。相比于“好学校”,“差学校”多的是缺乏教学经验的新手,或是留下来混日子得过且过的“老油子”们。

你读的学校,决定了你的同学和“朋友圈”。在“好学校”,你周围的学生早在家庭教育中就由父母有意识地培养过,他们乐观、坚忍、自律、团结,重视团队合作和公民参与。同学们能够清楚地认识到学习的重要性,积极向上的学习氛围是常见的。另外,同学之间形成的同辈压力在一定程度上也促成了孩子取得优异的学业成绩。而在“差学校”,孩子们抽烟、逃课、打架、斗殴、没有学习动力,更缺乏学校统一组织的规范的课外活动,甚至本应是学生自治的学生社团往往也异化成校园黑势力。简言之,当学生不能真正“有效”地运用

---

[22] [美]罗伯特·帕特南:《我们的孩子:危机中的美国梦》,田雷、宋昕译,中国政法大学出版社2017年版,第196页。

[23] [美]罗伯特·帕特南:《我们的孩子:危机中的美国梦》,田雷、宋昕译,中国政法大学出版社2017年版,第195页。

和管理时间时，专门为了打发时光的有意为之，恰恰是危险的、有害的，所谓“无事便生非”。

好的学校开设数量惊人的课外社团，通过课外活动、学生社团培养课本之外的技能和实力，有条件、有资源的孩子通过各种课外活动锻炼出各种“软实力”，培养学生的“团队合作”“领导力”“人际交往能力”，有这些技能，有助于社会上行流动（往上爬）。对于学生而言，学习能力和学习成绩是不折不扣的硬实力，但现代社会越来越重视一个人的“综合素质”，即“硬实力”与“软实力”兼优。而这些在学校社团组织课外活动中就得到锻炼和提升的“软实力”，自然成为了个人进入社会、步入职场的加分项。出生贫寒的孩子，也许他们并不缺乏天分，但只是因为缺少一个机会，导致没能在学校教育的阶段登上社会上行流动的阶梯。就是这样一个机会，对于下层阶级的孩子们却是那么遥不可及！

阶级剪刀差在教育这个本该致力于去除不平等化的神圣之地再度暴露无遗：出生在富裕且父母受教育程度高的家庭，获得经济和教育上的双重优势；出生在贫穷且受教育程度低家庭的孩子，受到的却是经济和教育的双重打击。美国的西点军校，作为全球最好的军校和竞争最激烈的学校之一，在其学生构成中，“出生社会经济社会顶端四分之一的学生人数要大大压倒来自社会底层的学生人数，比例约为14∶1”㉔，基于阶级产生的教育隔离表现得格外分明。本来公立小学、中学以及大学的设立都是在保障机会平等的同时，追求培育良好公民、推动国家经济生产力发展的宏伟目标，但从现实来看，经验告诉我们：处于不同阶级，尤其是处于经济收入和父母受教育程度在全美最后三分之一家庭中的孩子，想要通过学校教育来追求平等的愿望，越来越难。“教育，是推动人类生存状况平等的伟大手段，足以克服人在出身上的种种不平等。”㉕现在看来，这种美好愿景，与我们渐行渐远了。

五、“热心肠”与“不管事”：邻里关系和社区环境

四十年前，富裕的和贫穷的黑人或者拉美裔家庭大都能居住在一起，而现

㉔ ［美］罗伯特·帕特南：《我们的孩子：危机中的美国梦》，田雷、宋昕译，中国政法大学出版社2017年版，第210—211页。

㉕ ［美］罗伯特·帕特南：《我们的孩子：危机中的美国梦》，田雷、宋昕译，中国政法大学出版社2017年版，第182页。

如今,阶级差异表现得壁垒分明,就算是同一种族的富人和穷人,都不太可能比邻而居。

在经济条件相对优渥的社区,总是不乏很多“热心肠”。他们在社区里的某个家庭遇到问题寻求社会帮助时总会及时出现,并提供有效帮助。在社区的孩子们遇到危险时,“整个社区的经济、社会和制度资源如同安全气囊一样保护着孩子们”。㉖比如未成年孩子接触到毒品或酒精饮品或者遭遇不幸经历(遇到抢劫、骚扰、性侵),家庭和社区可以通过各种方式,如动员社区的公民组织、宗教机构、运动团体、志愿者协会等,大家携起手来,共同将孩子吸毒或其他不良行为或者不幸遭遇的负面结果降至最低。“一方有难,八方支援”,这是邻里社区所形成的所谓社会网络的“正能量”。另外,上层阶级人士所在的社区内毕竟是上层家庭的聚居区,社区内总是不乏同为上层阶级的如大学教授、体育教练、教会牧师、商务高管等等人士,在同这些人打交道的过程中形成的社会关系虽然不如家庭关系那般坚固(尽管现在的家庭关系也可能呈现一种“脆弱化”),但在关键的时候这些社会关系网中的一点指导与帮助或许会让人受用无穷。

相比于上层阶级家庭聚集的社区,在下层阶级家庭所在的社区中,就很少有人主动关心社区里面的事情。“看到有小孩子在邻居的房子上胡乱涂鸦,也袖手旁观。”㉗社区里的小孩,大家已然不再把他们看成是“我们的孩子”,当他们在路上疯闹、打斗,也只会抱着“事不关己高高挂起”的态度,心里默想着“这是哪家的熊孩子?”孩子们也是如此,生活中有什么疑难困惑也不再找社区邻里的叔叔阿姨们,而是“各回各家,各找各妈”。在孩子们眼中,他们只是一个个根本指望不上的“不管事”。在底层阶级的社区中,有比“不管事”更可怕的,就是那些“暴脾气”。帕特南教授在费城调研时,有位受采访者甚至直言:“在我们社区几条街之外,就是肯辛顿大道,那可是世界上最可怕的街道。有人当街被枪杀都是家常便饭的事。我也不想这么说的,但那里真的,真的是贫民窟……恐怖气氛弥漫在每一处角落,你甚至无法知道左邻右舍都是些什么人,因为有些人从来都是大门不出的。我们年轻那会,人们见面都会互

㉖ [美]罗伯特·帕特南:《我们的孩子:危机中的美国梦》,田雷、宋昕译,中国政法大学出版社2017年版,第223页。

㉗ [美]罗伯特·帕特南:《我们的孩子:危机中的美国梦》,田雷、宋昕译,中国政法大学出版社2017年版,第225页。

致问候，寒暄片刻。我现在也尽力面带笑容，友善待人，但现在人都是‘暴脾气’……我妈妈告诉我：‘出门以后千万不要相信任何人’……”㉘

在这样一种阶级区域隔离的大环境下，也自然影响到前文所述的父母育儿模式。“富爸爸”可以采取“推进式”的教育方式，即在舒适的环境中逐步有意识地开发子女的天赋与能力。上层阶级家庭有足够的条件和能力为孩子的成长与发展提供机会，同时也能规避掉绝大多数外来风险。反之，“穷爸爸”只能采取“防备式”的教育方式，“在贫民窟里养孩子，当务之急应当是保护子女的安全。在这种地方的生活充满的是危险而非机会”。㉙

不断扩张的阶级鸿沟不仅出现在美国的孩子、家庭身上，也出现在美国的学校之中。作为所在社区的一个缩影，贫困社区存在的社会病症，位于该社区内的学校也难以幸免。在经济条件相对落后地区的学校，其在生源质量（入口）乃至学生毕业率与成功校友比率（出口）等方面，无疑与位于经济发达地区的学校之间存在天壤之别。好学校坐拥好的生源，吸引好的老师，更容易培养出社会各界的成功人士，而这些校友待到事业有成之后又会返回母校，支持母校的建设与发展；但差学校则是相对较差的生源和较次的老师，即使培养出成功校友，数量也是少之又少，对学校的“反哺”作用有限。这种森严的阶级壁垒使得学校的发展也产生出“剪刀差”：好的学校越办越好，差的学校每况愈下，差距愈拉愈大。

需要说明的是，进入21世纪以来，我们明显感觉到公共关系网处于一种逐渐衰败的趋势，整个社会出现一种社交关系碎片化、个人关系原子化的现象，帕特南教授甚至担忧道“美国人逐渐放弃了养育下一代的集体责任”。㉚在《独自打保龄球》一书中，帕特南教授也强调了国内公民社团参与热情的下降并对社会资本的衰落表达了忧虑。梅因在《古代法》中揭示了“从身份到契约”，认为公民摆脱家庭网络和群体关系的束缚，奔向社会个人间的自由协议

㉘ ［美］罗伯特·帕特南：《我们的孩子：危机中的美国梦》，田雷、宋昕译，中国政法大学出版社2017年版，第226—227页。

㉙ ［美］罗伯特·帕特南：《我们的孩子：危机中的美国梦》，田雷、宋昕译，中国政法大学出版社2017年版，第137页。

㉚ ［美］罗伯特·帕特南：《我们的孩子：危机中的美国梦》，田雷、宋昕译，中国政法大学出版社2017年版，第231页。

的行为,是“迄今为止的进步社会运动”;[31]可帕特南教授在《我们的孩子》和《独自打保龄球》中似乎告诉我们人类又开始“从契约回到身份”——“社会关联越来越少,越来越内聚,越来越同质,也越来越限于家庭内的血亲”[32],人们在社交方面对家庭的依附性又逐渐开始增强,个人的社区关系网处于持续性的萎缩状态。但是,“虽然这一趋势为所有阶级共有,每一个人都在成为一个孤岛,但其负面影响仍主要落在下层阶级身上,最终也加剧了社会阶级之间的差距。”

六、“美国梦”和“中国梦”:立足“质异”与警惕“道同”

在帕特南教授看来,美国梦究其本质,乃是“通向财富、荣誉和幸福的道路向所有人都开放,每个人都可以成为对社会有用的人,只要愿意为之努力,每个人都可以踏上成功之路”。[33] 如同帕特南教授以及他所认识的诸多同辈,他们出身于低微的阶级,但阶级出身并没有限制他们充分发挥天赋和进取心,卑微的家庭条件也没有成为他们的人生路障一样,他们实现了客观的社会流动。他们那一代人不是通过“拼爹”,而是依赖自身的才干和努力获得事业上的成功。但是随着 20 世纪 70 年代美国中产阶级逐步萎缩,“经济的‘金融化’引发家庭财富结构变化,由于富人更有能力通过投资增加收入,美国各阶层收入差距不断扩大”。[34] 帕特南教授终于承认“我发现自己的一无所知”——其自身的成功不仅靠的是自己的辛勤努力,更是建立在特定的历史时期与历史进程之上的。21 世纪的美国,性别和种族的偏见虽然相比于 20 世纪 50 年代弱化了很多,但孩子们的阶级出身正成为一道新的难以逾越的社会藩篱。到了 21 世纪,象征着机会平等的美国梦已然在经济鸿沟不断拉大、贫富分化日趋严重、阶层流动明显减慢的现实图景下变得支离破碎。

笔者在阅读该书时,书中的很多细节都深有同感。“为什么一位美国学

㉛ [美]E·博登海默:《法理学:法律哲学与法律方法》,邓正来译,中国政法大学出版社 2010 年版,第 96 页。

㉜ [美]罗伯特·帕特南:《我们的孩子:危机中的美国梦》,田雷、宋昕译,中国政法大学出版社 2017 年版,第 237 页。

㉝ [美]罗伯特·帕特南:《我们的孩子:危机中的美国梦》,田雷、宋昕译,中国政法大学出版社 2017 年版,第 38 页。

㉞ 王鸿刚:《“21 世纪的美国病”——美国的“现代国家治理难题”初析》,《现代国际关系》2015 年第 7 期。

者写的'我们的'(即他们美国的)孩子,却让中国读者感到丝丝入扣,好像是在讲述中国老百姓自己的故事,在这个书满为患的时代,一下子抓住了中国家长的眼球?"[35]为何如此?恐怕是因为书中描述的很多案例在中国大地上已经成为事实,"寒门再难出贵子"也逐渐成为一个"中国命题"。以书中大幅介绍的处于变迁中的美国教育制度为例。教育本关乎一国发展之本,但由于当前美国越来越森严的阶级隔离,使得美国中下层社会否定美国教育体制的呼声越来越高,人们开始不相信教育。这种迷茫、担忧甚至是愤怒同样发生在我国的民众身上。现在的人们逐渐认为很难通过教育的方式(如高考)实现"鲤鱼跳龙门",我国现在的教育制度甚至只能拉大而非减小不同阶层孩子间的差距。如我国现在很多地区所谓的"学区房"制度。很多排名靠前的学校都要求必须是本学区的孩子才可以入读,成为本学区的最直接的方式是父母购买该学区一套房产,而学校所处地段房价不菲,要买一套房可不是件容易事。非本学区的孩子如果想读,就必须通过一轮竞争残酷的入学考试。这种考试基本上都是每年数千人申请,从中脱颖而出的不过数百人。还有像我国的奥数班、钢琴班、美术班,也被认为是给富裕人家的孩子开设的特权通道。总之,目前我国民众对教育是否还能促进社会向上流动的认识变得十分模糊,很多人宣扬各种"读书无用论",到处充斥着对我国教育制度的否定。

从对学区房(甚至最近新出现的"学位房")的要求来看,学校的确成为了阶级分化加剧的得力"帮凶";但从入学考试招录特优生制度来看,却又在另一方面试图缩小阶级鸿沟,减小机会不平等,让可能处于下层阶级的学生也有机会接受更优质的教育,获得社会上行流动。笔者认为,学校只是场域,在某些方面的确会扩大阶级差距,但在另一些方面又着实拉平了孩子们之间的社会竞争。学校教育的阶级差异,功夫在诗外,起决定作用的并不是学校做了什么,而在于学生在外的生活。"早在孩子们进入学校之前,差距就已经拉开,有的孩子将资源带到了学校,还有些孩子带入学校的却是麻烦与挑战。"[36]现如今,我国为了缩小教育方面的机会不平等,也实施了数轮制度性的教育改革,但是在改革的过程中,如"统一招生考试的公平性如何延续?教育资源的

㉟ 参见田雷:《再见美国梦,警惕美国病—— 读帕特南〈我们的孩子〉》,《中央社会主义学院学报》2018 年第 3 期。

㊱ [美]罗伯特·帕特南:《我们的孩子:危机中的美国梦》,田雷、宋昕译,中国政法大学出版社 2017 年版,第 206 页。

分配、公益性义务教育的达成,学校、培训机构、政府机关如何自我定位、合理配合?”[37]等问题并非我们大众想象的那般简单,其中牵涉到中央与地方政府、政策实施进程中的学校、学生家庭、培训机构等等各类群体的利益考量。如果出了问题就一味归责于学校,那便是学校“不能承受之重”。

我们应认识到,尽管我国和美国在一定程度上均出现了机会不平等和社会流动陷入停滞的问题,但我国和美国毕竟是两个国家,国家体制、政治体制和社会制度均存在本质上的区别。要避免相同的阶级分化现象在中国大地上的重演(“道同”),就需要立足于基本国情的根本性差异(“质异”),通过中国政府、中国社会、中国公民个人三方的共同努力,形成三者之间的良性互动,缩小机会鸿沟。例如我国曾经的西部大开发政策和现在的扶贫政策,均是国家通过实用主义的措施来限制不平等的现状,旨在强化公民财富分配的平等,实现不同地区经济的均衡发展。当然,除了国家层面着力去纠正现有的不平等,幸福生活很大程度上也在于个人的自我奋斗。笔者曾经看到过一则扶贫标语——“扶贫先扶志,脱贫先脱懒”,认为很是在理。国家给了我们很大的福利,但成功不仅要靠国家的扶持,也得靠自己的努力。又如前文所提及的教育方面的机会平等问题。目前国家推出了多项措施,加大了对农村地区和贫困地区教育资源的投入力度,旨在“提高这些地区学校的教学水平,缩小教育差距,逐步改变优质教育资源偏向城镇和重点学校的现状”。[38] 社会上也有大量基金会、公益组织通过为品学兼优但家境贫寒的孩子颁发奖助学金,来给予寒门学子经济上的支持。又如新东方、网易等机构的公益网课项目,更是把北京、上海等地区最优质的教学视频、课件资源,通过网络免费输送到西部落后地区的学校,这也是在为推动教育制度的机会平等化不懈努力着。可见,如果各方充分发挥主观能动性,通过国家、社会、个人三方的共同努力,完全可以借助改革契机达到破除阶级壁垒与缩小机会鸿沟的良好效果。

七、结语

帕特南教授在《我们的孩子》中,已经不止一次地向我们暗示:好/差生不

---

[37] 杨东平:《中国教改20年,素质教育维护还是困难重重?》,载搜狐网,www.sohu.com,2018年11月7日访问。

[38] 李海滨:《社会地位确实有一定的继承性——基于中国10个城市的实证分析》,《文化纵横》2018年第8期。

是天生的，但家庭、学校和社区环境加上学生自己，却能联手制造一个好/差生。过去几十年来，美国穷孩子和富孩子之间的差距正呈“剪刀状”拉大，自幼年在家庭结构和父母教育方式方面就存在差距，入学之后教学资源的倾斜与不均衡导致不同阶层孩子获取成功的概率更显两级分化。穷孩子和富孩子身处于不同的社区和学校，距离彼此的生活渐行渐远。众多现象表明阶层固化，寒门更难出贵子，穷孩子和富孩子的实际生活状况与宣扬平等主义的“美国梦”所畅想的理想状况之间的差距越拉越大，最终残酷的现实不得不让美国人同“美国梦”说再见，这让美国民众有必要重新检讨一下平等原则，以及平等对今天的美国人来说究竟意味着什么。

为了避免该书所述的美国阶级鸿沟拉大、机会平等幻灭等现象发生在我国，就必须立足于中国与美国在根本国情上的本质差异，通过提升改革能力、转变改革战略，通过改革重新形成国家、社会、个人三者之间的良性互动，缩小这一逐渐拉大的“机会鸿沟”。当前我国不同阶层利益诉求已经高度分化，利益板块高度固化，国家要进行改革必然触碰既有利益格局，出现对改革的抵制阻挠是在所难免的。要取得良好的改革效果离不开不同阶级团结一心，“心往一处想、劲往一处使”，这注定是一项长期的、艰苦的道路，但也是实现我们的“中国梦”，实现中华民族伟大复兴的必经之路。

（责任校对：张小虎）

图书在版编目（CIP）数据

湘江青年法学．第三卷．第二辑 / 朱正远主编．--
湘潭：湘潭大学出版社，2020.4
ISBN 978-7-5687-0411-3

Ⅰ．①湘… Ⅱ．①朱… Ⅲ．①法学一文集 Ⅳ．
①D90-53

中国版本图书馆 CIP 数据核字（2020）第 067113 号

湘江青年法学．第三卷．第二辑

XIANGJIANG QINGNIAN FAXUE DI-SAN JUAN DI-ERJI

朱正远 主编

责任编辑：刘文情
封面设计：周大舜
出版发行：湘潭大学出版社
社　　址：湖南省湘潭大学工程训练中心
电　　话：0731-58298960 0731-58298966（传真）
邮　　编：411105
网　　址：http://press.xtu.edu.cn/
印　　刷：长沙鸿和印务有限公司
经　　销：湖南省新华书店
开　　本：787 mm×1092 mm 1/16
印　　张：12.75
字　　数：229 千字
版　　次：2020 年 4 月第 1 版
印　　次：2020 年 4 月第 1 次印刷
书　　号：ISBN 978-7-5687-0411-3
定　　价：55.00 元